トラウマと倫理

精神分析と哲学の対話から

編著・監訳　富樫公一
著　チャールズ・B・ストロジャー
ドリス・ブラザーズ
ロジャー・フリー
ドナ・M・オレンジ
訳　葛西真記子　貞安元

岩崎学術出版社

序　文

岡野憲一郎

本書の編者である富樫公一氏は、その研究の成果を次々と海外に発信しておられる、まさに国際派の精神分析家である。その富樫氏が広い人脈を生かし、米国の著名な精神分析家たちと一緒に幅広いテーマに関する論考を集めたものが本書である。この著者たちの顔ぶれといい、その著述の内容といい、おそらく英語で出版されても確実に評価を得るに違いない画期的な著書と言える。

常々思うことだが、精神分析の世界は、いつの時代にも二つの立場に分かれる傾向にある。患者の苦悩に向き合うのか、それとも患者の心の探究に向かうのか。前者においては患者はさまざまな挫折やトラウマを体験し、多かれ少なかれ苦しみを抱えて治療に訪れることを前提とする。治療者も同じ苦しみを抱えた人間として全人的なかかわりを行う。患者を苦しみから少しでも救い出すことを、治療的なかかわりの目標の一つと考えることもごく自然なことだろう。ところがそのような目標を持つことは、ともすれば後者の心の探究者としての分析家にとっては本来的な分析の作業とはみなされない傾向にある。精神分析において患者の苦悩が癒されても、それは「歓迎すべき副産物」としてしか扱われかねない可能性があるのだ。

本書を執筆するチャールズ・ストロジャー氏、ドナ・オレンジ氏、ロジャー・フリー氏、ドリス・ブラザーズ氏、そして富樫氏が論じるテーマは、いずれも人間の苦悩に深くかかわっている。ニューヨークにおける9・11事件により提起されたトラウマとテロリズムの問題、パラノイアと原理主義の問題、そして著者たちにとってなじみ深い米国とわが国との間に生じた忌まわしく悲しい過去の問題。さらにはそれらの考察から浮かび上がってきた重要なテーマとしての倫理性の問題。彼らはまた、苦悩する人間としての自らの体験を惜しげもなく自己開示している。

私は精神分析は心の探求をする営みであってよいと思う。そこでは転移、逆転移、伝統的な精神分析の枠組みが依然として重要な意味を持つ。ただ百年以上の歴史を持つ精神分析が人間の苦悩について論じ、それを軽減する方向性を模索することもまた重要な使命であるとも思う。そしてフロイトも最初はそれを「症状の軽減」という形で目指していたはずなのだ。しかしフロイトはその後に精神分析を一つの学問として純化していくプロセスをたどる。第一次大戦中も戦争の犠牲者にあまり接することなく、治療費を払う余裕のある限られた数の患者との分析作業を続けたフロイトは、すでに患者を苦しみから救うという方向性を失い始めていたのだろうか？

本書の著者たちが扱っているもうひとつの現代的なテーマは、現代の精神分析の世界の多様化であろう。その中でも人と人との対等な関わり合い、その際の倫理的な配慮といった観点は間違いなくその重要さを増している。そして彼らは同時に過去の哲学的な資産を掘り起こし、精神分析理論をさらに豊かにするような作業をも含む。ニーチェ、ヴィトゲンシュタイン、ディルタイ、ビンスワンガー等の哲学的な業績を縦横に論じるフリー氏やオレンジ氏の章にそれは顕著に表れている。彼らは人と人とのかかわりを本格的に論じたのは決して精神分析が最初ではないということを気づかせてくれる。精神分析的な思考の原点は何もフロイトだけではないという発想。これも本書を紐解くことで得られる貴重な教えである。

ところで本書の執筆者が富樫氏も含めて理論の系譜としては現代コフート派であることは特筆すべきであろう。そして彼らの論述はおのずと自我心理学やクライン派の対象関係理論とは距離があることに気づかれよう。ただしおそらくテロリズムや暴力やトラウマや倫理を論じる際に学派の問題はさほど重要ではなくなる。それはこれらのテーマは人類全体が直面していることだからだ。そしてこの学派や国家を超えた大同団結こそが著者たちが目指しているものだと私は信じる。そのために富樫氏が目指すわが国の精神分析の国際化は今こそ私たちが目指すべきことではないだろうか。

最後に本書の論述のおよそ半分を占めているオレンジ氏についても一言申し上げたい。本書の第十一章「トラウマ、沈黙、そして解離」は私にとって特に印象深い章である。なぜならこの章は私が実行委員を務めた二〇一八年精神分析学会で行われた特別講演に基づいた章だからである。お読みになるとわかるように、オレンジ氏は故・丸田俊彦先生を通じて日本と深いかかわりを持ち、広島の原爆について、米国人の立場から直接触れた言葉を残している。彼女の誠実さや現実と真摯に向き合う姿勢が表された章と言えるだろう。

本書を一読することで現代の精神分析が歴史的な業績から人類の未来までをも見渡しているということを実感していただきたい。

目次

第三部　トラウマと倫理

はじめに

富樫公一

私たちはチェルノブイリ原発事故の目撃者となり、地下鉄サリン事件を体験し、阪神・淡路大震災を体験しました。私たちはニューヨークの世界貿易センタービルのテロ攻撃を体験し、東日本大震災と福島第一原子力発電所事故も体験しました。私たちの親たちは、ベトナム戦争を目撃し、公害を体験し、全共闘運動の中を生きてきました。その親たちは日中戦争や第二次世界大戦に従軍し、大空襲と原子爆弾の中を生きてきました。その親たちはまた、日清・日露戦争も体験しています。ここに記載されたものだけではありません。私たちは、さまざまな事件、事故、犯罪、社会的不公正、不条理の中で生き続けてきました。

精神医学者、心理臨床家、哲学者、社会学者、神学者、その他多くの専門家たちは、その中で自らのオフィスに入り、日々の日常業務をこなしています。そのオフィスは世界の喧騒とは対照的に、穏やかで、予測可能で、当たり前の日常生活にあふれているように見えます。私たち臨床家はそこでものを考え、人の心に向き合い、心とは何かを考えます。私たちはまた、人が生きるということはどういったことなのか、人の苦悩とは何かを考え、それに向き合い、その答えを見つけようとします。私たちはその中で、そこに生み出された患者の心と自分の心を発見します。その心は、そこに初めから独立して存在していたかのように見えるかもしれません。心がうまく機能しているように見える場合でも、うまく機能していないように見える場合でも、その心は、メカニズムを解き明かすことができる何かのように見えます。

しかし、オフィスの静寂さと社会の喧騒との対比の中に身を投じてみると、私たちは、自分や患者の心が本当にそこに独立して存在していたのかわからなくなります。そうした心が、いつから存在していたのかわからなくなるのです（富樫、二〇一八）。私たちがそのように視野を広げてみると、人の心がもう少し大きな文脈の中にあることがわかってきます。人はそれを歴史と呼ぶかもしれませんし、世代間伝達と呼ぶかもしれません。あるいは、人はそれを、文化や社会と呼ぶかもしれません。もしそうならば、「私」の心はどこにあるのでしょうか。その心が抱える苦悩は誰のものなのでしょうか。その苦悩はどこから来たのでしょうか。その苦悩はいつから始まったのでしょうか。臨床家は、患者や自分、家族や友人の苦悩を、その人の苦悩としてとらえるだけで十分なのでしょうか。

間主観性システム理論と精神分析の倫理的転回は、歴史的文脈と社会的文脈の中にある心を見つめる方法を私たちに教えてくれます。そのような考え方に真摯に向き合ってみると、患者の苦悩が歴史的流れの中にあり、社会的連鎖の中にあることが見えてくるのです。そして、臨床家もまた、歴史や社会の中にあり、自分が患者と会い、患者を理解し、患者に言葉を与え、患者に接する際の振る舞い自体が、その瞬間の自分の心だけから生まれたものではないことが見えてきます。私たちが目の前の人にかかわる方法自体が、すでに歴史的・社会的なもので、大きな時間と大きな人間的活動に影響を受け、影響を与え続けているものであることがわかります。今、自分が患者にかけた言葉は、二世代前の苦悩が反映されたものであるかもしれません。その言葉は、患者に影響を与えるだけではなく、現在や未来の社会に何らかの影響を与えているものかもしれません。偶然によって織りなされた複雑系の歴史や社会の中に生きる私たちは、その苦悩の本当の姿を見ることはできないかもしれません。しかし、私たちが少しだけそれに自覚的になってみると、もう少し景色が変わってきます。

本書は、精神分析や精神療法、精神医学に携わる臨床家とともに、個人と社会、歴史の中に、人の心を見る感性を探索しようとするものです。その感性に触れてみたとしても、日々の臨床の中で私たちが行う方法論は大きく変わらないかもしれません。しかし、私たちが見る景色が変われば、私たちの振る舞いや感じ方、体験の質が変わるかもしれません。それらが変われば、臨床の中に展開するさまざまな現象の動きが変わるかもしれません。何よりもそれは、私たち臨床家と患者が世界や人生を見る景色を変えるかもしれません。これまで私がいくつかの場所で述べてきたように（富樫、二〇一六、二〇一八）、これまでの精神分析や心理臨床は、患者の心にどのように機能的不具合が生じるようになったのかを解明しようとしてきました。本書で論じられる感性は、そうした見方を必ずしも否定するものではありませんが、それを超え、より大きな文脈の中に心を描き出そうとするものです。

　そのために私は、この十年間に同僚と私が招聘してきた米国の精神分析家たちの講演録を中心に、現代の間主観性システム理論、精神分析の倫理転回、歴史的視座による精神分析をけん引する臨床家たちの言葉をここに編纂しました。私自身も含め、彼らはいずれも、患者の苦悩をオフィスの中だけに展開するものとは見なしません。彼らは皆、歴史、文化、社会の中にそれを見ようとします。彼らが生み出した流れは、現代の米国自己心理学、関係論、間主観性システム理論を大きく展開させました。彼らは米国で活躍していますが、ここに掲載した講演録はいずれも、日本やアジアを意識して語られたもので、歴史や文化、社会を超えて、日本人、あるいはアジア人の私たちへ呼びかける声でもあります。

　本書は三部構成になっています。各部はそれぞれ独立した四章の講演録から作られています。第一部は「社会的トラウマ」、第二部は「精神分析臨床と哲学」、第三部は「トラウマと倫理」をテーマとしたものです。

　第一部の「社会的トラウマ」では、主に９・11世界貿易センタービルのテロ攻撃とそのトラウマ、そしてそこで生きる人たちの苦悩を描き出します。そこにはもちろん、臨床家自身の苦悩も含まれます。執筆者は、チャールズ・B・ストロジャー（Charles B. Strozier）、ドリス・ブラザーズ（Doris Brothers）と私で、三人はいずれもＴＲＩＳＰ自己心理学研究所のファカルティ・精神分析家・スーパーヴァイザーです。その中で私たちは、世界貿易センタービルの９・11テロ攻撃によって作られた社会や個人的体験を、９・11の調査研究や精神分析の臨床事例を通して考察します。歴史学者でもあるストロジャーは、ニューヨーク市立大学ジョン・ジェイ校のテロリズム研究所の所長を務めており、オウム真理教と終末思想の研究者としても有名です。

第二部の「精神分析臨床と哲学」は、個人や関係、社会、歴史の中に苦悩をとらえようとする間主観性システム理論と精神分析倫理を、哲学者の知見を借りて解き明かそうとするものです。執筆者のロジャー・フリー（Roger Frie）とドナ・M・オレンジ（Donna M. Orange）は、ともに精神分析家でもあり、哲学者でもあります。フリーは、彼の祖父がナチス党員であったことを発見したことから、自分の家族の中にあるトラウマを探索しました。彼はその探索の中で、自身の臨床を振り返る作業についても記述します。

第三部「トラウマと倫理」では、精神分析臨床におけるトラウマと記憶、沈黙を歴史の文脈の中に位置づけ、それがどのような意味で精神分析の倫理的転回になるのかを考察します。執筆者はドナ・M・オレンジと私で、自らの体験も含めて、歴史と文化の中に自分の心を描き出そうとします。その中には、二〇一八台湾自己心理学グループのシンポジウム「東アジアの歴史的トラウマ」で発表された原稿も含まれており、第二次世界大戦の記憶がアジア人や世界の人の心に、どのような影響と沈黙を作り出したのかについて検証されます。

私たち臨床家は、オフィスにこもって仕事をするとき、患者や私たちの心が社会や歴史の中に息づいていることを忘れがちです。患者の心がそこだけにあり、その中に病理や問題が展開するといった発想は、私たちを安心させてくれるからです。そうした発想は、私たちが行う作業を明確にしてくれるのです。私たちが自分たちの歴史性や社会性に自覚的になろうとすると、私たちはより複雑で、曖昧で、予測不可能な世界に圧倒されやすくなります。それでもなお、それに自覚的であろうとするとき、私たちは目の前で苦悩する人がいかに歴史と社会の中でその苦悩を体験しているのかを知ることができます。そのような立場から、私は読者の方と、私たち自身を歴史と社会の中に見つけ出せるような対話をしたいと思っています。

本書の各章は、日本を中心に各執筆者がそれぞれの場所で行った講演や発表です。第一章と第二章は、広島国際大学と日本精神分析的自己心理学研究グループが、二〇一一年六月十九日と二〇一一年六月十二日に広島と神戸で行ったチャールズ・B・ストロジャー氏の講演録です。第三章は、私とドリス・ブラザーズ氏が二〇一五年一〇月十八日にロサンゼルスで行われた国際自己心理学会の第三十八回年次大会で発表したもので、第四章は二〇一五年四月十三日に栄橋心理相談室がドリス・ブラザーズ氏を招待して行った国際講演です。第五章と第六章は、ロジャー・フリー氏を招待して、それぞれ日本精神分析的自己心理学協会と甲南大学富樫研究室が二〇一六年五月一日と二〇一六年四月二九日に行った国際講演です。第七章、第八章、第九章は、ドナ・M・オレンジ氏を招待して行われた講演録です。それぞれ、二〇一七年十一月二十三日に小寺精神分析記念財団、二〇一七年十一月二十五日にサイコセラピープロセス研究所、二〇一七年十一月二十六日に甲南大学富樫研究室が主催しました。第十章は二〇一八年十二月一日に台湾自己心理学グループが行った国際シンポジウムにおけるドナ・M・オレンジ氏の発表、第十一章は、二〇一八年日本精神分析学会第六十四回大会におけるドナ・M・オレンジ氏の基調講演、第十二章は日本精神分析的自己心理学協会が二〇一九年二月二十四日に行った私の公開講演で、その一部は二〇一八年十二月一日に台北で発表されました。

こうした講演はいずれも、各団体の資金・人材等の支援があって行われたもので、それぞれの団体の理念と熱意がなければ実現しなかったものです。二〇一五年四月十三日に栄橋心理相談室が主催したドリス・ブラザーズ氏の講演と二〇一八年十二月一日に台湾自己心理学グループが行った国際シンポジウムは、いずれも公益財団法人精神分析武田こころの健康財団の助成金を得て行われています。また、二〇一五年十月十八日にドリス・ブラザーズ氏と私が国際自己心理学会第三十八回年次大会で発表した論文は、ＪＳＰＳ科研費(JP15K04166)、及び甲南学園平生記念人文・社会科学研究奨励助成の助成を受けて行われた研究をもとにしたものです。また、こうした企画のほぼすべては、あいせい紀年病院の中西和紀氏との共同マネージメント・鳴門教育大学大学院の葛西真記子氏との共同通訳で行われたものです。それぞれの機会を与えてくれた各団体と、台湾、米国、日本の関係者の皆様に、この場を借りて深く感謝いたします。

なお、本書を構成する各章の訳出は、鳴門教育大学大学院の葛西真記子氏、慶應義塾大学の貞安元氏との共同作業で行われました。両氏の丁寧な仕事に感謝したいと思います。そして、私の想いを形にするために、こうして本書を出版する機会を与えてくださった岩崎学術出版社の長谷川純氏には、心から御礼申し上げたいと思います。こうした仕事は常に、編集者の想いがあってこそのものなのだといつも感じています。

本書は岡野憲一郎先生に序言をいただくことができました。関係論・間主観性システム理論の世界は、患者や分析家個人の心の動きを雄大に描くとともに、それを含む社会や歴史の大きな文脈をも立体的に描き出します。そうした世界観を持ち、そうした臨床的視座をいち早く日本の精神分析に持ち込んだ岡野先生以外に、本書の巻頭を飾れる方はいないと、岡野先生がどれだけお忙しい方であるかを十分に知りながら、無理を言ってお願いいたしました。それは、岡野先生をはじめとする先人たちがこうした感性を日本に持ち込んだ歴史的文脈を知らなければ、本書が何ものであるのかを読者に感じ取ってもらうことは難しいと思ったからです。著者・翻訳者を代表して岡野先生に御礼申し上げます。

文献

富樫公一（二〇一六）．精神分析の倫理的展開――間主観性理論の発展．岡野憲一郎編著（二〇一六）．臨床場面での自己開示と倫理――間精神分析の展開．岩崎学術出版社、一五六―一七二．

富樫公一（二〇一八）．精神分析が生まれるところ――間主観性理論が導く出会いの原点．岩崎学術出版社．

第一部　社会的トラウマ

第一章　世界貿易センタービルの悲劇と生き残ること、精神療法

チャールズ・B・ストロジャー

私は、9・11がもたらした悲惨な影響を直に体験したニューヨーカーです。私は恐怖におののきながら、ツインタワーが炎に包まれ、倒壊する様を、グリニッジ・ヴィレッジから眺めていました。私にできたことは、燃えさかるタワーの中にいる人々の苦しみに思いを馳せることだけでした。後に私は、あの日、愛する者を亡くした多くの人々を知るようになります。その影は私自身の生活にも忍び寄っていました。私の妻は重い喘息を患っています。あの日、ブルックリンへと吹き込む強い西風に舞い上げられた瓦礫の最初の一撃に、彼女は巻き込まれたのです。その後、彼女は病状の悪化によって死の淵を一度彷徨いました。私自身が受けた被害はほんのわずかです。そのため、9・11をめぐる個人と集団のトラウマに関する私の見解は、ほとんどが追体験によるものです。しかし、十二丁目と十三丁目の間に位置するユニバーシティプレイスにあるカフェ「ニューズバー」の外から、燃えさかり、倒壊するタワーを目撃したあの瞬間、私は、自分にはこの惨禍について研究する使命があると感じました。

私はニューヨーク市立大学のジョン・ジェイ校の歴史学の教授です。9・11以前は、新しいテロリズムと終末論的暴力に関する講義を行い、何冊かの本も出版していました。私は、こうした知的経験を基に、二〇〇一年晩秋にジョン・ジェイ・テロリズム研究所を創設することに力を注ぎました。ジョン・ジェイ校には、法

務省の特命で、消防士や警察官がより高い学位取得を目指して入学してきます。九月十一日のあの日、卒業生六十八人が犠牲となりました。私のかつての教え子たちもあの日に亡くなりました。彼らの後輩にあたる学生たちの多くは、生き残り、多くの人命救助に携わりましたが、彼らは、生存者を求めて燃えさかる瓦礫の山と格闘し、終わりのない不毛ともいえる任務へと身を投じました（たまたま出来た空洞に閉じ込められていたわずか二名の消防士と、惨禍の片隅で瓦礫の下敷きになっていた数名の市民の生存が確認されました。彼らはいずれも九月十二日に発見されました）。

そして私は、グリニッジ・ヴィレッジで開業する精神分析家でもあります。当時、私の患者たちは9・11に関する苦痛に満ちた心身の動きについて、夢や日常生活の中で思いをめぐらしました。彼らは、随分とその作業に時間をかけています。もちろん、そうした患者は今でもいます。本日の私の話のもとになっているのは、彼らの体験です。攻撃後のあの時期、あの惨禍が、私の患者、そして精神療法一般に与えた特異的な影響に焦点を当ててお話をしていきましょう。

私の研究の中心には二つのテーマがあります。一つは、私が「悲しみのゾーン（zone of sadness）」と名づけたものです。9・11のトラウマは心理的にはそこかしこに偏在しています。それはまた、「中心錯覚（Illusion of centrality）」と呼ばれるものによって広く共有されているものです。しかし、二〇〇一年九月十一日のあの日、死の惨禍の中心地からその人がどのくらいの距離にいたのかは重要です。「悲しみのゾーン」はニューヨーク市内の実際の場所で言えば、グラウンド・ゼロを中心に北はマンハッタン、東はブルックリン、南はスタテンアイランド、西はニュージャージーに及びます。そのゾーンは場所（topography）と体験の同心円として外側に広がっていて、爆心地から放射状に広がる核爆弾の猛威と似ています。「ゾーン1」の生存者は、死とその惨禍の一部始終をつぶさに体験しました。「ゾーン2」の目撃者は、惨禍が展開する姿を目のあたりにしましたが、タワーの倒壊を直には体験していません。つまり、人々がそこから落下したり、身を投げるといったカオスを体験していません。「ゾーン３」の参加者は、かなり遠くからタワーが燃えるのを目撃した程度ですが、ニューヨーク市の恐怖体験、つまり、ほとんどのオフィスビルが避難のために空っぽになり、瓦礫まみれの生存者たちが、ウエストサイドハイウェイや他の幹線道路に向けて虚ろな目でさまよう場面に遭遇しています。最後に、市とそれ以外の世界全体を含めた「ゾーン４」の傍観者は、テレビの中でその惨禍を目撃しました。生放送で見た人もいるでしょうが、多くはその後、数日から数週間にわたってそれを目にし、強迫的に繰り返される映像によって、その体験は強められ、それが持つ意味を考える感覚を麻痺させられました。言い方を替えるならば、外側の人ほど、麻痺や感情の欠如が大きくなるのです。そしてその末端に位置するテレビは、もちろんそれは誰の生活にも届けられるものですが、その遠さがかえって、心理的に非生産的で、危険な、怒りの体験を醸成し、そうした情緒体験は政治的操作にとても反応しやすいことがわかっています。

私の研究の二つ目のテーマは、９・11の終末論的な意味の検討です。世界貿易センタービルの惨禍は、終末的でも、この世界の終焉の出来事でもありません。しかし、ニューヨーク、そして、ある意味でこの国全体としての体験のあり方は、まったく異なるものでした。カート・ヴォネガット（Kurt Vonnegut）であればそう表現するような、ごくありふれた死の出来事などではありません。その惨禍は、ごく直近で体験した人々にとっては、この世界の終焉のように感じられたのです。塵埃の雲に巻き込まれた人々の多くは、それが核爆弾の爆発の残骸だと確信しました。遠方の目撃者は、崩れゆくタワーから立ち上るきのこ雲を目にしています。実際は、それはとうもろこしのような形状でしたが。そして、９・11を皮切りに始まったのが、炭疽菌を用いたテロに代表されるように、究極の悪意に満ちた終わりのない脅威だったのです。それから数週間も経たないうちに中東の戦争が始まりました。そんな情勢だったのです。私が詳細に調べたこれら断片的なデータが示唆するのは、現代に生きる私たち人間は、核爆弾のテンプレートを持っているということです。そのイメージは、欠くことのできない思考様式の一部として頭の中に組み込まれていて、あのような惨禍に際して浮き彫りになるのです。9・11の実際と、それがどう体験されたかはまったく別物なのです。こうした文脈抜きに、あの惨禍がこの国の人々の魂に与えた影響を理解することはできません。

患者たち

グリニッジ・ヴィレッジにある私の精神療法オフィスは、グランド・ゼロからそう遠くないところにあるため、9・11の影響は直に私の臨床にも及びました。最初の週、患者も私も、ユニバーシティプレイス十三丁目にある私のオフィスにたどり着くのに、十四丁目の警察の規制線を越えなければなりませんでした。ニューヨークが国家規模の惨禍の中心であるとするなら、私のオフィスは、その中でも最悪の被害を受けた中心地帯のすぐ側にあると言えます。こうした外の世界の現実を無視することは、患者たち（と私）が感じ、体験した現実への愚かな裏切りでした。同時に、当初から私には精神療法の時間を安全な場所、つまりこの新しい文脈において古いテーマが戻って来られる安全な繭のような場所にしたいという強い想いがありました。9・11の後の数週間、そして数カ月間、私の臨床実践において最も印象深かったのは、自分がすっかり慣れ親しんだものと非日常的なものとのごちゃ混ぜ状態でした。

たとえば、最初の週、私は、当時皆が乗り越えようとしている惨禍のトラウマについて語る人々とのかかわりに完全に没頭していました。中でも最もドラマティックだったのは、ジニーの話です。彼女は、ロウアーマンハッタン[1]で働いていました。あの日彼女は、瓦礫やほこりの中をよろめきながら火曜日の午後のセッションにやって来ました。彼女は、タワーの倒壊後、断続的につながる携帯電話回線の瞬間を見つけて電話をかけてきて、なんとかオフィスまで行くので、待っていてほしいと私に頼みました。まさに惨禍の真っただ中の都会で行われた精神療法でした。

私はまた、その週、アンドレアのケアもしました。彼女は、上空から死体が落ちてくるのを目の当たりにするほど間近にその出来事を目撃した後、三日間、文字通りベッドから起き上がることができませんでした。その体験は、彼女が被害にあった幼児期の性的虐待を思い起こさせました。世界が重苦しく彼女に覆いかぶさるようで、彼女が日常生活を取り戻すのを手助けするには、忍耐強く耳を傾ける必要がありました。惨禍から一週間が経過した火曜日、九月十八日のセッションでは、どのケースもある程度普段の状態に戻りつつありました。もちろん、多くのトラウマがまだどこかにはありました。ただ、少なくとも、この大きな文脈の中で、パーソナルなテーマが再び登場し始めたのです。パーソナルな自己の再登場は、たいてい、謝罪から始まりました。実存的な意味合いでは、神への謝罪です。ある人物は愛する者のことばかりを心配しているなんて、私はなんてつまらない人間なのでしょう、とうなだれました。あんなに多くの人々が亡くなったというのに、自分の上司の話をしているなんて、私はなんて浅はかな人間なのでしょう、と述べた人物もいました。本当の痛みを負った人々を無視するなんて、私はなんて思いやりがない人間なのでしょう、とまた別の人も語ります。こうした但し書きを口にすることで、あるいは、自分より何かもっと大きな力に謝罪することで、患者たちは、本来この治療を必要としたパーソナルな問題に再び没頭できるようになるのでしょう。結局のところ、彼らはそのために私にお金を払っているのですから。

そうした中、九月二〇日木曜の夜にエレナの口から一つの興味深い言葉が発せられました。彼女はとても狼狽した様子で愛犬を連れて現れました。ことの発端は、彼女の息子が重いバックパックを彼女のオフィスに忘れていったことにあります。彼女は犬の散歩のために一度帰宅しましたが、セッションに来る前に、重いバックパックを取りにオフィスまで戻りました。彼女はリードに繋いだ犬と重いバックパックを抱えて私のオフィスに現れました。彼女は息子のひとりが今抱えている困難のいくつかを語りました。ちょうど彼のハイスクールが始まったばかりで、彼女はそのことで参っているようでした。それとともに、もう一人の息子のＡＤＨＤ

に関する問題も相変わらずで、そのために彼女は不安で何も考えられない状態になっていました。こうしたいつもの話をひとしきり語った後、彼女は話すのを止めて、次のように言いました。「私は犬の散歩をしないといけないでしょう。息子は多分マリファナをやっていますよ。テロリストの攻撃もありました。それでも私は、また夕飯を作らないといけないんです」と。

回復はまっすぐには進みません。あの惨禍は、たいていはなんの前触れもなく繰り返しセッションに現れては、その影響力を誇示しました（後から考えると、絶望の兆候はどこかには表れていましたが）。たとえばジニーは、九月十一日に瓦礫の中を歩いてセッションへやって来ましたが、9・11直後の最初の二週間のセッションでは、どちらかといえば問題のない様子でした。私は彼女と週二回会っていたので（火曜日と木曜日）、彼女の心理状態をより間近で観察する機会に恵まれました。しかし、土曜日、九月二十八日になって突然、ジニーはこれまで一度も経験したことがないような本格的なパニック発作を起こしました。私は彼女と連絡を取るようにしました。まず電話で話し、その後週末の間はメールで連絡を取りました。そして一〇月一日、火曜の朝、彼女は二回目の発作に襲われました。最初、彼女は病院に行くことを考えましたが、電話で話すことでなんとか乗り切り、調子が良くなった頃には仕事に行くこともできるようになりました。その後、その日の午後四時からのセッションでは、初めは打ちのめされた様子だった彼女も、徐々にリラックスしていきました。ひとたび一緒にいる安心感が得られると、彼女は、土曜日の朝早くに、次のようなイメージとともに目を覚ましたことを語り始めました。それは彼女が自分の仕事場のビルに閉じ込められている間、私が道路に立って、タワーが倒壊するのを眺めているというものでした。[2] 彼女が最初のパニック発作を体験したのはその瞬間でした。火曜の朝の訪れとともに、そのイメージをめぐって彼女が気づいたのは、タワーの倒壊を目撃した私が怯えていたに違いないという彼女の想いでした。それを認識したことが二回目のパニック発作の引き金となったのです。私は傷つきやすく、彼女にとって完璧な安全を与えうる理想化された源泉たり得なかったということです。実際、私が怯えていたのは確かですが、私が彼女のために今ここにいることもまた確かなことです。私は、自分はしっかりと彼女の世話をすることができると、伝えました。これによって、彼女の表情から不安は消えていきました。

私が臨床の中でもうひとつ気づいたのは、この惨禍の影響は何年にもわたって続くということです。私はジュリアと二〇〇六年に会い、週二回の精神療法を行うようになりました。そのとき彼女は四十三歳の映画製作者で、9・11後のガールフレンドとの別れに伴う絶望感から私とのセッションを始めました。彼女はその喪失を乗り越えることができず、創造性を求められる彼女の仕事にも支障をきたしていました。彼女は映画の台本を書き下ろし、その製作のために五〇〇万ドルの資金を集めている最中でした。しかし彼女は、最終校正の段階で行き詰まっていました。彼女の話の多くは、ガールフレンドとの別れに関する、ほとんど強迫的とも言える説明に終始していました。彼女は、何時何分といった形で、事細かに報告しました。ジュリアはいくつかの事柄についての納得できる説明を求めていました。それは彼女自身の行為や、別れの後にジュリアがとった冷たい拒絶、その別れ以来、何年にもわたって、ガールフレンドが冷淡にも行ってきたジュリアへのかかわりの一切の拒絶などです。しかし、ジュリアの問題は、9・11の体験によってもたらされた慢性的な体調不良のために、深刻化していました。彼女は、ニューヨーク大学の映画製作学校で勉強を始めるためにニューヨークに来て、世界貿易センタービルから三ブロックほど離れたアパートに引っ越したばかりでした。惨禍が起きたとき、彼女は無意識にカメラを片手に道路へと飛び出し、一時間にも及ぶ映像を撮影しました——彼女はそれをいまだに見ることができませんが。タワーが倒壊すると、彼女は埃まみれになり、すぐに重傷の肺疾患を患いました。彼女は小児ぜんそくの既往があるため、何らかの素因を持っていたとも言えますが、9・11以来、彼女が体験してきた症状を十分に説明しうる要因は子ども時代を振り返っても何もありません。彼女は繰り返し喘息に苦しみ、数回の入院も経験しています。彼女の体内の鉛の数値は、許容量を大きく超えていました。水銀や他の化学物質のレベルも正常値を大きく超えていました。コレステロールと血圧もあの惨禍以降、かなり高いレベルに跳ね上がり、薬物治療で正常値を維持することすら厳しい状態でした。ジュリアが奮闘している心理的苦痛は、自分は犠牲者にはなるまいという決意でした。セッションでも私は、ジュリアがこの点について自分自身に対してより共感的になれるように支援しましたが、それも助けになりませんでした。

　私は、患者たちの人間関係が、9・11をきっかけに壊れることも目撃しました。患者のサミュエルは、9・11以前は商業写真の分野で輝かしい成功を収めていました。実際彼は広告会社で年収二十万ドルを稼ぐほどの地位に上り詰めました。彼は六年前からアネッタと結婚生活を送り、その五年前から同棲を始めていました。二人は現在三〇代前半で、一歳半になる子どもがいます。彼らはパークスロープにあるブラウンストーン様式の家[3]で暮らし、幸せを絵に描いたような生活を送っていました。アネッタ自身もコンピューター分野で働き、年収九万ドルの稼ぎがありました。彼らには借金もなく、数年前にはブラウンストーン様式の家を買う資金を貯めることもできました。彼らは子育てを楽しみ、そう遠くない未来に、もう一人子どもを作ることを楽しみにしていました。振り返って見れば、こうした表向きの幸せの背後に問題が潜んでいたことは明らかでした。サミュエルは、悩みがちな性格で、絶望に襲われ、孤独や引きこもりの状態になることがある人でした。アルコールと薬物の問題もありましたが、いずれも、軽い依存程度で、すでに十分克服されていました。より深刻な心理的問題は、その背後にある抑うつとパラノイアの兆候でした。9・11以前のセッションでは、これらは頑なに沈黙を守っていたのです。

　あの惨禍はサミュエルに職業的にも深刻な影響を与えましたが、最も深刻だったのは心理面での影響です。彼の広告会社はあの惨禍によって多大な経済的損失を被り、彼は長期にわたって無職となりました。彼の事業が持ち直し、職業的にも仕事を再開すべき立場にあったにもかかわらず、です。心理的には、9・11以来、サミュエルの中で何かが壊れてしまったようです。彼は徐々に引きこもりがちな生活になり、精神療法でも抑うつを克服することができなくなりました。彼は何度か妻をカップルセラピーに連れてきましたが、彼女は9・11以後を生きることに、サミュエルよりも実際のところずっと上手く適応していました。もちろん、彼女にも彼女なりの弱さがありました。たとえば彼女は、アルコールと薬物の問題に取り組んでいましたし、若い頃から続くひどい浮気ぐせもありました。とはいえ、この時点では、彼女は家族を育み、次の子どもをもうけることを望んでいたのです。しかし、一方サミュエルと言えば、落ち込みがちな性格と彼のパーソナリティを支配し始めたパラノイアに対処できないようでした。彼はこの世の苦悩と、妻の「狂気」と、そしていたるところで直面する困難以外は何も目に入らなくなったのです。最終的に、彼は妻の元を去る決断をしました。これは失職から続く一連の大きな危機です。それは収入も、治療費をカヴァーする保険も失うことを意味していました。ある日、彼はなんの前触れも別れの挨拶もなく姿を消しました。私はまったく彼の役には立てなかったという想いのまま、取り残されました。

しかしながら、他の多くの患者たちは、9・11で死の危機に曝されて以来、パートナーとの絆がより深まったと報告しています。たとえば、彼自身も治療者であるエドワードは、9・11以前は他の男性との関係に気持ちが向きがちでしたが、あの日、彼は長く連れ添ったパートナーの腕に抱かれ、泣きながらしがみついていることに気づきました。この出来事は二人の絆をより深めました。ジュディ・クリンスキー（Judy Kuriansky）は、ニューヨークの臨床家で、こうした状況下の人々の関係について研究しています。彼女は二〇〇三年の報告で、9・11以降の人間関係は、「より親密に、より情熱的になっている」と、多くの心理学者が考えていると述べています。彼女が用いる興味深いデータは、コロンビア大学の教員養成学校の彼女の学生が実施したオンライン調査に基づくものです。彼らによれば女性も男性も三分の一もの人々が「パートナーとより多くの繋がりを求めている」と言います。単なる逸話に近いものですが、これらのデータは治療者の間で広く話題にのぼったある考えを示唆しています。それは、9・11の後、ほとんどの人々がまず見せた反応は、愛する者たちのもとへとかけ寄り、強く情緒的に結びつくことだった、というものです。もちろん、それまでの結びつきが新たな局面を迎え、のちに壊れることもしばしばありました。サミュエルがそうだったように、多くの人々にとって、トラウマの結果、彼らの中で何かが壊れてしまうこともあります。しかし、惨禍によって、人々は愛する者たちとの結びつきを求め、心の扉を開き、（簡潔にいえば）もっと頻繁に会えるようになり、その関係がより親密になるように促されることもあったのです。

治療者たち

こうしたテーマは、治療者に関しても考える必要があります。それについては、貴重な研究がいくつかあります。カレン・シーレイ（Karen Seeley, 2008）は、『恐怖の後のセラピー：9・11、精神療法、そしてメンタルヘルス』の中で、子ども時代にトラウマを受けた人々の多くが、この惨禍によって再びトラウマを体験したと述べています。虐待体験者は、政府が彼らを守らず、より大きな危険や恐れ、そして生活の不安定化をもたらしているととりわけ強く感じていました。しかし、強い反応を示したのは彼らだけではありません。患者たちはみな、広くさまざまな反応を示しました。シーレイによれば、治療者は、患者が見せる怒りや憤怒にとりわけ印象づけられました。戦争やすべてのテロリストを核兵器で殲滅する必要性を口にする者もいました。一方、自殺や無力感について語る者もいました。さらには、次の攻撃への恐怖も広がっていました。同じ反応を示す患者は誰ひとりいません。しかし、興味深いことに、ほとんどのケースで、立ち直ろうとする患者の力（resilience）が現れました。転移反応の中では、セッションのインターバルに生じる分離から、見捨てられることへの強い怒りや恐怖を治療者に示す患者もよく見られました。

親しい同僚が行った未刊のイタビュー調査からも私はとても多くのことを学びました。その同僚は、ポーラ・グリクマン（Paula Glickman）です。彼女に関しては精神分析家ケビンの体験との関連ですでに言及しました。グリクマンはその研究から多くの興味深い結論に至りました。たとえば、治療者の多くは、9・11にまつわる出来事から切り離され、この世界や犠牲者に言及することもなく、自己愛的に自分たちのことばかりを語る患者に対して、怒り、イライラ、退屈を感じます。患者に向けられたこれらの苛立ちは、テロリストへの怒りの置き換えではないかと考える治療者もいました。しかし、患者の自己没頭への怒りの感情は、ある意味で精神療法の職業的危険（occupational hazard）でもあります。投影とは極めて個人的なことを語ることです。しかし、9・11の文脈では、そうした話題ばかりが話されるのは、世界の悲惨さを取るに足らぬものとし、共感を自己愛で置き換えるためです。その意味でそれは、投影とは異なります。

グリクマンは、あの惨禍以降、治療者の生活に見られた孤立という重要なテーマも明らかにしています。親密な関係を持たない治療者は、「完全に孤独だ」と感じたと彼女は報告しています。二〇〇二年一月十八日にインタビューを受けたある治療者は、その惨禍が彼女のボーイフレンドとの別れの実際の原因となったかどうかは定かではありませんでしたが、あの時、一人ぼっちだったことに強烈な痛みを感じたことは確かでした。一年前から夫と別居していた治療者は、9・11の後、すぐに夫の元へと戻りました。彼はイラン軍に所属していましたが、そこで体験したある種の「言葉にできない憎悪」は彼を妻との関係から切り離し、手の届かない状態にしていました。しかし、その惨禍の後、再び結びつきたいという思いが両者に生じ、それは古い関係パターンを超えて二人を元に戻したのです。

グリクマンは、強い感情に対処する自分の能力を調査協力者がどのように感じたかという興味深いテーマについても調べています。治療者は、自分の自己理解に誇りを持っている人たちだと言ってもさしつかえないでしょう。そうした知識をもっているからこそ、治療者は患者がそれを獲得するのを助けられるからです。しかし、9・11以降、治療者自身が、悲しみ、恐れ、苦しみに圧倒されていると自覚することもしばしばでした。

グリクマンとのインタビューで涙を流した者もいます。ある女性は二〇〇二年一月二十五日のインタビューで、9・11で感じた娘の安否をめぐる恐怖を想起した際、「私はもうこの段階は乗り越えたと思ったのに」と語りました。軽い解離を患っていて、出来事や経過をまったくと言ってよいほど正確に想起できない者もいました。いわゆる「受け入れ難い感情」と戦っている治療者もいました。それは、アラブ系の人々への不信感であったり、多くの治療者たちとともにグラウンド・ゼロに立ち、助けを求める者を客にしようとする「ハゲワシ」になったような感覚であったり、あるいは、9・11それ自体がもたらした体験の激化（intensification）に対して抱いた後ろめたい満足感であったりです。

グリクマンは、多くの治療者が、彼らの基本的な実践方法を変えたことを明らかにしました。具体的にはそれは、自己開示が有意に増加していることでした。惨禍の共通体験があると、両者が共有する恐れや感情を語らないことが、どこか馬鹿げたことのように思えてきます。自己開示は他の問題に繋がります。一般的には患者との親密さを深めることがあります。もちろん例外もあります。しかし、治療者によっては、その瞬間に伝えた自己開示がどのようなものであれ、専門家としての一線を超えてしまったという罪悪感に苛まれる場合もあります。ある治療者は、彼の自己開示を聞いた患者が、治療者が頑丈ではなく、頼りにならないと感じて、「あなたはこの先も私のためにそこにいられるのでしょうか」と尋ねたことを報告しています。

そして、トラウマへの羨望があります。ある分析家は9・11で、私生活が一変してしまいました。彼と妊娠七週の妻はグラウンド・ゼロにほど近いワン・ゲートウェイ・プラザに住んでいました。彼らはあの火曜日、少なからず恐怖を体験し、住む家を失い、着の身着のままの状態になってしまいました。彼は仲間の分析家たちが、その人生に生じたドラマを明らかに羨んでいるのを感じました。他の分析家たちは、彼を安心させるよりも、彼らが経験した話を持ち出して、まるで張り合うかのような態度を取りました。彼の知り合いの誰も、9・11に彼と妻が体験したほどには、大変ではなかったことは明らかでしたが、同僚たちは彼ら二人の話をまったく認めたくないかのようにさえ見えました。

面接室の中で語られたこれらの興味深い話は、私たちの文化において、洞察や心の癒しに特別な責務を担う専門家たちに及ぼした惨禍の影響を明らかにするものです。グリクマンの研究は、カレン・シーレイの研究やその他の研究と同様に、治療者が体験した情緒の幅やそれらを説明しようともがく彼らの様子、そして場合によっては、彼らの人生が変化したこと、おそらくは永遠に変化してしまったことを示しています。

苦悩

私が実施したインタビューでは、ほとんどのケースで臨床素材として捉えられるものが多く報告されました。とりわけ夢がたくさん報告されました。その調査はあらかじめ用意された質問項目を用いたインタビューと、それを基にして分析的な立場から自由な形で対話を進めていくインタビューとで構成された半構造化面接によるもので、インタビューイーの発言は録音されました。これは、完全に守秘義務で守られた普段の精神分析実践とも近い形のものです。私はそうした個人的なデータに興味があります。いずれの場合もあらかじめ用意された質問項目に基づく質問をして、より深い心理的問題を探求できそうな素材のヒントがあればそれを探求しました。たとえば、デアドラは、二〇〇一年十月五日の初回のインタビューで、９・11の数日後に見た夢を語りました。それはニューヨークにゴジラが現れ、のしのしと闊歩する夢でした。彼女は、当時の都市全体の心理状態にぴったり一致する完璧なＳＦイメージを夢に見たのです。その怪物は巨大で、どの摩天楼よりも高く、通り道にあったすべてを踏み潰し、破壊しました。その数週間後、デアドラは二つ目の夢を見ました。飛行機に搭乗している夢で、彼女は不安になり、ある種の不安発作に襲われました。それ以後、彼女は夜中の夢を舞台にして、トラウマのワーキングスルーに懸命に取り組みました。その夢は、どれもその惨禍に直接関連するものでした。テロリストを扱った夢もありましたし、夢には爆弾もよく登場しました。カリフォルニアにいるのに家族に会えないといった夢もしばしば話されました。これらの夢の詳細を彼女はすでに覚えていませんでしたが、それらすべてが、あの災禍と直接関係していることははっきりと自覚していました。

二〇〇一年十月二十六日の二回目のデアドラとのインタビューの冒頭、私は彼女が驚くほど疲れ切った様子であることにすぐ気づきました。私は彼女に眠れているのかと尋ねました。彼女は二時か三時、あるいは四時まで眠れない日があることを報告しました。それでも彼女はいつもの時間に目が覚め、そのせいで完全に「一日がむちゃくちゃになる」のでした。彼女は「私は寝たくない。寝たくないんです。私は夢をいっぱい見るけど、どれも気持ちのいいものではありません」と訴えました。私は、夢の内容を尋ねました。それは夢というよりも悪夢で、「飛行機の夢ばかりで、飛行機にのって不安を感じたり、飛行機にのってイライラしたり、飛行機事故やビルに飛行機が突っ込んだり、ハイジャックされる夢だったり、ちょうどそんな感じの夢です」と彼女は語りました。彼女の夢がこうした悪夢に妨げられたとき、デアドラは「子どものように」灯りを点けると言います。また眠りに落ちるまで、彼女はテレビでも見て過ごすのです。

９・11以後のデアドラのトラウマは、類似した彼女の子ども時代の混乱と恐怖の体験と結びつき、それを呼び覚ましました。彼女は、四歳から十四歳まで、慢性的に悪夢に襲われていたと報告しています。その間彼女は、夜になると悪夢で目を覚ましました。彼女はよく悲鳴を上げ、両親のベッドに這うようにして潜り込みました。寝る前には、「お守りとしてベッドの周り一面をぬいぐるみで一杯に」しました。信仰心があったわけではありませんが、枕元に聖書を置いて寝ることもありました。彼女は助けになりそうなものならなんでも活用したようです。興味深いことに、あの惨禍の後、デアドラにとって慰めとなった祖母は、彼女を苦しめ、衰弱させた悪夢から逃れるのを助けた、彼女の人生における重要人物でもあったのです。祖母は、夢を彼女に語らせたり、起床後すぐに夢を書き留めるよう勧めたりするなど、日常的に彼女の取り組みを支えました。そして祖母は、その夢についてデアドラと語りあいました。彼女はまた、デアドラを図書館に連れて行き、瞑想や目が覚めた後再び眠るための方法が書かれた本を借りてきました。そうした愛情溢れた祖母のすばらしい共感的援助によって、デアドラは悪夢に襲われることがなくなりました。デアドラの両親は、彼女が二歳半のときに離婚し、以来、彼女は母と兄と暮らしていました。しかし、夏はほとんど、ネバダに住む祖母と過ごし、その間、彼女は祖母ととても親密になりました。「彼女は、私の人生における、とても重要な人物です」とデアドラは述べています。十四歳のデアドラにとって、夢の記録や瞑想は、不安に対処するための新たな道具となったのです。「私はよく頭の中で迷路をたどり、その中心にたどり着くまで集中します。眠りにつけないときもありますが、でもとてもリラックスしています。意識はありますが、私を取り巻くすべてが静寂に包まれるのです。寝ているわけではなく、とてもぼんやりとした状態です。すべてがとても柔らかく、平和です。しばらくの間そうしていれば、私はそんなふうに自分をリラックスさせることができました。彼女（祖母）がそのやり方を教えてくれたのです」と彼女は述べています。

デアドラは、彼女が十四歳以前の子どもの頃に体験した「夜の恐怖」とゴジラの夢との興味深い違いについて語っています。夜の恐怖の方がずっと彼女を苦しめました。彼女はそれらを死滅の象徴的形態（a symbolic form of annihilation）として体験していました。一方、ゴジラの夢は、9・11のトラウマから回復する情緒的プロセスの一部でした。その夢は、彼女が再び安眠できるようになった二週目の初めに現れ、それ自体が、心をかき乱す、恐ろしい夢でした。それでも彼女は、ゴジラの夢で悲鳴をあげて目を醒ますことはありませんでした。夢は、フロイトが述べたように、彼女の睡眠を守る役割を果たしました。その夢は不安と恐怖をワークスルーし、彼女が新たな人生の一歩を踏み出すための一つの方法だったのです。デアドラが子ども時代に描いた夢は、また違ったやり方で彼女の人生を混乱させ、後々の混乱に対する彼女の脆さや感受性の基礎を築いたのです。

そうした感受性の一因は、彼女が人生早期に体験した死にあります。十二歳の頃、彼女はバス停に立ってスクールバスが到着するのを待っていました。それは、彼女がカリフォルニアに住んでいた頃で、バス停は聖シプリアン聖堂の前にありました。彼女は毎日、いつも同じ時刻に自分を学校へと運んでくれるバスを同じバス停で待っていました。彼女はちょうどその時間に目の前の通りを横切って散歩に出かける七十歳半ばくらいの老人と顔なじみでした。この日、老人は茶色のパンツと「灰色のお年寄り向けのセーター」を着ていました。「小さな茶色の帽子と杖」を身に着けて。ほぼ毎日、デアドラはバス停の前を横切って散歩に出かける彼の姿を見ていました。そして、その日、彼女はいつもと同じようにそこに立ち、もの凄いスピードで通りに近づいてきたトラックが老人をはね、彼女が立っていた目の前を百ヤードほど引き摺る様子を、なすすべもなく、恐怖に慄きながら目撃したのです。デアドラと友達は何かできないかと思って通りを駆け下りて行きました。老人はそこに横たわり、「全身がねじ曲がり、皮は剝がれ、死んでいることは明らかでした」。彼女は近くの家へと走り、九一一番に連絡をしました。彼女の記憶では、その場で彼女は当惑し、泣いていましたが、学校に来た警察官から帰りたければ帰宅してよいと言われたとき、「学校をさぼれるなんて、すごい」と思ったのを覚えていました。猛スピードの車に百ヤードも引き摺られたあとの路上の死体のイメージは、九月十一日に彼女が目撃した空から落ちてくるバラバラの死体と類似する点があることは、皆さんもお気づきでしょう。

おわりに

エリックは、9・11以来、繰り返し見る夢があると報告しました。それは「走っていたり、何かに追われていたり、何かを追いかけている」夢です。その夢にまつわる連想から彼は、「プラスチックや鉄が焼ける匂い」とタワー倒壊後にグラウンド・ゼロから立ち上る煙のイメージを想起しました。視覚的感覚に優れたエリックは、煙のイメージから連想したことを述べています。「地平線です。それを眺めているようで、でも私がそれを目にしているわけではありません。瓦礫の山を目にしているわけでもありません」と。彼が見たのは、ただ空虚感でした。それはまた、彼に墓地を連想させました。「被害者たちのことを考えますよね」と彼は述べます。「きっとそれが最も強く、悲しいことです」。彼は続けます。「だから、初め、それは墓地なんです。それから、すべての命のことを考えるのです。そして、すべての人々のことを考えます。すべての子どもたちのことを考えます。そう、それは悪いところから始まって、さらに悪くなって行くのです（この時点で、エリックは泣いていました）。そして、それらの人々が生きていたならできたはずのことを考えます。それは気を狂わすものです。でも一方では、恐怖を呼び覚まします」。エリックのインタビューを行ったのが、ユダヤ教の贖罪日、つまりユダヤ教徒が亡くなった者たちへの喪に服す日であったことは、これと無関係ではないでしょう。実際、インタビューのあと、エリックは妻を連れ立って礼拝に向かいました。彼女はユダヤ教徒で、彼も改宗しています。贖罪日の礼拝の中で、儀式として繰り返される最も重要な祈りのひとつは、祈禱か死者への祈りです。その場を墓地として想起したエリックの体験の背景には、ユダヤ暦の中で最も重要な日、贖罪日が反映されていました。

　これが世界貿易センターの惨禍のような出来事がもたらす悲しさです。私たちは、死者を葬るために残されました。なぜなら患者の人生や体験の中にこだまするように、治療者として私たち自身の中にもその痛みや外傷が息づいているからです。

（翻訳：葛西真記子・貞安元　二〇一一年六月十九日　広島国際大学）

文献

Seeley, K. M. (2008). *Therapy After Terror: 9/11, Psychotherapists, and Mental Health.* New York: Cambridge University Press.

注

1 〔訳注〕マンハッタン島の最南端地区。一般には十四丁目以南を示すことが多い。世界貿易センタービルもその中に位置する。

2 〔原注〕9・11の混乱の間、ロウアーブロードウェイにある彼女のビルの管理者は、外の安全が確認されるまで人々をビルから出さなかった。ある意味で彼女は、あの日ビルの中に閉じ込められたわけである。それがこのイメージにつながった。

3 〔訳注〕赤味の砂岩の建築材を使った家で、四、五階建てとなっており、階段のついた入口があることが多い。十九世紀に上流階級の間で流行した。ニューヨークの住宅地に今も数多くあり、住人の憧れの一つとなっている。

第二章　原理主義者の考え方と歴史的トラウマ

チャールズ・B・ストロジャー

9・11以前だったなら、一見宗教とは無関係にも見えるこの世界において、原理主義（fundamentalism）が台頭することに、私たちはただ驚くだけだったかもしれません。米国の総人口の三〇％もの人々——一億を優に超える数の人々——が、福音派キリスト教徒（evangelical Christians）であることはこれまでにも注目されてきました。福音派キリスト教徒は、厳密な意味での原理主義者との違いが分かりにくいとされることがある人たちです。数年前、ギャリー・ウィルズ（Garry Wills）は、これだけ多くの人々を野放しにするのは学者たちの認識不足だと述べました（Wills, 1990, p.15）。もちろん、原理主義はキリスト教独自の現象ではありません。多くの信仰において、「過激なまでに信仰の篤い」人々がそこかしこに存在します。それは、原理主義の「世界的蔓延」と呼ぶことすらできるでしょう。米国と世界における原理主義の驚異的台頭として広く認知された現象への最初の大規模な学術的反応は、一九八〇年代後半、マーティン・マーティー（Martin Marty）が中心となって始めた「原理主義プロジェクト」でした（Marty & Appleby, 1991, 1993a, 1993b, 1994, 1995）。マーティーとその同僚たちは、世界規模で比較研究を実施しました。彼らは、はた目には異なる原理主義の「家族的類似性（family resemblances）」についてわかりやすく述べ、彼らの関心の対象である原理主義を正統主義（orthodoxy）から慎重に区別しています。彼らは篤い信仰が人々の人生に与えうる肯定的な側面を苦労して説明する一方で、原理主義がこの世界の宗教すべてに与えるより悪い影響についても記述しています。今日、私たちはそうした悪影響をさらにはっきりと認識しています。そして本日の私の話は、原理主義と暴力、そして歴史的トラウマとの関連に特に焦点を当てたいと思います。

私の話が前提としているのは、原理主義心理、つまり、現在起きている宗教運動には個々の特異性を超えた共通の思考様式（mindset）があるということです。たとえば、イスラム教徒は世界規模で展開するアルカイダ（Al-Qaeda）の聖戦を後押ししてきました。米国では福音主義者がキリスト教の保守化を進めています。イスラエルへの移住者は、何世紀も実現しえなかった約束の地（Jewish land）にまつわる新たな千年福音説（millennialism）を唱えてきました。そして、日本のみなさんが一九九〇年代に体験したオウム真理教は、大量殺戮兵器を用いてアルマゲドンを引き起こすことを目論む運動でした。これらの宗教原理主義者の運動は、非常に人目を引くもので、それ自体が起きている現象を定義づけているようにも見えるでしょう。しかし、原理主義の思考様式は、自己のもっと奥深くに根ざしたもので、人間社会のさまざまな仕組みの中に姿を現し、何世紀にもわたる歴史の中で多種多様な意味が与えられてきました。それは宗教も含みますが、決して宗教に限定されたものではありません。ノーマン・コーン（Norman Cohn）は、中世社会の非主流派に存在したカルト集団について記載しています。フランス革命の恐怖政治は、人間の自由拡大のための革命が潜在的にもつパラノイア的で破壊的な性質を現実化したものです。ナチズムは、人類史上とまでは言わないまでも、間違いなく、二十世紀に生じた最も重大な原理主義者による千年福音運動（fundamentalist, millennial movement）でした。個人と共同体、つまり、心理と歴史は、相乗的に働き、宗教、政治、文化の領域でさまざまなかたちの原理主義を創造し、衰退させ、悪化させ、そして癒すのです。

留意すべき重要な違いのひとつは、正統主義と原理主義の違いです。正統主義は維持することを求めますが、原理主義は変化することを求めます。正統主義は歴史と現実の中にありますが、原理主義は過去の神話的理想の投影に基づく過激な未来像を求めます。正統主義は平和を脅かすことがほとんどありませんが、原理主義は、急激な変化を希求する切迫感の中で、躊躇うことなく暴力に訴えることがあります。その際、しばしばその行為主体は人間から神の領域へと変換されます。原理主義は世俗主義（secularism）の広まりに対抗します。それは現代世界によって深刻な脅威にさらされ、それに反応して拡大した現象なのです。それを突き動かす一番の衝動は、彼らが求める理想の過去を取り戻すことにあります。その過程で、彼らはその戦いを究極の戦いと見なします。現代の世俗社会との邂逅は彼らにとってどれもが重大事です。すべての真の信仰者にとってそれは壮大な戦いなのです。

原理主義の考察で、私が暴力を強調する点について、もう少し詳しく説明したほうが良いでしょう。原理主義が心理的に複雑であることには、疑いの余地がありません。原理主義はさまざまですが、それと暴力との間に、明確なあるいは直接的な結びつきがあるわけでもありません。イスラエルのイェシーバー（yeshivas）は、ユダヤ教正統派（haredi）を生み出しましたが、入植運動のルーツはそれと同じではありません。ハマス（Hamas）はＰＬＯよりもはるかに宗教的には原理主義者ですが、宗教とは関係がない、権威主義にまつわるテーマに関してはとても政治的です。パキスタンのイスラム神学校（madrassas）は、アフガニスタンを占領したタリバン（Taliban）を生み出しましたが、彼らはアルカイダとは、ほとんど直接的な関わりがありません――いずれにせよ、彼らは衰退の一途にありますが。米国では、私の友人ジェイムズ・Ｗ・ジョーンズ（James W. Jones）がとても上手く表現したように、「レフトビハインド（Left Behind）」シリーズの読者は、密封隔離されたキリスト学校や家庭教育の中で生み出されましたが、彼らは中絶医を殺害するような人々と同じではありません。

憶えておくべき大切なことは、「原理主義者の思考様式」は、強い宗教的信念をもった人々の体験の中で、心理的に極めてポジティブに作用する側面があるということです。たとえば、二元的思考（dualistic thinking）

（マニ教的な二分法〔manichean dichotomies〕に基づいて世界を分ける傾向）は、多くの場合、信仰者にとって、彼らの信仰世界と、罪ならびに暴力に溢れた堕落世界との境界をはっきりと示す目印として主観的に体験されます。地方の複合映画施設に足を運びさえすれば、原理主義者が現代社会のポルノを感情的に忌み嫌うのも十分理解できます。

信仰において生まれ変わる体験は、キリスト教における文字通りのかたちであれ、イスラム教徒、ユダヤ教正統派、ヒンドゥー教あるいはオウム真理教などにおけるもっと象徴的なかたちのものであれ、心と魂、その両面の可能性を広げる、古い自己から新しい自己への転換の決定的瞬間としてみることができます。私たちがパラノイアと呼ぶ現象についても、多くの「原理主義者」にとっては、悪に抵抗し、贖罪への新たな道の探求を進める情熱の源泉になります。危険や迫害が差し迫る感覚が役に立つのです。そのことは心に留めねばなりません。パラノイアの人（the paranoid）は、預言者と同化しているのです。私たちは、終末論的な（apocalyptic）エネルギーが、希望に溢れ、贖罪をもたらすこの世界の多くのものごとの原動力になっていることにも着目せねばなりません。米国の奴隷廃止運動は千年福音のレトリックと動機づけに完全に根ざしたものです。ティモシー・ウェーバー（Timothy Weber）が名づけた私たちの「贖罪人の国家（Redeemer nation）」は、植民地計画のときと同様に、圧政のために終末論をよく利用しますが、それは同時に、市民権運動あるいは平和部隊などの理想主義とともに創造的な社会変化も促します。そして昨今の環境保護運動では、心理的には、環境にやさしい緑の終末論的エネルギー（green apocalyptic energies）が改革運動に注がれています。

こうした概念的混乱を整理するためには、「原理主義」に傾倒する人々の心理的背景の意義を理解することが重要でしょう。原理主義は曖昧に定義され、とても広いカテゴリーを含んでいるからです。たとえば、キリスト教は、その定義から言って、存在目的論的（teleological）で、千年福音説に根ざしています。千年福音説の信仰は、無視はできても否定はできませんし、創造的な社会変革を動機づけるようなやり方で熱心に受け入れられるかもしれません。しかしながら終末論的キリスト教の場合となると、人類の歴史の暴力的終焉を歓迎しますし、火の海を泳ぐ罪人という絵図を好みます。[1] 他の例をあげると、イスラム教徒の多くは、人里離れた僻地にあっても、家族とモスクに囲まれた安全な世界に安寧と満足を見出します。一方、イスラム聖戦士（jihadis）たちは、コーランの言葉を過激に捻じ曲げ、ハディース（hadith）の伝統のいくつかの側面に傾倒して、荒々しく終末論的で、パラノイア的な暴力の世界にイスラムを従事させようとしています。一般的には、パラノイアの人と終末論が、原理主義者の思考様式を刺激し、暴力への可能性を切り開くと言っても過言ではないでしょう。その心理的背景は、たとえ千年福音やユートピアの夢を抱いていたとしても、より共感性が高く、地に足がつき、希望に溢れ、自分と同じように隣人も愛することに心惹かれる人々とは、まったく異なるように見えます。

自分の研究の中で私が最も関心を持っているのは、過激主義者と狂信者です。フランス革命であれ、ナチスドイツであれ、また、現在の中東情勢であれ、私が研究の中で描き出そうとしている歴史的出来事とは、そうした危機状況における人々のことです。私が目指しているのは、そうした状況下で原理主義者がいかにして生まれるのか、その心理的輪郭を明確にし、原理主義者に内在する暴力の可能性について概念化することです。米国の奴隷制度の撤廃や、窒息する地球の救済を図る千年福音主義者たちを突き動かしているのはまったく異なる心理です――ちょうどマーティン・ルーサー・キング・ジュニア（Martin Luther King, Jr.）のようなユートピア的理想主義者が良い隣人関係に貢献したようにです。一方で、メシアの到来あるいは再来の激しい渇望は、個人とコミュニティの生活を豊かにもします。私はパラノイアや終末論に注目していますが、ユートピア主義者や希望に溢れた人々への敬意を持っていないわけではありません。

終末論とパラノイア

終末論は、原理主義者の思考様式の中にある血に染まった（death-drenched）側面です。宗教的な原理主義の信仰体系の最も基本にあるのが、メシア到来（あるいは再来）への希望です。原理主義にとっての原典（ur-text）は、もちろん、「ヨハネの黙示録（the Book of Revelation）」です。それは、封印とラッパ、血と暴力の小瓶、大娼婦バビロンの売春婦との回り道の旅、示唆的な剣が口元を貫く蒼ざめた馬の乗り人、そしてもちろん、罪人たちの火の湖での裁きと第二の死といったものです。しかしその死は、信仰深い人々の荘厳な贖罪と輝かしい新エルサレムとともに、新たな天地の創造に終焉します。たとえば、ナチスのように宗教とは関わりのない千年福音運動にとっても、より漠然としてはいるものの、贖罪の達成は、やはり彼らの渇望の中心にあります。そこには、この世界とその悪の完全な破壊による究極の救済だけが存在します。しかし、力強い希望をもたらす世界の再創造によって、死による終焉が死それ自体を乗り越えるのです。この超越的なプロセスが、極端な二元論を必要とし、パラノイアのやり方で悪を呼び起こし、他者を統合する（totalize）のです。パラノイアと終末論の驚くべきこの結びつきが、原理主義者の思考様式に内在する暴力の可能性への洞察を与えてくれます。

個人や歴史に応じて、終末論にはさまざまな表現形態があります。多くは、暴力など夢にも思わず、この世界の抜本的な再創造を切望するようなものです。実際、終末論は、進歩的な社会変化を導きます。一方、パラノイアは、比較的穏当な被害感から行動に影響を及ぼす悪の幻覚的イメージまで、心理社会的な連続体として存在します。私は終末論とパラノイアのより極端な状況、つまり両者が統合され、絶対化された状況についてお話しています。そうした急進的なプロセスは原理主義の世界に必須の要素ではありません。しかし、私が論じたいのは、原理主義の思考様式の中には、終末論とパラノイアを統合する傾向があるということです。そうした傾向は、長い歴史の時間の中では、ただの潜在的傾向として表に現れてこないことが多いでしょう。しかし、さまざまな種類の危機状況が、過激化する動きを容易に後押しするのです。悪意はパラノイアと終末論の密接な関係性の中に潜んでいるのです。

まずはパラノイアから始めます。私の考えでは、パラノイアは、（蛇に対する恐れのように、恐らくは進化の途上で）存在論的な可能性として自己に内在するもので、それは、歴史的危機の局面に現実化します。デビット・ターマン（David Terman）は、この存在論的な可能性を「パラノイア的ゲシュタルト（paranoid gestalt）」と表現し、それが自己とグループに備わっているとしています。私はパラノイアを少し柔軟に捉えています。それは私たちの心理に深く埋め込まれていますが、容易に喚起され、私たち個々人と集団の体験の一部となります。私が思うに、この歴史的局面への感受性は、リチャード・ホフスタッター（Richard Hofstadter）が――違う言葉を用いてはいますが――半世紀前に米国政治のパラノイア的スタイルに関するエッセイの中で賢明にも採用したアプローチの基礎になっていて、彼のエッセイがなぜあれほどまでに影響力を持ったのかを説明しているように思います。精神医学の分野には、パラノイア治療のための適切な薬物選択に関するほとんど意味のない文献があります。より心理学的な文献、とりわけ精神分析は出だしから躓いていました。それは、一九一〇年のフロイト（Freud）がパラノイアの土台を抑圧された同性愛感情と説明してしまったためです（Hofstadter, 1964, pp.3-40）。パラノイアという概念は、今でも周辺領域に留まっているのです。それは、パラノイア患者は、動機を探索する長期の治療では良い反応を示さないという単純な理由から、精神分析的精神療法家が彼らの治療をほとんど行っていないからです。精神分析の中でもクライン派は、「パラノイド・ポジション」を強調することによって、臨床家が共有する問題にそれなりの焦点を当ててきました。他の研究者もいます。ジェラルド・ポスト（Jerrold Post）は、ナルシシズムとパラノイアについて書いています

(Post, 2003, 2004, Schneider & Post, 2003)。ヴァミク・ボルカン (Vamik Volkan, 1999, 2006) はナショナリズムとしての「第二の皮膚」と彼が呼ぶものに関心を持ち続けています。ジョセフ・バーク (Joseph Berke, 1998) と彼の同僚たちは、『パラノイアだって敵がいる』という題名のパラノイアに関する貴重な論文集を出版しています。[2] ロバート・J・リフトン (Robert Jay Lifton, 1979) は、常にこのテーマに関して卓抜した貢献をしている人ですが、孤高の声とでも呼べるような独自の考え方を展開しています。[3] 私は一冊の本を書き、このテーマに関連する本を編集して何冊か出版しました (Strozier, 2002; Strozier & Flynn, 1996a, 1996b, 2000)。それでも、現代社会の暴力を理解しようとする私たちには欠かせない、この重大なテーマについて、私たちに何がしかを教えてくれる文献は驚くほどわずかなのです。

すでによくわかっていることもあります。パラノイアの人は、苛烈な誇張の世界に生きていて、そこでは共感性は奪われ、ユーモア、創造性、知恵も欠如しています (Kohut, 1978)。[4] パラノイアの人は、恥と屈辱、疑い、攻撃性、そして純粋な悪から完全なる善を切り離した二元論の世界に生きています。パラノイアの人は、極めて誇大妄想的で、魔術的な時間感覚をともなう終末論的な歴史観をいつも抱いています。多くのパラノイアの人々はとても頭が良いので、才能を持った人々の選択の病なのかもしれないと私は以前から思っています。パラノイアの人がその認知能力のすべてを集中させ、知的なスキーマを難しくしてしまっていることには、疑いの余地がありません。人によっては、軽いパラノイア程度の不信感を持っているくらいの方が、むしろ適応的な場合もあります。たとえばそれは、多くのアフリカ系アメリカ人が米国社会のスラム街で体験しているような状況や、あるいは、パレスチナ人がヨルダン川西岸やガザ地区での生活について感じているような慢性的危機状況にある場合です。しかし、このように「適応的なパラノイア」について語る際には、注意が必要です。それは、政治的な思惑からなされる場合もよくあるからです。たとえばそれは、邪悪な迫害者のアイデンティティを浄化して見せるような場合などです。また、こうした定式化では、たいていの場合、パラノイアの程度によらず見られる深刻な自己の歪みを十分にとらえることができません。というのも、それを被った人々は、多くのことをその病理のせいにするからです。パラノイアの世界では、すべてが刺激的で目新しく、残された時間はどこまでもわずかにしかありません。彼らの歴史理解はかなり病んでいます。彼らは、強大な力が列をなして自分を脅かそうと迫ってくると感じています。彼らからすれば、この宇宙の営みはどれも、事実上、彼ら犠牲者を罰し、迫害しようと手を組んでいるのも同然です。彼らは無力で、打ちのめされていますが、強烈な迫害感と否定的な誇大さとでも呼ぶべきものは、最も病理的で、精神病的なかたちで簡単に肯定的なものに変えられます。この迫害に直面する私ほど大きな犠牲を強いられたものは他には誰もいないと感じている彼らは、本当は私は迫害者より偉大だ、私は創造者だ、私はナポレオンだ、私は救世主だ、といったかたちにそれを転換するのです。パラノイアの人の心の世界に溢れる陰謀の数々は、単に彼ひとりに影響を与える個別の出来事ではなく、実際、歴史を動かす原動力でもあります。こうした巨大な陰謀がいかに作用しているのかを抜きに彼らを理解しようとしても、ほとんど意味がありません。これを知ってはじめて、なぜパラノイアがあれほどまでに自己の世界への没入をもたらすのかを理解することができます。

彼らにとって、陰謀の担い手と恐怖の源泉は、強大な人物、あるいはさまざまな人物や軍隊を含んだ集塊です。心の専門家が共通して考えるのは、それがその人自身の心にある悪の感覚の投影だということです。パラノイア患者の精神療法を難しくするのは、患者の心の中で、たいていは、極めて速やかに、治療者が迫害者へと仕立てられてしまうからです。トラウマを持ったパラノイアの人たちが、悪についての主観的イメージを抽出し、集合的イマーゴ（無意識の理想化された心象）としてそれを組織化すると、犠牲者とされる人々はパラノイアの具体的対象として強化されます。これは、今日の私たちの目的からすれば、注目に値することです。集合的イマーゴはたとえば、何世紀にもわたるヨーロッパの人々にとってのユダヤ人、現在の中東のイスラム教徒にとっての西洋人（オサマ・ビン・ラディンの演説の中にある「ユダヤ主義者（zionists）と十字軍」）、米国の過激派人種主義者にとっての黒人とユダヤ人などとして組織されます。そうしたイマーゴは、個々人によって、またはグループによっても、とても異なるあり方で存在します。しかし、それらは集合的自己、ないしはグループ自己[5]に埋め込まれ、歴史的、そして社会的危機の局面において邪悪なかたちを纏うわけです。

言葉を変えれば、この終末論的他者（the apocalyptic other）の体験は、混乱し、アンビバレントではあっても、内奥にある深く個人的な知識から生み出されたものです。そこで構築されるのは、ある種のパラノイアの投影フィードバックループです。パラノイアの人の自己の内から創造された、恐ろしく、不快な、邪悪な他者は、パラノイアの人の心の内奥にある欲望や空想をかき立てる客観的相関物（objective correlative）として機能し、さらにまたパラノイアの人は、それに対して投影を強めることで邪悪な他者のイマーゴを強化します。彼らは、それによってなんとか安堵を見出そうとするのです。終末論的他者は、こうして、主体性を持った自己（the subjective self）として具体化され、欲望、力、悪意が滑稽な形でまとまって織りなされたものとなっていくのです。たとえば、ホフスタッターは、パラノイアの人が自身の対峙する陰謀を描写しようとする際にとる、そのパラノイア的な試みを自ら皮肉るかのような学者ぶった態度について鋭い観察を行っています（Hofstadter, 1964, pp.35–37）。たとえば、ホロコーストを否定する人々の文献を紐解くと、そうした学術書の中には、最高のユダヤ教の学び（Jewish learning）を無意識に真似たかたちで、文字通り、何千もの注釈をはじめとするさまざまな学術的装飾がなされているものがあります。ティモシー・マックベイ（Timothy McVeigh）は、湾岸戦争からの復員後、殺戮計画を実行に移しました。彼はその実行の前に、ニューヨーク州北部の新聞に手紙を投稿しています。その内容は彼以外にはわからないし、理解することもできませんが、彼はその手紙の中で、自分があざ笑う相手である知識人が書いたかのように見えるかたちで、漠然とした状況理解を記しています（Strozier, 1997）。パラノイアの人が邪悪な他者を知っているのは、彼ら自身の創造によるものだからです。その他者について描写するよう求められると、パラノイアの人の顔には恐れの表情が浮かびます。密かな気づきの場から立ち昇る表情です。それは実に印象的です。実際によくあることですが、ときに彼らは、その頭をわずかに、ちょうど顎だけを傾けて、おそらく、幾分横を向いて、訝しげな眼差しを送り、したり顔の薄ら笑いを浮かべます。それは、ぞっとするほど横柄な笑みになるでしょう。

パラノイアの人は悪夢に取り憑かれた人です。フロイトは、パラノイアの起源を同性愛的願望とする大きな間違いを犯しましたが、パラノイアの心理に関する彼の最も深い洞察は、その修復機能です。実際のパラノイアの心の病や崩壊は、心の奥深くにあって、消えることのない何らかのトラウマに起因していますが、パラノイアの患者は精神療法的な探索にあまりにも激しく抵抗するため、臨床家は彼らの中核に迫ることができず、意味あるやり方でその原因を明らかにすることができません。それでも、私たちが推察できるのは、パラノイアの人の断片化の危機への反応は、彼らが心理的には死と同じものとして体験してしまっているものを何とか避けようとする決死の試みだということです。彼らはそれを、内的体験を投影したイマーゴが住まう想像上の危険に満ちた代替世界を構築することで成し遂げようとするわけです。そこで、その新しい現実が古い現実にとって代わるのです。新しい現実は、恐怖で溢れ、安定した場所ではありません。パラノイアは不安と同じように伝染します。しかし、少なくとも、この悪意に満ちた新しい世界には馴染みがあるのです。それを取り去ることはできません。それを理解できさえすれば、きっと、恐らくですが、これ以上の悲劇や苦悩をもたらすことはなくなるでしょう。

パラノイアの人がよく見せる、怒り、傲慢さ、自信ありげな見た目に隠された苦悩は、いくら強調してもし過ぎることはありません。パラノイアの人は、彼らの投影の企てによって創造された邪悪な秘密の世界を熟知しています。硬い二元的思考は悪意から身を守る一方で、美徳と正義を自己に課します。そこで他者は、悪が具現化されたものとされます。彼らはそれに対処できますし、対処せねばならないのです。空想が行為に移されるような最も極端な場合、パラノイアの人は、殺人の許可を得ていると感じるだけではありません。それは彼らにとって、義務にさえ感じられるのです。パラノイアの世界では、彼らは絶対的正義になり代わって行為するため、殺人すらも癒しになるのです。この点については、リフトンがナチスに関連した話の中で雄弁に記述しています（Lifton, 1985）。[6] 言葉をかえれば、パラノイアの人の暴力は、まさにその本性の中に可能性として存在し、局面次第で行為に移されるのです。暴力は、少なくとも空想において、パラノイアに内在しています。そうした暴力は、しばしば、対抗恐怖（counter-phobic）として説明されます。つまり、「私はその邪悪な他者が私を攻撃する前に叩きのめさなければならない」といった感覚です。言葉をかえれば、空想とはいえ、パラノイアの人は、そうした暴力を自己防衛だと体験するのです。そして、パラノイアの人が住まう硬直した二元的世界の中では、自己防衛の名目で迫害者らしきものに対抗する自分は、救世主になります。暴力が癒し、贖うのです。この世界の邪悪さは、まさに私たちの生存を脅かします。パラノイアの人は、救済と贖罪を統合する媒体となります。私が思うに、だからこそ、パラノイアは、原理主義や終末論において、あれだけ重要な役割を担っているのです。

歴史的トラウマ

そこで当然ながら不思議に思うわけです。そうした集団パラノイアの破壊的パターンや終末論的贖罪を求める蛮行を始動させる歴史的トラウマの状況とは一体何でしょうか。最も重要なもののひとつは、ナチスドイツのそれです。ヒトラーとナチスを理解するためには、新しいゲルマン帝国の統合を導いたプロセイン王国の軍事的勝利から話を始めなければなりません。それは、一八六六年にオーストリア、そして一八七〇年にフランスに対して収められた軍事的勝利です。中央ヨーロッパのほぼ全土を支配し、東側世界（the east）や植民地世界の平和を脅かすこの強大な新勢力は、瞬く間に拡大し、正当な「日の当たる場所」を求めました。オットー・フォン・ビスマルク（Otto von Bismarck）の壮大な野望は、新たな世界での地位を享受する無数のドイツ人たちの野望を映し出していました。軍国主義が一般的にそうであるように、軍のエリートに特権的地位を与えた新たな政治体制は、積極的な権利の主張と、日増しに高圧的となる外交政策によって、帝国を特徴づけて行きました。ドイツとヨーロッパの強国がずるずると戦争へと向かって行った一九一四年、ヨーロッパ全土における勝利とローマ帝国に匹敵する世界支配はまさに成し遂げられようとしていました。しかし、そのとき、戦争はドイツ人にとって正反対の方向へと展開したのです。彼らは東部戦線で偉大な勝利をおさめ、平和を導くことによって共産主義革命を起こそうと画策するレーニンの必死の交渉による一九一七年のブレストリトフスク条約によって、ロシア帝国の膨大な東側国土を領土としました。しかし、戦争が重大な惨禍を招いていた西部戦線では、ドイツは遂に悲惨な屈辱的敗戦を喫したのです。そして迫り来る戦線の崩壊とドイツへの本格的侵攻を前に、パウル・フォン・ヒンデンブルク（Paul von Hindenburg）元帥は、故意に、外交官で社会民主主義者であるユダヤ系ドイツ人、マティアス・エルツベルガー（Matthias Erzberger）を、パリから四十マイルほど北西に位置するコンピエーニュの森の停戦協定調印のために代表として派遣しました。これがユダヤ人の「裏切り行為」という、その後、ドイツ人の間で受け継がれる神話が誕生する鍵となる運命的な出来事となったのです。降伏、それに引続く、荒廃したドイツに膨大な制裁を課したヴェルサイユ協定の不名誉は、偉大な勝利を宣伝されていた人々にとって、まったく受け入れることのできないことでした。

その後十年、ワイマール共和国は自由な舵取りがなされました。しかしその社会的、文化的特徴の背後には、ドイツ人をかつてなく深い絶望へと引きずり込んだ邪悪な力を周辺に宿したグループ自己がありました。それは、経済的崩壊、安全喪失、失業の蔓延によって、時とともに増殖していったのです。自称メシアは、パラノイアだけに許された未来への揺るぎない確信とともに、その世界に現れました。ヒトラーの『わが闘争』はそのすべてを物語っています。ドイツ人はユダヤ人の裏切りによって、苦しみと辱めを受けたのです。彼らには、アーリア人としての独自の歴史があったにもかかわらず、です。贖罪が訪れるはずでした。ドイツ人はその歴史的使命を果たすために東側世界の不毛地帯に領土を拡大する必要がありました。そこに生じたロジックは、ユダヤ人は死ね、というものです。その発想は『わが闘争』の中にはありませんが、ホロコーストはヒトラーの発想の論理的拡張であると述べることは理にかなっているでしょう。それは、終末論的なエネルギーが統合されるときはいつも、世界戦争の大規模暴力が背景に存在するのと同様です。これはエリク・エリクソン（Erik Erikson）が最初に言葉にし、その後、ロバート・J・リフトンが使用した概念です。

民族的優位性を理由にアーリア人が歴史において必ず勝利を遂げるという魅力的かつ理想主義的なヒトラーのメッセージは、トラウマに傷ついたドイツ人たちの心に広く訴えました。一般に、歴史的危機の真只中にある、両大戦間のドイツ人のような状況下に置かれた人々は、神聖な価値や来るべき贖罪の統合されたビジョンへの強い関与を求めて、大量虐殺を行います。しかしながら、彼らの世界観は、新たなカリスマ的指導者を熱狂的に受け入れるグループ自己の最も原始的な本性と結びつく民族的価値下げ（ユダヤ人、ジプシー、その他の「生きる価値のない生」）に基づいています。その結びつきの心理的不安定さは、侮蔑された人々の報復への流れとヴェルサイユの屈辱を帳消しにするための軍事的勝利へと駆り立てました。そして程なくして始まる戦争が、最終的にすべての贖罪をもたらしうる唯一のものとなったのです。それが、四千万人もの人々を殺すホロコーストを招きました。

暴力的な原理主義の大規模運動を招いた歴史的トラウマのもうひとつの例は、中東のオサマ・ビン・ラディン（Osama bin Laden）の登場と、彼が世界中に放った殺戮的聖戦でしょう（しかし、幸いにも彼はすでに死去しています）。十字軍以降、数世紀にわたって、イスラム教世界の力と威信は衰退を辿り、第一次大戦後の国土の分割に至りました。二十世紀になると、イスラム教徒の国土は石油のために略奪され、神聖な場は世俗化されました。イスラム教徒を襲った屈辱は枚挙にいとまがありません。ビン・ラディンのファトワ（fatwas）

は、一九九六年から一九九八年にかけてのものが特に重要ですが、それは『わが闘争』を連想させるレトリックで、彼らが負った犠牲を賛美する煌びやかな言葉で「十字軍とシオニスト」による虐待を綴っています。ビン・ラディンの心に取り付いているのは、イスラム教徒が受けた辱めです。彼は、イスラエルを消滅させ、サウジアラビアから米国を追い出し、腐敗と指導者の世俗化に直面するイスラム教を純化することで、歴史を贖う救世主的リーダーとしてイスラム教徒の前に登場したのです。ビン・ラディンが、英雄として立ち上がり、歴史におけるイスラム教徒の勝利のメッセージを揺るぎない確信で伝える言葉には、彼の怒りが溢れんばかりに表現されています。暴力はこのプロセスそれ自体に内在しています。一九九八年のファトワは十字軍とシオニストに対する世界戦争を宣言し、米海軍駆逐艦コールへの攻撃、東アフリカの大使館襲撃、そして、言うまでもなく、二〇〇一年九月十一日の戦慄の攻撃の引き金となりました。[7]

ヒトラーやビン・ラディンのような指導者は、自己愛的な傷つきを持つ他の人々と同様、彼らが統治する人々をひとりの個人としてではなく、タイプや型(clichés)として限定的に認識し、その代償に、集団の空想、願望、そして恐怖を誇大化して捉えます。しかし、この強い共鳴には、厳しい限界があります。それは、ハインツ・コフートが述べたように「才能ある指導者は、その集団の空想や願望が彼自身のものと同じ領域においてしか有効に機能できない」からです。彼らは、自分が共有したい壮大な空想をぴったりと映し出すことのない集団への理解がありません。彼らは「自分と同じではない動機や態度」を軽蔑するようになります。しかし、やがて、彼ら自身の自己嫌悪は「彼が魅了された集団への着実に募りゆく侮蔑」(Kohut, 1985)をもたらすのです。

結　語

結論を述べます。今日のお話で私が提示したモデルの中で注目しているのは、かつてないほど蔓延している地球規模の原理主義です。それは、アブラハムの三つの宗教だけでなく、それ以外のほとんどの信仰で生じているものです。私たちが原理主義にアプローチする際には、原理主義者自身のマニ教的な二元論を反映した、偽りの二分法に陥らないようにする注意が必要です。原理主義に惹きつけられる善良な人々がたくさんいます。家族の中では、私もそれに含まれるかもしれません。だからこそ、この数十年における宗教原理主義の急激な台頭は、大部分は懸念すべき動向です。その最大の理由は、それが存在論的に暴力への可能性を宿しているからです。

しかし私は、原理主義の分析を宗教から心理の話へと移しました。原理主義の思考様式は、さまざまな理由で宗教領域に現れやすく、また実際にそうなっていますが、もっと普遍的で人間的なコンテクストを持つものとして理解する必要があると私は考えています。こう仮定すると、屈辱や恥は原理主義を生み出す酵素であり、その思考様式は、いつくかのはっきりとした特徴からなっていることがわかります。それは、極端な二分法、全面的変革、パラノイア傾向、カリスマ的指導者に卑屈に従う性質、そして何より、終末論への強い信奉です。

こう理解すると、原理主義者の思考様式が、社会の周辺や自己に内在する人間的可能性として常に社会や文化に存在しているもので、なぜそれが歴史的危機、とりわけロバート・J・リフトンが言う「残虐行為が生まれる状況（atrocity producing situations）」において広く見られるようになるのかを理解することができます。私はナチスドイツと現代のイスラム教、そして中東アラブに言及しましたが、原理主義の思考様式の爆発的発生を生み出すのはそれだけではありません。他のさまざまなトラウマや混乱もまったく同じことです。

幸いなことに、私の考えでは、こうした爆発的発生は、アルカイダの激しい攻撃的殺戮政策で起きたように、いずれ燃え尽きる傾向にあります。しかし私たちは、大量に生み出される原理主義の台頭を認識し、それにより効果的に応答するための方法を見つけねばなりません。それはこの世界のさらなる平等、いっそうの公平さ、遥かに大きな寛容さ、そしてさらなる良識によってのみ生み出されるものです。そのとき、共感がその魔法の力を発揮するのです。

（翻訳：貞安元　二〇一一年六月十二日　日本精神分析的自己心理学研究グループ）

文　献

Berke, J. H. (1998). Stella Pierides, Andrea Sabbadini, and Stanley Schneider, *Even Paranoids Have Enemies: New Perspectives on Paranoia and Persecution.* New York: Routledge.

Hofstadter, R. (1964). The paranoid style in American politics. In *The Paranoid Style in American Politics and Other Essays.* Chicago: University of Chicago Press, pp.3–40.

Kohut, H. (1978). Forms and transformations of narcissism. in *The Search for the Self: Selected Writings of Heinz Kohut: 1950-1978.* (Ed.) Paul H. Ornstein, vol.1. New York: International Universities Press, 427–460.

Kohut, H. (1985). *Self psychology and the humanities: Reflections on a new psychoanalytic approach.* New York: WW Norton, 56–57.

Lifton, R. J. (1979). *The Broken Connection: On Death and the Continuity of Life.* New York: Basic Books.

Lifton, R. J. (1985). *The Nazi Doctors: Medical Killing and the Psychology of Genocide.* New York: Basic Books.

Marty, M. and Appleby, R. S. (eds.) (1991). *Fundamentalisms Observed, Volume 1.* Chicago: University of Chicago Press.

Marty, M. and Appleby, R. S. (eds.) (1993). *Fundamentalisms and Society, Volume 2.* Chicago: University of Chicago Press.

Marty, M. and Appleby, R. S. (eds.) (1994a). *Fundamentalisms and the State, Volume 3.* Chicago: University of Chicago Press.

Marty, M. and Appleby, R. S. (eds.) (1994b). *Accounting for Fundamentalisms, Volume 4.* Chicago: University of Chicago Press.

Marty, M. and Appleby, R. S. (eds.) (1995). *Fundamentalism Comprehended, Volume 5.* Chicago: University of Chicago Press.

Post, J. M. (2004). *Leaders and Their Followers in a Dangerous World: The Psychology of Political Behavior.* Ithaca, NY.: Cornell University Press.

Post, J. M. (ed.) (2003). *The Psychological Evaluation of Political Leader: With Profiles of Saddam Hussein and Bill Clinton.* Lansing, MI: University of Michigan Press, 2003.

Schneider, B. R. and Post, J. M. (eds.) (2003). *Know Thy Enemy: Profiles of Adversary Leaders and their Strategic Cultures.* Maxwell Airforce Base, AL: USAF Counterproliferation Center.

Strozier, C. B. (1997). Apocalyptic violence and the politics of waco. In. C. B. Strozier, C. B., M. Flynn, & M. Flynn. (Eds.) *The Year 2000:*

Essays on the End. New York: NYU Press, 97–111.
Strozier, C. B. (2002). *Apocalypse: On the Psychology of Fundamentalism in America.* Wipf and Stock Publishers.
Strozier, C. B., & Flynn, M. (1996a). *Trauma and Self.* Lanhan, MD: Rowman & Littlefield.
Strozier, C. B., & Flynn, M. (Eds.). (1996b). *Genocide, War, and Human Survival.* Lanhan, MD: Rowman & Littlefield.
Strozier, C. B., Flynn, M., & Flynn, M. (Eds.). (1997). *The Year 2000: Essays on the End.* NY: NYU Press.
Volkan, V. (1999). *Bloodlines: From Ethnic Pride to Ethnic Terrorism.* Boulder, CO: Westview Press.
Volkan, V. (2006). *Killing in the Name of Identity: A Study of Bloody Conflicts.* Baltimore, MD: Pitchstone Publishing.
Wills, G. (1990). *Under God: Religion in American Politics.* New York: Simon and Schuster.

注

1　〔原注〕「その名が命の書に記されていない者は、火の池に投げ込まれた」ヨハネ黙示録二十・十五（日本聖書協会訳、聖書、一九八七、一九八八（新）四七七頁）

2　〔原注〕Robert S. Robbins and Jerrold M. Post, *Political Paranoia: The Psychopolitics of Hatred*（New Haven, CT: Yale University Press, 1997）の記述も興味深い。

3　〔原注〕これはリフトンの著作でも最も理論的なものである。彼がこれまでに記した本や編集本は二十六冊あるが、これが最も原理主義や暴力、パラノイアに注目して書かれた書籍である。

4　〔原注〕コフートの伝記「*Heinz Kohut: The Making of a Psychoanalyst*」（New York: Farrar, Straus & Giroux, 2001）も参照。

5　〔原注〕ハインツ・コフート（Kohut, 1985）が用いたわかりやすい表現。

6　〔原注〕Robert Jay Lifton, *Destroying the World to Save It: Aum Shinrikyo, Apocalyptic Violence, and the New Global Terrorism*（New York: Metropolitan Books, 1999）も参照。

7　〔原注〕ファトワ（と他にもさまざまなこと）は、インターネットでも、In *Osama bin Laden, Messages to the World: The Statements of Osama bin Laden,* ed. Bruce Lawrence（New York: Verso, 2005）でも参照可能。オサマ・ビン・ラディンが急に力をつけたことについての最も良い議論は、Lawrence Wright, *The Looming Tower: Al-Qaeda and the Road to 9/11*（New York: Knopf, 2006）とSteven Coll, *The Bin Ladens: An Arabian Family in the American Century*（New York: Penguin Books, 2008）を参照。

第三章　9・11サバイバーと世の中の不条理の統合 1

富樫公一&ドリス・ブラザーズ

戦争やテロリストによる攻撃、自然災害など、大規模な社会的トラウマの持続的影響を受けた患者はたくさんいます。しかし、そうしたトラウマの研究は、精神分析の文献において十分に発展しているとは言えません。発展していない理由の一つは、破滅的な出来事がもたらす長期的な意味の研究が、精神分析的視座の中では相対的に少ないことにあると私たちは考えています。今日の発表では、私たちは、ニューヨークの世界貿易センタービルの9・11攻撃の心理的意味についてお話ししますが、特に、自己心理学的な立場からの質的研究から得られた知見を用いて、社会的トラウマに影響を受けてきた患者の理解を深める方法を示すことができればと思っています。そのうえで私たちは、より効果的な癒しの関係を作るための方向性を描くことができればと思っています。

最初に私たちは、無意味感や不条理感はトラウマが持つ意味の重要な一部になっていて、癒しのプロセスに重要な役割を果たしていることを論じておきたいと思います。私たちはそのためにまず、この理解を支持する精神分析のトラウマ理論における最近の傾向を概観します。続いて私たちは、9・11攻撃のサバイバーのトラウマ経験の長期的な意味を検証する研究結果を紹介したいと思います。私たちは9・11攻撃のサバイバーの方々にインタビューを行いました。私たちはそれを用いて、インタビューを受けてくれた人たちが、どのようにして無意味感や不条理感を彼ら自身の体験の中に統合していったと感じているのかについて述べます。最後に私たちは、短い臨床例を用いて、私たちの知見がもたらす臨床的示唆についてお話ししたいと思っています。

最近の精神分析の研究の多くは、トラウマ・サバイバーたちの体験の中にある無意味感や不条理感の要素に言及しています。たとえば、外傷的な出来事の予測不可能な恐怖に曝されたサバイバーたちは、「実存的不確かさ」（Brothers, 2008）の耐え難い痛みを感じたり、「日常生活の絶対性」（Stolorow, 2007）を破壊されたと感じたりします。

戦争や自然災害、事故、犯罪といった出来事に曝された人は、しばしば、そのような出来事に巻き込まれたことの合理的な説明を見つけることができません。富樫（Togashi, 2014a, 2014b）が述べているように、そのようなトラウマの体験には本質的に偶然性の要素が含まれています。多くのトラウマ化された患者の苦悩の目撃者となってきた精神分析的な臨床家と同様に、私たちは、彼らの苦悩の中核的な要素は、彼らの人生体験の中に人生の不条理さや無情さを統合することの失敗にあると考えています。

理論的な強調点の違いはありますが、精神分析が一般に注目してきたのは、そのままだと不確実で予測不可能だとされてしまうような人生体験を、個人が予測可能性を持ったパターンとして組み立てる心理的プロセスです。トラウマは秩序だったパターンを広範囲に破壊します。一つの出来事が私たちの世界についての想定を壊すと、それは、私たちの生涯を通して外傷的な影響を残します（Ulman & Brothers, 1988; Janoff-Bulman, 1992）。トラウマの後、私たちが「想定された世界（assumptive world）」[2]（Janoff-Bulman, 1992）に関する出来事を統合する能力を失ったとき、私たちは人生を無意味で不条理なものと感じ、その感覚に打ちのめされてしまうことが多いでしょう。

トラウマの精神分析的な理解における近年の研究

フロイト（Freud, 1896, 1905, 1906）が神経症症状の病因論とトラウマの心理的影響を低く見積もるようになってから、わずかな例外を除いて、伝統的な精神分析は、トラウマやトラウマ化を適切に議論してきたとは言えません。最近になって、分析家は、トラウマの有病率と広範囲な破壊的影響を認識しはじめましたが、それでも、彼らが基本的に注目しているのは、解離や自己の多重化、その他のＰＴＳＤ症状です（Stewart, 1993; Wilson & Lindy, 1994; Phillips, 1991; Fonagy, 1995, 2002: Richman, 2006）。そうした考え方は確かに非常に有用なもので、それは、私たちがトラウマ化された状態にどのようにアプローチすべきなのかについての答えを与えてくれるように見えます。しかし、それは依然として「自己と他者」「外と内」の二分法に縛られたもので、その議論は結局のところ、個人の心の脆弱さや病理性の議論に戻っていってしまい、歴史や文化、社会といった文脈の中でトラウマを捉える作業にはなりません（第十二章参照）。そのような議論は、人がトラウマを体験しつつ、この世の中で生きることの苦悩自体を十分にとらえることができないのです。

精神分析的な理論家がトラウマの主観的体験を描くようになったのは、ごく最近のことです（たとえばUlman & Brothers, 1988; Stolorow, 2007）。個人の人生におけるトラウマの破壊的な意味を検証しようとしている現在の自己心理学者や間主観性理論家による議論は、多くの場合、トラウマの病理的な影響を超えたものです。彼らは、サバイバーの現実の体験が変容するプロセスを明らかにしようとしています。ストロロウとブラザーズ、そして富樫の考えの要約を見てみましょう。

ストロロウ（Stolorow, 2007）は、トラウマの精神医学的診断について、デカルト的物心二元論を実体化したものだと批判します。彼はその代わりに、情緒的トラウマの実存的意味に焦点を当てます。彼は、トラウマは「日常生活の絶対性」（Stolorow, 2007, p.16）を壊すのだと主張します。「日常生活の絶対性」とは、人間が世界を想定する際の信念システムで、個人はそれを通して、世界が安定的で予測可能なものだと体験しています。彼の見方では、トラウマはサバイバーの時間的体験を壊します。彼が「トラウマの体験は永遠の現在にストップモーション化されたものになる。そこでは、人は永遠に囚われの身となる」（Stolorw, 2007, p.20　和田訳より引用、二〇〇九、三十一頁）と記述するのがそれです。人は、トラウマによって、人間的限界、有限性、無常性を含む実存的脆弱性に直面させられます。ストロロウにとってトラウマは、人がそこから治癒するといった病理ではなく、文脈に込みこまれた耐えられない情緒的痛みの体験です。人は『他者』によって理解されるという手段によってのみ、その情緒的痛みを統合することができます。

ブラザーズ（Brothers, 2008）は、トラウマは心理的生活をパターン化している「システム的に生じる確かさ（SECs）」を破壊し、私たちの関係システムを混沌とさせ、私たちが心理的に生き残る上で耐えられないほどの不確かさの体験に私たちを曝すと主張します（第四章）。ＳＥＣは、次章で詳しく述べられるように、アトウッドとストロロウ（Atwood & Stolorow, 1984）の言葉で言えば、「オーガナイジング・プリンシプル」に当たるものです。ブラザーズが考えるトラウマ体験は、「存在し続けること」（Winnicott, 1956）の感覚に基づいた確かさの感覚を破壊するだけでなく、確かさの感覚を取り戻そうとする必死の取り組みの両方を含む複雑な現象です。そうした取り組みはしばしば、被害者の関係世界を支配する世界の極端な二分化を作り出すことによって、生きた体験の複雑さを減らす方向へと向かいます。精神分析家もまた、患者同様にトラウマに対して脆弱ですので、分析家のパターンも治療的関係をオーガナイズすることに寄与します。

富樫（Togashi, 2017, in press、富樫、二〇一六）は、日本における文化的美意識に注目しています。「もののあわれ」は、すべてのものが永遠に変化し続け、人間世界に絶対的なものは存在しないという信念を含む日本の美意識や文化的価値観を代表的に表現するものです。彼は、この美意識に中に、人間の有限性と絶対性の欠如といった考え方が含まれていることに触れています。富樫（Togashi, 2014a, 2014b）はまた、九鬼周造の考えを参照し、人間の悲劇性は世界の偶然性にあるという仮説について議論しています。彼はその中で、外傷的な出来事の不条理を体験したトラウマのサバイバーが、それをオーガナイズする心理的プロセスを明らかにすることの重要性を強調しました。

そうした分析家の議論はみな、外傷的な出来事の恐ろしい予測不可能性の心理的インパクトと、その中で人が人生の不確かさに取り組む方法に注目したものです。彼らは、分析的作業の目的がトラウマを乗り越えることにあるとは考えません。彼らが指摘するのは、そうした不確実感、不条理感、無常といった体験をサバイバーが統合する作業を手助けすることの必要性です。しかし、これがいかに、どのような方法でなされるのかについては、まだ問題として検討される余地が十分にあります。

9・11のサバイバーの調査

調査方法をお話しします。半構造化面接のインタビュー調査に参加してくれたのは、9・11世界貿易センタービルテロ攻撃を経験した八名のサバイバーの方です。彼らは、私たちの呼びかけに対して任意で参加することを表明してくれました。私たちが調査を行ったのは、二〇一四年九月五日から十二日の八日間です。性別の内訳は、男性五名、女性三名でした。彼らは、治療者や家族からの紹介で関心をもってくれたり、あるいは、私たちが広く配布した案内を見てボランティアで参加することを決めてくれたりした人たちです（表1）。彼らには、調査の前に、ＰＣＬ‐5というＰＴＳＤの程度を測る質問紙に記入してもらいました。それは、ＰＴＳＤ症状が重度の場合、インタビューによるストレスによってさらに症状を悪化させ、再外傷体験を生み出すリスクがあるので、そのような方のインタビューを避けるためのものです。ＰＣＬ‐5のＰＴＳＤ重度のカットオフポイントは三十八ですので、それ以上の得点だった方は除外しました。インタビューをお願いした方の年齢は三十九歳から七十一歳（平均±SD＝五十八・三±九・六）でした。インタビューを行った方のPCL-5の最も高い値は二十五で、最も低い値は三（平均±SD＝十二・六±九・一）でした。

それぞれのインタビューは、ニューヨークにあるブラザーズの個人オフィスで行われました。それぞれ、六十分から九十分のインタビューでした。インタビューアーである私たちは、二人とも精神分析家で、インタビューは半構造化面接の形態で行われました。インタビューは協力してくれた方の許可を得て録音されましたが、B氏だけは、録音を拒みました。インタビューアーの私たちは、どちらも二〇〇一年九月十一日のテロ攻撃の際にはニューヨークのマンハッタンにいた者です。お話を伺わせていただいた方々によって語られた体験の多くを、ある程度共有しつつ、ときにはそれを言葉にしながら、話を進めていきました。私たちは、その意味では、このインタビューにおいて、客観性や中立性、非応答性を心がけるようなことをしていません。すべての方に決められた基本的な質問項目を用いて質問をしましたが、それ以降は、話の流れに沿って、追加の質問をしました。基本的な質問項目はこちらです。

1. 9・11のとき、あなたはどこで何をしていましたか
2. 現在のあなたにとって、9・11はどんな意味のものですか
3. 自分をどんな意味でサバイバーだと思いますか
4. 9・11にかかわったことを運命的なものと感じる人もいますが、あなたはどうですか
　A. 運命的と思うならば、それはどんな意味でですか
　B. 思わないならばなぜですか
5. 9・11に、不条理や不合理を感じることはありましたか

表1　研究協力者のPCL-5値、年齢、性別、既往歴、テロ攻撃時の場所

ID	PCL	歳	性別	既往歴	テロ攻撃時の場所
A	5	55	M	PTSD, 幼児期の複雑性トラウマ	アッパーウェストサイド
B	22	39	M	PTSD（9・11以降）	WTC[3]
C	20	55	F	特になし	セントラルパーク
D	25	71	M	不整脈	WTCから5ブロック離れた場所
E	16	61	F	PTSD, うつ	ミッドタウンの自宅
F	7	65	F	特になし	アッパーイーストサイドの自宅
G	3	64	M	膝関節手術、へんとう摘出	放送局で一日勤務・報道
H	3	56	M	特になし	WTCから2ブロック離れた場所

こうして得られたインタビューデータは、逐語文として文字に起こされて、二つのテーマについて質的に分析されました。一つは、「協力者はどのように出来事を語ったか」で、もう一つは「協力者は、9・11をどのような感情的意味を持つものとして体験しているか」です。前者は、言葉の意味内容を基に、語られた内容を私たちが相談しながらカテゴリー化したもので、彼らがインタビューで語った体験の内容が、これまでの社会的トラウマの研究結果と一致しているのかどうかを確認するためのものです。後者は、精神分析的解釈学を用いて、語られた内容に明示的、暗示的に含まれる感情体験を描き出すことで、研究協力者の自己体験の中にオーガナイズされた9・11テロ攻撃に含まれる不条理感や不合理感がどのようなものであるのかを明らかにしようとするものです。

さて、結果です。まずは、お話ししてくれた方の主観的体験に沿って語られた内容が、どのように帰納的にカテゴリー化されたのかを見てみましょう（表2）。そのカテゴリーは、それまでの研究で示唆された外傷的な出来事の記述（たとえば、Van Der Kolk, Burbridge, & Suzuki, 1997; Strozier, 2011）と基本的に大きく異なるものではありませんでした。これに

表2　9.11に関する語りの内容の分類

外的刺激	環境（例：気温、天気、空の色、湿度） 視覚的情報（例：建物、店、人、ダスト） 臭い 記憶と、その日得られた情報の不一致 音
主観的体験	感情（例：罪悪感、恥、恐怖） 身体感覚、解離状態 想定された世界の破壊 自己状態の変化 時間の停止（例：イメージの固定化、出来事に関係した対象の所持） 責任（仕事への専心） 出来事を自分独自のものと見たり、他人と共有できるものとみなしたりすることの揺れ

よって、彼らの記述が社会的トラウマによってトラウマ化された人々の体験の一般的記述として適当なものであることが確認されました。それまでの研究で語られたものと同じように、お話してくれた方々は、外的状況を生々しく記述したり、彼らの五感を通して得られた刺激を述べたりしていました。

この結果が示唆しているのは、お話してくれた方々は、当時過剰警戒状態にあり、感覚器を通して得られた外的な情報は、彼らの感覚的な記憶の中にくっきりと刻まれていることです。もちろん、今でもそのような状態の方もいるでしょう。主観的体験について彼らが話してくれた内容は、それまでの研究において報告されているトラウマ状態の記述とも一致していました（Janoff-Bulmann, 1992; Kaufmann, 2002）。そこで彼らは、罪悪感や恥などの否定的な情動状態によって圧倒される感覚について述べたり、非常に大きな解離や離人感の経験について報告したりしました。

情動体験と不条理感についての分析は、先ほど述べた質問の中でも、主に最後の二つの質問項目に対して語られた内容に関して行われました（表3）。「9・11にかかわったことを運命的なものと感じる人もいますが、あなたはどうですか。運命的と思うならば、それはどんな意味ですか」という質

表3　不条理感のあり方

カテゴリー名	サブカテゴリー
運命感	運命性の否認
	偶然だと信じること
	責任の強調
不条理感	無意味さの否認
	巻き込まれたことは道理にかなっていないという感覚
	確率の問題だと信じること

問項目は、サバイバーが自分自身を大きな宇宙の流れの一部として体験するかどうか、するならばどのような方式によってなのか、そして、彼らがトラウマを形而上学的必然（九鬼、一九三二、一九三五、Togashi, 2014a）として体験しているかどうかを見ようとしたものです。もう一つの「9・11に、不条理や不合理を感じることはありましたか」という質問項目に対して答えられた内容は、サバイバーがどの程度人生に不条理感を覚えていて、外傷的な出来事は理由なく生じるものだという信念をどの程度持っているのかをみるためのものです。

運命感カテゴリーの中の最初のサブカテゴリーにある「運命性の否認」は、トラウマ体験がより大きな力によって与えられたという考えを受け入れることを拒否するような心持ちのことです。スピリチュアルな相談や著述を専門としているF氏（女性）を除き、お話してくれた方々はすべて、力づよく明確に、運命のような人知を超えた力の関与を否定していました。一方で、このように運命性を極めて積極的に拒否する態度が見られたにもかかわらず、第三のサブカテゴリーである「責任の強調」の中に示されているように、お話してくれた方のほとんどは、9・11に関係する仕事やボランティア業務を行うことに特別な意味や責任感、あるいは使命感のようなものの感じているとも述べていたことは注目しておく必要はあるでしょう（彼らの反応のサマリーは、付録を参照のこと）。

二番目のサブカテゴリーである「偶然だと信じること」は、自分が外傷的出来事に巻き込まれたことを「偶然」のせいだと考えることによって、複雑に絡み合ったさまざまな要素を単純化するといった感じ方を意味しています。これは、彼らがその時に自分がその場所にいたことに、合理的な理由がないという信念を示しているとも理解することができるでしょう。このように偶然を強調することは、「責任の強調」のサブカテゴリーの中に含まれる強い人為的努力とはときおり矛盾するように見えます。責任を強調することで彼らは、自分の活動に社会的、人間的意味を必死で見出そうとしているように見えるからです。お話してくれた人の多くの人が語っているそのような社会的活動には、彼らの専門的、個人的活動が、傷ついた社会を支援する運命的な何かになっているという主観的意味が含まれていました。お話してくれた方の多くは、9・11以降、他者に対する責任感を強く持ち続けているようで、外傷的な出来事のまさにその瞬間に彼らがそこにいた偶然に対して、彼ら自身が何らかの特別な意味を付与していることがわかります。私たちは、彼らの活動が過去から現在、現在から未来へと存在し続ける連続性の感覚を提供するものだと推察しています。

私たちは、このような活動を、サバイバーたちが、世界の不条理さと不確かさの感覚をワークスルーしようとする努力だと考えています。彼らは、差し迫った社会的問題への取り組みに自ら責任をもってかかわることで、そのようにするわけです。たとえばA氏（男性）は、自分が専門性を活かして「コミュニティに貢献していること」に誇りを持っていると述べていました。彼は「私にとって、それ（9・11）はあまりにも大きなことでした。社会にとってもそれは大きなことです」と言います。彼らは直接的に「運命」とか「宿命」という言葉を使っていませんが、このサブカテゴリーは、彼らが自分たちを取り巻く社会や時代、人々との関係におけるある種の運命性の感覚を持っていることを示唆しているわけです。私たちは、責任感は、宿命感と人生の不条理感との間の弁証法を具現化したものとしてみなすことができるのではないかと考えています。

このサブカテゴリーからはまた、お話をしてくれた多くの方が、自分の社会的活動を、外傷的な体験を他者と共有しつつ、同時に自分の独自性を承認することができるような間主観的フィールドとして用いていることがわかります。富樫（Togashi, in press）が述べているように（十二章参照）、トラウマの患者は自分の体験を他人と共有してもらいたいと強く思っている一方で、自分の体験は決して誰にも本当の意味では共有されることのない極めて独自の体験なのだという「悲しいプライド」を持っています。お話してくれた人の一人は、彼女自身がトラウマの研究者ですが、トラウマに関する学会で経験した体験を話してくれました。その学会のシンポジウムに登壇したある専門家の男性が、攻撃のすぐ後に「**誰もが**そのにおいを感じた」と述べたそうです。しかし彼女からすれば、全員がそう感じたわけではありません。彼女はすかさず、それぞれのニューヨーカーにとっての意味は非常に「**個別的**なもの」だと発言することを止められなかったそうです。これは、二人の専門家の異なる体験を示しているようですが、トラウマ化されたとき、私たちがこのように「みな同じ」という感覚と、「私だけ」という感覚とに分断されることをよく示しています。そして「私だけ」といった感覚には、自分だけにしかわからないプライドのような感覚が伴われます。

不条理感カテゴリーの第一のサブカテゴリーである「無意味さの否認」は、自分の外傷的体験を人生の無意味さのせいにすることの拒否についてのものです。多くのサバイバーは、この種の説明は役に立つようなものではなく、お話してくれた方はみな、自分は世界に対するニヒリズム的見方を持っていないと述べました。

第二のサブカテゴリーである「巻き込まれたことは道理にかなっていないという感覚」は、9・11の出来事は受け入れがたいほど理解不能だという体験を含んでいます。お話をしてくれた人たちの語りを聞くと、彼らが不確かさの感覚や無力感に圧倒されたと感じてきたことがわかります。彼らは自分たちを世界の大きな波の中に漂う脆弱で小さな存在だと感じているようです。H氏（男性）は、「9・11は私自身の力へのばかげた信念を本当にがたがたにしました……私は自分が実際にしてきたよりもコントロールできると信じていたし……そういった自分の幻想が完全に揺さぶられたのです」と語っています。

第三のサブカテゴリーの「確率の問題だと信じること」に含まれるのは、お話をしてくれた方々が、自分が

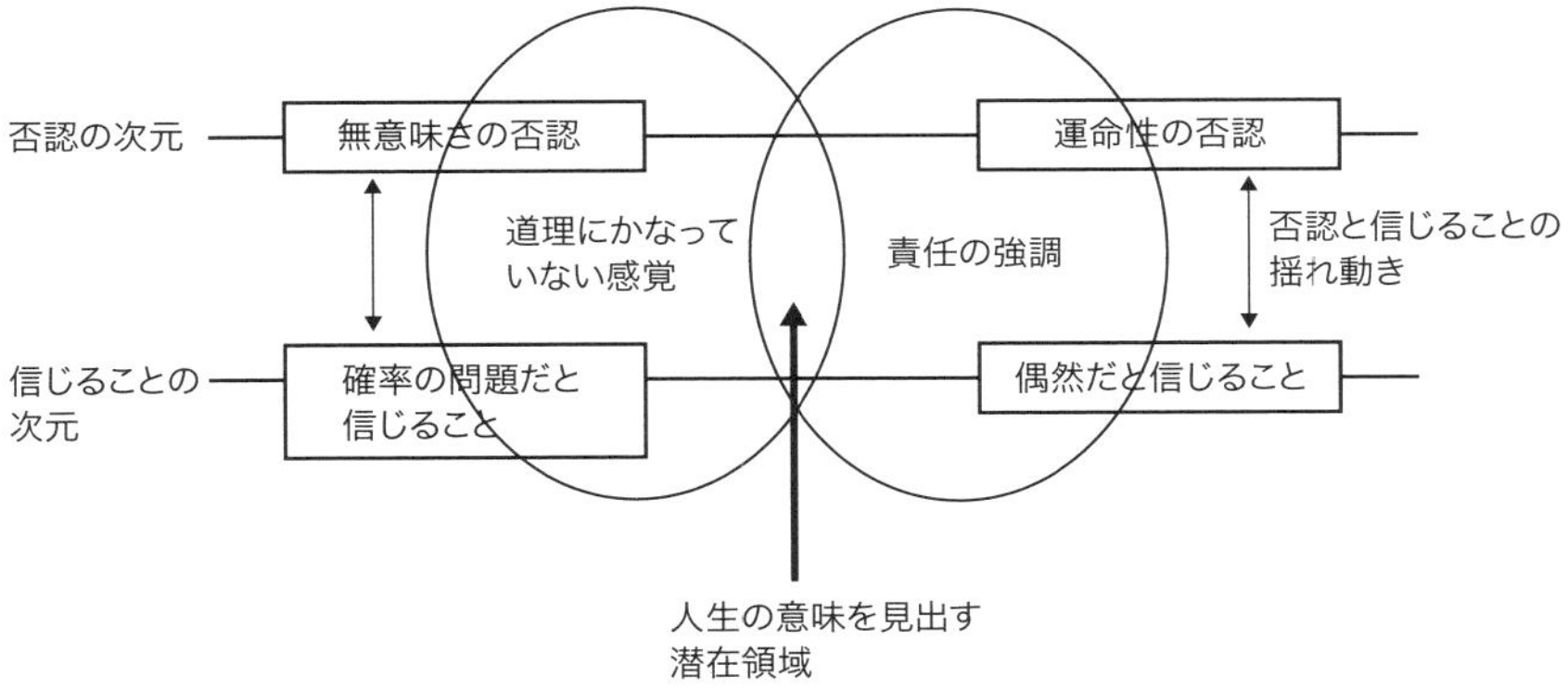

図1　トラウマの不条理のオーガナイジング・プリンシプル

9・11に巻き込まれたことを、確率論的問題、あるいは、蓋然性の問題だとみていることを意味するような内容です。これは、お話ししてくれた人たちが、攻撃のまさにその瞬間に、自分がなぜそこにいたのかということについての問いです。彼らの何人かは、人知を超えた何かを感じるとも述べていました。同時に彼らは、彼らがこの件に巻き込まれたことはあくまでも人生の偶然において生じたものだとも述べています。放送局に勤務しているG氏（男性）は、「この恐ろしい出来事は善良な人々の身の上に起こったわけです。何の理由もなくですよ」と述べていました。

　私たちは、ここまでお話ししてきたサブカテゴリーそれぞれに含まれるインタビュー内容を注意深く考察しました。そして私たちは、その六つのサブカテゴリーの間に見出されたいくつかの関係性を描いてみました（図1）。図の左側は、無意味さが否認されると、その人の中に確率の問題だと信じる思いがしばしば浮かび上がってくることを示しています。図の右側は、運命性が否認されると、偶然だと信じる思いがしばしば生じてくることを意味しています。お話をしてくれた方の語りの中にはすべて、このように、否認と信じることとの間の揺れ動きが含まれていました。トラウマに巻きこまれたことは道理にかなっていないという思いを持っていても、責任感を持つことによって、お話をしてくれた人のほとんどは、自分の人生の意味を見つけ出すことができていました。人は、トラウマ体験のため不条理感や無意味感に圧倒されますが、専門的・個人的活動によって他者を援助する責任があるという信念をそこに持ち込むことで、自分の人生の意味を見出すことができると述べることができます。

私たちの調査目的の一つは、トラウマのサバイバーたちが、どのように、どんな方法で不確実感、不条理感、無意味感といった体験を統合しているのかを記述することでした。私たちの調査から明らかになったのは、多くのサバイバーが外傷的な出来事に続く体験を、傷ついた社会を助けるための個人的・専門的活動に身を投じることによって、統合していることでした。Gさん（男性）は「9・11は過去ではありません。それは今もここにあります。私は毎年この話を繰り返して人々に伝えているのです。これは私の使命なのでしょうか。わかりません。でも、自分が何かをしなければならないということに疑問はありません……私は、確かにはっきりと、自分の役割や自分の仕事、そして、自分の目的を感じています。あの出来事のために死を恐れるようになったかわいそうな子どもたちを見て、私は彼らへの責任感をより強く感じるようになりました」と述べています。

お話をしてくれた人の中には、9・11以降、他の誰かを助けたいという思いから何らかの活動にかかわった経験がないとする方が一人いました。彼は、自分の体験の中に、不条理感を統合することができていないようでした。彼は、9・11の攻撃は、米国政府や、より大きな財団が背後で何らかの役割を果たして画策した陰謀によるものではないかと疑っていました。私たちは、彼の発言は、不確かさに圧倒されながらも、何とか確かさを感じようとする彼のもがきが表れたものだと考えています。

調査結果の考察

最初に強調しておきたいのは、私たちの調査結果は、あくまでも予備的で仮説的なものだということです。私たちも、このインタビューで得られたわずかな語りだけで、多くの9・11サバイバーの体験を代表し得るものだとは考えていません。私たちの調査研究に参加することに同意してくれた方々は、9・11以前からコミュニティや社会への責任感を非常に強く持っていた人たちだった可能性も高いと思っています。だからこそ、彼らは、今回の調査に協力しようとしてくれたのだと思います。これ自体が、社会への貢献だからです。今回の調査研究では、責任をもって社会に貢献する感覚を発展させたサバイバーは、広範囲の社会的トラウマからよりよく癒される可能性が高いことが示されましたが、お話をしてくれた方々がどの程度、不条理感や無意味感を自分の人生に統合しているのかはわかりません。お話をしてくれた方のほとんどは、成功した専門職業人でした。私たちの結果が、社会的・経済的に成功していないサバイバーの方にも当てはまるものなのかどうかは、今後調査する必要があるでしょう。

今回の私たちの調査結果は、これまでの研究が提供する仮説を支持していました。それは、トラウマは、サバイバーが体験する世界の絶対性の喪失にアプリオリに組み込まれていて、サバイバーたちは、自分が存在し続けることについて広範囲な不確かさの感覚を体験しているという仮説です。たとえば、お話ししてくれた人の一人は、9・11以降、「自分たちを傷つけてくるかもしれない」人とでも合理的な対話が可能だという感覚を失ったと述べました。その結果彼は、今でも「より恐ろしい残虐行為がいつでも起りえる」という感覚に圧倒されていました。

今回私たちがお話を伺った方々がそうであったように、トラウマのサバイバーの多くは、実践的な方法で社会の向上に自分自身を長い間コミットさせることができる人たちだと私たちは推察しています。このような種類の現実的な人生活動は、サバイバーが外傷的な出来事を統合し、人生の緊急事態と折り合いをつけることを手助けします。彼らは、世界の中で責任をもって生活する方法を発見することで、人生に意味を見出しているようです。

このプロセスはどのように進むのでしょうか。今回の調査から示唆されるのは、このプロセスが三つの弁証法的な情動の次元に沿って生じていることです。それは、「偶然 対 必然」「力 対 無力」そして「体験の共有可能性 対 体験の独自性」です。お話を伺った方々は、彼らが9・11の体験に巻き込まれたことは、偶然でもあり必然でもあると体験していました。彼らはまた、力や主導性の感覚を持っていることを認識するとともに、世界の巨大さの前に無力感や矮小感を覚えてもいました。彼らはそして、彼らの体験は自分だけの特異的な体験だと感じているとともに、他の人たちと共有したいとも考えていました。トラウマ化されていない人は、社会的トラウマの大きなインパクトを経験しても、その三つの次元は両極に分断されることはなく、両極の間を行ったり来たりしながら、柔軟に自分の体験をオーガナイズしています。それぞれの次元の両極が弁証法的に止揚されるとき、生きている感覚や存在し続けている感覚、あるいは、社会の中で生きている自分という感覚が生まれるのだと、私たちは考えています。私たちは、こうした次元はトラウマ体験をワークスルーするプロセスに位置づけられる情動的要因だととらえています。

臨床事例――ローランド

私たちの一人ブラザーズ（Brothers, 2003）は、二〇〇三年に出版した論文の中で、ローランドとの治療関係について書いたことがあります。その患者は、9・11のテロリスト攻撃によってひどくトラウマ化されていました。その論文の中で彼女が記述したのは、ローランドと治療者との関係の断絶が、トラウマ後の心理的サバイバルの中で、両者が失った確かさの感覚を修復しようとする二人の異なった方法から生じていたことについてでした。そこでは、トラウマ体験によってローランドが直面させられた人生の不条理を統合するプロセスまでは記述しなかったので、ここでは、彼が体験したトラウマの統合のプロセスを記述してみたいと思います。

ローランドはワールドトレードセンターの北棟で、弁護士として働いていました。二〇〇一年九月十一日の良く晴れた朝に歩いていた彼は、何の気まぐれか、いつもの出勤ルートから外れて、仕事に行く前にジョギングし、そのあとで投票に行こうと決めました。彼がツインタワーに行こうとまさに地下鉄に乗ろうとしたその時に、彼の耳にショッキングなニュースが飛び込んできたのです。彼はその後、自分が生きていることを知らせるために治療者に電話をしてきました。治療者は、それを聞いて非常にほっとしました。

ローランドが最も苦悩した外傷的体験の一つは、彼が、多くの友人や同僚に襲い掛かった身の毛もよだつ運命に向き合わなければならなかったことでした。これは彼にとって道理にかなったことではないという理解をしてみたところで、彼の苦悩は何ら変わるものではありませんでした。人によっては、彼の苦しみを「サバイバー・ギルト（生存者罪悪感）」という言葉で理解しようと試みるかもしれません。しかし、彼にとって壊滅的であったのは、人生の不条理に彼が直面したことでした。二〇〇三年の論文では、ブラザースは、ローランドが涙ながらに嘆き悲しむ姿について触れました。彼は「どうして自分がそんなにたくさんの人たちが殺されたことを受け入れないといけないのか。こんなにみっともないことはない。とても恥ずかしい」と嘆きました。それと同時にローランドは、彼が自分の同僚を助けられるところにいなかったことを嘆きました。それは、彼の無力感でもありましたが、職場で唯一助かった人間が体験したことを理解できる人はこの世に誰もいないという確信でした。

ローランドは、類まれな共感と思いやりの能力を持っていました。治療者は心配しているに違いないと、惨禍の中、彼がわざわざ電話をしてきてくれたことはそれを表しています。これは、彼の治療プロセスにおける大きなテーマでもありました。治療的プロセスの中では、「自分自身をケアしたとしても、自分は決して他人に見捨てられない」ことを彼が確認する作業が必要だということがもともと共有されていました。そういった意味では、彼がわざわざ他者のことを気遣わなくてもいいのだという体験をすることは重要でした。しかし、あの場面で彼が抱いた他者に対する深い思いやりや、他者との仲間意識の感覚は、決して彼の問題を深めるものではなく、むしろトラウマに関する人生の不条理を彼自身の中に統合することを助けました。彼は、弁護士としてその才能を用い、多くの9・11のサバイバーを助けました。彼は、クライエントのニーズを理解し、クライエントが権利を有する利益を得ることを助けるために自分の力を使うことを誇りに思うようになりました。彼は、嘆きや喪失といった自分の体験が、他者の傷つきへの感受性を高めていることを認識していました。彼は、他人を助ける努力を通して、自分の破滅的な無力感を和らげることができました。彼は、クライエントに繰り返し自分の体験を伝えました。その中で彼は、外傷的な体験は共有できないと感じることもなくなりました。不条理感を彼の体験の中にオーガナイズすることを何よりも助けたのは、彼が、自分は間違いなく適切な人間であると感じるようになったことです。それは彼が、彼の同僚の運命に直面し続けてきたからこそのことでした。

結　論

私たちの調査が示しているのは、社会への責任ある関与の感覚を発達させたサバイバーたちは、広範囲な社会的トラウマに関する癒しを得ることが可能になりやすいということです。私たちの考えでは、トラウマは病理ではありません。それは、世界の安定性や連続性についての信念の喪失を反映した感覚です。自分の仲間である傷ついた他者の利益になるような活動をすることによって、サバイバーたちは、彼らが生きている世界についての不確実感、不条理感、無意味感の多くを統合する方法を見つけることができました。そのような活動を通して、サバイバーは、彼らが他者との間で外傷的な体験を共有すると同時に、彼らだけの体験の意味を見つけることができるような間主観的フィールドを構築していました。そのようにすることで彼らは、自分の人生の歴史の輪郭を描いていたのです。他者や社会のために奉仕することは、ここでは、決してマゾキズム的なものではありません。

私たちは、患者が行うそうした活動を抵抗や行動化とみるべきではないと考えています。むしろそれは、傷ついた社会と自分たちの両方を救おうとする彼らの必死の取り組みだと見なさなければなりません。分析的な関係もそうです。分析的関係においても、分析家と患者の双方が、不確実で、不条理で、無意味だと体験される世界を統合することを援助するプロセスとして、相手の思いやりや奉仕が生じることがあるでしょう。それは抵抗や行動化、マゾキズム的な反復ではありません。私たちは、精神分析自体を、傷ついた世界の改善のために働く作業だとみなすことが必要だと考えています。

（翻訳：富樫公一　二〇一五年十月十八日　国際自己心理学会）

文　献

Atwood, G. E. & Stolorow, R. D. (1984). Structure of Subjectivity: Explorations in Psychoanalytic Phenomenology. Hillsdale, NJ: The Analytic Press.

Brohers, D. (2003). After the Towers Fell: Terror, Uncertainty, and Intersubjective Regulation. *Journal for the Psychoanalysis of Culture and Society.* 8(1): 68–76.

Brothers, D. (2008). *Toward a Psychology of Uncertainty: Trauma-Centered Psychoanalysis.* New York: Routledge.

Fonagy, P. et al. (1995). Attachment, the reflective self, and Borderline States. In S. Goldberg & R. Muir, J. Kerr (eds.), *Attachment Theory.*

New York: The Analytic Press.

Fonagy, P. et al. (2002). *Affect Regulation, Mentalization, and the Development of the Self.* New York: Other Press.

Freud, S. (1896). The aetiology of hysteria. In J. Strachey (ed. and trans.), *The Standard Edition of the Complete Psychological Works of Sigmund Freud* (Vol 3, pp.189–221). London: Hogarth.

Freud, S. (1905). Three essays on the theory of sexuality. In J. Strachey (ed. and trans.), *The Standard Edition of the Complete Psychological Works of Sigmund Freud* (Vol. 7, pp.130–243). London: Hogarth.

Freud, S. (1906). My views on the part played by sexuality in the aetiology of the neuroses. In J. Strachey (ed. and trans.), *The Standard Edition of the Complete Psychological Works of Sigmund Freud* (Vol. 7, pp.271–279). London: Hogarth.

Janoff-Bulman, R. (1992). *Shattered Assumptions: Towards a New Psychology of Trauma.* Michigan: Free press.

Kauffman, J. (2002). Safety and the assumptive world. In J. Kauffman (ed.), *Loss of the Assumptive World* (pp.205–211). New York: Brunner-Routledge.

九鬼周造（一九三二）．偶然性（博士論文）．九鬼周造全集第二巻（二六七—三三二）．岩波書店．

九鬼周造（一九三五）．偶然性の問題．九鬼周造全集第二巻（一—二六四）．岩波書店．

Phillips, S. H. (1991). Trauma and War—A Fragment of an Analysis with a Vietnam Veteran. *Psychoanalytic Study of the Child,* 46, 147–180.

Richman, S. (2006). Finding One's Voice: Transforming Trauma into Autobiographical Narrative. *Contemporay Psychoanalysis,* 42, 639–650.

Stewart, S. (1993). Some Reflections on Trauma and Psychic Reality. *Journal of Clincal Psychoanalysis,* 2: 219–243.

Stolorow, R. D. (2007). *Trauma and Human Existence: Autobiographical, Psychoanalytic, and Philosophical Reflections.* New York: Routledge.

Strozier, C. B. (2011). *Until the Fires Stopped Burning: 911 and New York City in the Worlds and Experiences of Survivors and Witness.* New York: Columbia University Press.

Togashi, K. (2014a). Is it a problem for us to say, "It is a coincidence that the patient does well"? *International Journal of Psychoanalytic Self Psychology,* 9(2), 87–100.

Togashi, K. (2014b). A Sense of "being human" and twinship experience. *International Journal of Psychoanalytic Self Psychology,* 9(4), 265–281.

Togashi, K. (2017). Being thrown into the world without informed consent. *Psychoanalysis, Self and Context,* 12(1): 20–34.

Togashi, K. (in press). *Psychoanalytic Zero: A Decolonizing Study of Therapeutic Dialogues*. New York: Routledge.
富樫公一（二〇一六）．不確かさの精神分析．誠信書房．
Ulman, R. & Brothers, D. (1988). *The Shattered Self*. Hillsdale, NJ: The Analytic Press.
Van Der Kolk BA, Burbridge JA, Suzuki J. (1997). The psychobiology of traumatic memory. Clinical implications of neuroimaging studies. *Annals of New York Academy of Sciences*, 821, 99–113.
Wilson, J. P. & Lindy, J. D. (1994). Empathic strain and countertransference. In J. P. Wilson and J. D. Lindy (eds.), *Countertransference in the Treatment of PTSD* (pp.5–30). New York: Guilford Press.
Winnicott. D. W. (1956). Primary maternal preoccupation. In: *The Maturational Processes and the Facilitating Environment*, (p.300–5). New York: International Universities Press, 1965.

注

1 〔原注〕本章のもとになった研究は、ＪＳＰＳ科研費JP15K04166、及び甲南学園平生記念人文・社会科学研究奨励助成の助成を受けている。

2 〔訳注〕「想定された世界」の議論は第十二章を参照。

3 〔訳注〕ＷＴＣは、世界貿易センタービル（ワールドトレードセンター）の略称。

付録　社会を助けるものとして記述された調査協力者の活動の概略

A氏

死亡者を特定するために、損壊した死体の一部組織のサンプルを集めて検査する神経科学者として働いた

B氏

9・11のために職を失った。社会を救うための活動に特別参加してない

C氏

9・11のサバイバーであるクライエントの弁護士として働き、世界のさまざまな社会的・経済的葛藤と戦った

D氏

9・11のまさにその時に何があったのか、攻撃の後にいかに状況が動いたのかを探求する調査研究のためのWTC組織でボランティアとして働いた

E氏

2003年にベルリンで行われたトラウマの学会に参加し、9・11のワークショップに登壇した。被虐待児や虐待する母親についてのトラウマ調査者として働いた

F氏

9・11初期対応者、サバイバー、その家族に霊気療法を施すボランティアに参加し、サバイバーたちのスピリチュアルリーダーとして働いた

G氏

放送局で働いた。攻撃の当日9月11日の報道を担当し、毎年9・11関連の祈念行事で放送を行っている

H氏

精神療法家として働き、すべての患者をサバイバーとしてとらえている。9・11のユダヤ人記念式典を行い、子どもたちを博物館に連れていき、9・11で何が起こったのかについて教育する仕事をしている

第四章　トラウマへの関係性システムズアプローチ ――耐えられない不確かさの体験の変容

ドリス・ブラザーズ

追放(exile)としてのトラウマ

暴力的に私たちの根っこを引き抜くこと（uprooting）、それは日常的な支えのすべてを奪い去り、私たちの世界をバラバラに壊し、同一性に欠かせない数々の記憶が染み付いた場所から私たちを永遠に引き離し、私たちを見知らぬ環境へと永久に押し込みます。そして私たちはその生存がまさに危機に曝されていることを実感するのです。

もしあなたが、これらの言葉はトラウマ体験を描写するために書かれたものだと想像したとしても、それは致し方ありません――でも、そうではないのです。実はこれはスペイン追放後のセファルディ（Sephardic Jews）の体験がどのようなものであったかを記録しようと、カレン・アームストロング（Karen Armstrong, 2000, p.8）が書いたものです。とはいえ、私自身のトラウマも、患者たちが私に語った他の多くのトラウマも、慣れ親しんだ「それ以前」から私たちの根っこを暴力的に引き抜き、そしてまったく馴染みのない「それ以後」へ真っ逆さまに転落させるもののように感じられることもしばしばです。

アームストロング（Armstrong, 2000）が指摘するように、馴染みがないものは、意味を伴わないものです。私は、トラウマ化された人々（traumatized people）とは、見覚えのない世界、意味の失われた世界、そして存在し続けること（Winnicott, 1965）への期待が当たり前ではなくなった世界に生きることを強いられた追放者だと見なすようになりました（Brothers, 2008）。

確かなものは何も存在しないし、ましてや自分がいつまでも存在するわけがないことについては、ほとんどの人が同意するでしょう。しかし、トラウマはしばしば耐えがたいやり方で、存在することの不確かさ（existential uncertainty）に私たちを曝すようです。トラウマがない状況では、存在し続けることへの期待（それはもはや疑う必要もありません）は、感じる、知る、思い出す、決断する、言葉を使う、空想する、などを含んだ生活システムに展開するあらゆる互恵的で規則的な調整プロセスの統合機能の特性として、個人の心の中に生まれます（この点に関しては二〇〇八年に出版した私の本の第二章で詳細に議論しています）。トラウマ化された人々が体験するような存在することの不確かさをめぐる恐怖感は、こうしたプロセスの深刻な断絶（disruption）や混乱（disorganization）を反映したものです。私が強調したいのは「深刻」という修飾語です。多くの動的システム理論家によれば、健康な発達はある程度の断絶や混乱に基づいています。しかし、トラウマはそれとはまったく異なる体験です。トラウマの特徴たる深刻な無秩序――カオス――が私たちに破滅の恐怖をもたらすのです。

そうなるのはなぜでしょうか？　その答えとして私は、「システム創発的確実性（systemically emergent certainties: SECs）」と私が呼ぶ概念を用いたいと思います。愛着理論におけるこれと類似した概念には「内的作業モデル」があります。私はこれを「システム創発的確実性」として捉える方が気に入っています。というのも、それらは体験をオーガナイズする関係性システムの中で形成され、それに影響を与えるからです。またそれらは、自分の持つ関係性が自分らしさを維持するために必要な安定した相互的影響のもとにあると私たちが確信するための条件を明確にしてくれます。そして、それはときに疑いのない真実であると体験されます。それはまた、決してその真偽が問われることのない関係性の物語（relational narrative）から導き出されたテーマとしてもとらえることができるでしょう。

トラウマは、関係性の世界で生成され、それを安定させるＳＥＣが破壊される場合に生じると私は考えています。それを破壊するのは、それが偽りであることを強烈に暴露するなんらかの体験です。たとえば、子どもの近親姦虐待の体験は、養育者は守ってくれる、育ててくれるという、それまで疑念すら抱かなかった確信を含んだＳＥＣを破壊します。一九八八年にリチャード・アルマン（Richard Ulman）と私は、トラウマは、打ち砕かれる（shattering）体験と自己修復の取り組みから組織されるという考えを提起しました。現在では、その取り組みは、自分らしさを維持するために必要な関係性の交流はいつでも手が届くところにある、という確実感を再獲得するためになされるものであると私は考えています。トラウマのない状況で発達したＳＥＣは、コンテクストに応じて柔軟に変化する特徴があります。しかし、トラウマ起因性のＳＥＣは、頑なに保持され、変わりゆく環境にも影響を受けない特徴があります。近親姦の虐待を受けた子どもは、養育者との必要な繋がりを取り戻すことを願って、自分に落ち度があり、それゆえに、自分は虐待をされても仕方がないという揺るぎない信念を抱くようになるかもしれません。こうした種類のトラウマ起因性のＳＥＣを持つ患者を治療したことがある方なら、彼らがどれほど必死にそれにしがみ付くのかはよくご存知のことでしょう。

人のトラウマ体験は、トラウマ以前、その最中、それ以後、という線形のパラダイムに当てはまらない場合があります。私の患者で、三十三歳のネイティブアメリカンのジェイムスについて考えてみましょう。暴力的なレイプ被害の最中に身ごもられた彼は、生後まもなく、裕福なＷＡＳＰの夫婦に養子として引き取られました。彼の子ども時代は苦悩の連続のように見えます。その輝く黒髪、茶色がかった肌、大きく目立つ鼻、そして長く細い目、これはブラックフット族の血筋であることのはっきりとした証です。それは、彼が上流階級の他の人々、とりわけ白人社会の人々とは違うという感覚を際立たせました。さらに彼は重度の学習障害にも悩まされ、無残にも仲間たちからのイジメを受けたのです。さらに追い討ちをかけるように、年上の養子兄弟は、子ども時代を通じて彼に近親姦の虐待をしました。彼が最初に私に会いに来たのは、彼が二十代後半のときですが、それまでに彼は、飲酒や薬物摂取なしでは一日も過ごすことができないと確信していました。

みなさんの中には、そもそもジェイムスには、「トラウマ以前」がまったくないのではないか、という方もいるかもしれません――そう、彼はまさに追放者に生まれてきたのです。これまで、彼ほど痛ましく、深刻な家族の不在体験を語ったものはいません。彼は両親から遠く離れて暮らしていた頃にホームシックになった話をしましたが、彼らと一緒に暮らしていても安心して寛ぐことは決してなかったとも語っています。「私の居場所はどこなのか教えてください」と、一度彼が私に尋ねたこともありました。

私は「トラウマ以前」というものがそもそも存在するのだろうか、という疑問を抱くようになりました。ひとつには、ほとんどの人はその人生のどこかの段階で、少なくとも一度は酷いトラウマを経験しているという考えをかなりの数の研究が支持しています（たとえば、Ozer, Best, Weiss & Lipsey, 2003; Bloom 1997）。そうなると、必然的に、この膨大な人口の多くは、トラウマが襲った時点ですでに親になっているか、将来いずれかの段階で親になるか、そのいずれかということになります。そして、第二次世界大戦の終結以後、膨大な数の調査が行われました。その多くは、ホロコースト生存者とその家族にホロコーストが与えた影響を調べるために実施されたものです。その調査では、トラウマの痛ましい心の傷は、しばしば、次の世代にも体験されることを示すかなりの数の証拠が提示されています。たとえば、ニューヨークのマウントサイナイ病院のレイチェル・イェフダ（Rachel Yehuda）とその同僚たちによれば（Yehuda et al., 1998）、ホロコースト生存者の成人した子どもたちは、統制群の人々に比べて、トラウマとなる出来事を多く体験したわけではないにもかかわらず、ＰＴＳＤや他の精神障害のはるかに高い有病率を示しました。二〇〇七年に発表された三種類の異なるトラウマの生存者を調査した研究では、生存者の子どものみならず、その孫にまでトラウマが存在する証拠が提示されました（Lev-Wiesel, 2007）。しかし、どうやってトラウマが世代から世代へと波及して行くのか、そして、その破壊的な伝播を食い止めるために何ができるのか、といったことに関しては、未だに多くの議論があります。

近年、より多くの精神分析家、発達心理学者、認知療法家、トラウマ研究家が、トラウマの世代間伝達を理解しようと取り組む中で、愛着理論に関心を向けるようになりました。愛着理論の方法論を活用した研究者たちは、トラウマの影響は、親子の間で生じる時々刻々の相互交流によって、多くは非言語的に伝達されることを明らかにしました。たとえば、イタリアの精神科医で研究者のジョバンニ・リオッティ（Giovanni Liotti, 1999）は、喪失や虐待を経験した親が見せる、怯えた、あるいは怯えさせるような応答に反応して、子どもが無秩序型（disorganized/disoriented）の愛着パターンを形成する場合があることを報告しています。彼は、こうしたパターンが後の人生における解離体験の土台を作るという説得力のある議論を展開しています。エリック・ヘッセ（Eric Hesse）とメアリー・メイン（Mary Main, 1999）は、トラウマを経験した親の子どもたちは、虐待を経験していなかったとしても、無秩序型の愛着パターンを身につけ、発達上の心理的困難への脆弱性を高く持っていることを見出しました。

これらの知見は、私たちの多くが支持する関係性システム的感性（relational systems sensibility）との相性も抜群に良いため、私たちの臨床的営みにとても大きな意義を持つと思われます（Pickles, 2008も参照）。私は愛着理論の既存のカテゴリーや、トロニック（Toronick, 2002）が「プロトタイプ仮説」と批判的に呼んだものを使用しません。私は、アリエッタ・スレイド（Arietta Slade, 2000）が提案するように、それを心理的オーガナイゼーションのさまざまな性質のメタファーとして考えるのが良いと思っています。それでも私は、愛着理論の基本仮説の多くを支持しています。私は以下の仮説にまったく賛成です。（1）私たちは生まれた瞬間から、情緒的、身体的な生存にとって欠かせない関係性を形成、維持、保持するように強く動機づけられている。（2）私たちはこれらの関係性の維持に必要であればどんなことでもする。たとえ私たちの体験の一部を意識的な気づきから排除したとしても。つまり、解離が必要であったとしても。（3）親と子どもたちが交流するやり方は、私たちの体験をオーガナイズする規則的に生じる安定したパターンとして纏まって行く（Slade, 2000）。

しかし私は、愛着理論の基礎である内的表象の概念には賛同しません（Brothers, 2008; Sucharov, 2002を参照）。それは私が、それぞれの関係の独自性を特に重視するためです。私は、自分が「外傷的愛着（traumatic attachment）」と呼ぶものがどの愛着型に分類されるか（たとえば、安定か不安定か、秩序か無秩序か）よりも、その相対的な柔軟性に関心があります。その柔軟性は、システム論者が文脈への敏感さ（context sensibility）の度合いと見なすものと同じです。ジュディス・ピクルス（Judith Pickles, 2008, p.56）が指摘するように、「トラウマが酷ければ酷いほど、柔軟性を損なうリスクが高くなる」のです。トラウマを経験した親とその子どもたちとの間に生じるかかわり合いのパターンが、解離のプロセスに依拠して形成されている限りにおいて（あとでこの考えを詳しく話します）、外傷的愛着は堅く閉ざされ、変化に頑なに抵抗するのです。

そうした関係パターンの堅さは、それらが生じる理由として考えられ得るものをひとつ考慮に入れさえすれば理解できるようになります。それは、そうでもしなければ、生きることの不確かさへの耐えがたい直面化として体験されるものを変容させる試みをそれが表しているということです。

私たちの存在をめぐる確かさの体験が一時的に壊されたときに生じる混乱に比べて、トラウマの特徴である深刻な無秩序――カオス――は、破滅の恐怖をもたらします。それゆえ、たとえば子どもの近親姦の虐待体験は、養育者は守ってくれる、育ててくれる、というそれまで疑念すら抱かなかった確信を含んだＳＥＣを破壊するのでしょう。

トラウマがなければ、ＳＥＣは、それが生起するシステムの構成要素の絶え間なく移り変わる求めに応じた変化に対応します。言葉を替えれば、文脈への敏感さが高いのです。トラウマ起因性のＳＥＣは、それとは驚くほど異なります。カオスの蔓延や不確かさの苦しみを止めようとする必死の欲求に支配されたシステムに生起するＳＥＣは、移りゆく環境の変化の影響を受けない傾向があります。このアイディアは、リチャード・アルマンと私が一九八八年に考案したアイディアに基づいています。それは、トラウマには必ず二つの要素があるというアイディアです。つまり、打ち砕かれる体験、そして自己修復の取り組みです（Ulman & Brothers, 1998）。現在、私はそうした修復の取り組みは、柔軟性のある確かさを硬い信念へと変えてしまうことが多いと強く感じています。これは、文脈への敏感さが高いＳＥＣが、変化に激しく抵抗する、硬く、閉ざされたものへと変容するプロセスです。近親姦の虐待を受けた子どもは、養育者との必要な繋がりを取り戻すことを願って、自分に落ち度があり、ゆえに、虐待されても仕方がないという揺るぎない信念を抱くようになるかもしれません。この子どもと親の愛着パターンは、この信念の確かさを維持するために硬くオーガナイズされることでしょう。

臨床例――ジェイムス

分析的な関係は、追放されトラウマ化された者に安息の場を約束します。しかし、安息の場といっても、不安定な棚にかろうじて腰を下しているようなものです。結局、治療者も患者と同様、トラウマとは無縁ではいられません。彼らは訓練分析の過程で、不確実感への強い耐性を身につけていると思われますが、患者との体験が彼らの過去のトラウマを想起させるような状況では、彼らも「確かにする」ために馴染みの方法に頼るかもしれません。その説明として、ジェイムスの治療関係の初期を取り上げて少しお話ししましょう。

私が抱いたジェイムスの最初の印象は、彼は単に発達が阻害されただけの人ではない、というものでした。

そもそも、発達が始まってさえいないかのようでした。私が彼自身について尋ねた質問に対して、いつも彼は「本当によくわからないんです」と答えましたが、その様子はまるで、誰か他の人物について私が尋ねたことに答えているかのようでした。治療的作業は、二人の間で驚くほど順調に進みました。ただそれも、私の最初の休暇までのことでした。ジェイムスは、私が休暇から戻った後の最初のセッションに現れず、私の電話にも応答しませんでした。数カ月後、彼は私に電話をかけてきて、私がまた彼に会うつもりがあるかと尋ねました。彼の説明によれば、彼はまたしても学校を辞めてしまい、薬物とアルコールに手を出していました。そのため彼は、私はもう彼とは一切かかわりを持ちたくないだろうと思い込んでいたのです。彼は、ただ両親の強い勧めに応じて電話をかけてきただけでした。

次に私が休暇を予定した際、私は携帯電話の番号を彼に伝え、彼と何度か電話で話をする予定を立てました。ジェイムスは、私が不在の間、電話をかけてくることはなく、私が休暇から戻ってもセッションには現れませんでした。このとき、私は何か恐ろしい悲劇が彼を襲っているのではないかという不安でいっぱいでした。ようやく彼が電話をかけてきたとき、私は安堵を隠すことができませんでした。私は、自分がずっと彼を心配していたことを伝えました。ジェイムスは、私の反応を見て、明らかに驚いたようでした。

この治療の断片に関する私の理解を簡単に要約してみましょう。私は、自分の急な出発は、追放に纏わるジェイムスの最初の体験の再現になってしまったと考えています。それは、彼が小さな赤ん坊の頃に見捨てられ、養子に出されたときの体験です。私の考えでは、その痛ましい分離によって、疑うことなく存在し続けるという生まれたばかりの彼の感覚は酷く破壊されてしまいました。彼と私は、彼が治療を始める前に用いていた対処法に再びすがってしまった以上、私は彼とはかかわりたくないだろうという彼の思い込みの背景を探求しました。私たちは、さまざまな可能性を探求する中で、彼のトラウマ起因性のＳＥＣのひとつを見つけ出しました。それは、「養育者の期待に応えることができないなら、自分は見捨てられる」というものです。ジェイムスは、生物学上の母親は彼を育てるにはあまりに若く、貧しかったと何度も聞かされました。しかし、彼は彼女が彼を養子に手放した「本当」の理由は、乳児の彼を一瞥した母親がそこで目にしたものに嫌悪感を抱いたからだとずっと思い込んでいたのです。彼は、「きっと私は、彼女をレイプした男に似ていたのだと思います」と述べています。ジェイムスはしばしば、受け身で、場違いで、残念で、捨てられるのも致し方ない人物として自分を体験していました。私は、彼がそれよりも、自分が心に描く残忍なレイプ犯である父親に似ていることを望んでいるのではないか、と疑問を抱いたこともありました。捨てられた過去の体験を私と再び体験するリスクを犯すよりも、捨てる側になる方を彼が選んだ可能性についても話し合いました。

振り返ってみれば、二回目の休暇の後、ジェイムスが戻ってこないことへの強い不安感を私が表に出さなかったならば、そして私が彼と連絡を取り続けるのに必死にならなかったならば、ジェイムスは私とのつながりを保てなかったことでしょう。ジェイムスを手離すまいとする私のたゆまざる努力は、おそらく、私の人生をオーガナイズしてきたトラウマ起因性のＳＥＣを反映しています。少しだけ私の生い立ちについてお話させてください。私には八歳年下の弟がいますが、私の母は弟が生まれるまでの間に四回の流産を経験しています。生を授からなかった兄弟たちの消失について、私には何の説明もなければ、それが悼まれることもありませんでした。そのため私は、母親が産み出せる命のすべてが私のために使い果たされてしまったに違いない、という確信を抱くようになりました。結局、私には弟が生まれましたが、私の生は他者の犠牲の上に獲得されたものであり、私はその正当性を証明する必要がある、という確信を振り払うことはできなかったのです。そのため私は、自分が頼りにする人々の情緒的欲求に仕えるという方法を取るようになりました。

ジェイムスがまだ成長すら始まっていない人物であるという感覚は、間違いなく解離をベースにした彼のかかわりの様式によって強化されていましたが、その感覚は文字通り成長することのなかった弟や妹たちを私に想起させたようです。ジェイムスが順調に成長を始めたように感じられた後になって、セッションに現れなかった際の私の恐れの反応が、私の兄弟たちの恐ろしい謎の消失の再現であったとわかりました。それは、後から振り返ってようやくわかったことです。私は再びそれが起こることを許せなかったのです。ジェイムスが永遠にいなくならないためなら、どんなことでもしようとする私の決意は、そこから生じたものでした。

　私はこうした理解を手掛かりに、次の休暇がやってきたとき、不在の間、自分から彼に電話をかけることを提案しました。こうして、たとえ私の不在時に彼が何をしていようと、あるいは、何もなかったとしても、私は変わらずに彼とまた会いたいと伝えることができました。これは魔法のような効果がありました。私たちの関係は、当然のように混乱もありましたが、お互いにとって恩恵をもたらすものとなったのです。

　アンドレ・アシマン（André Aciman, 1999）によれば、追放者は、「絶え間なく、いつの日かめぐり逢う本当の我が家を探求する」人です。分析的な関係が「我が家」をどれだけ提供できるかによって、分析家と患者は、自分らしさに欠かせない関係性体験の交流はこの先もずっと続くのだという確実感をともに体験できるようになるのです。この確実感は、分析家が、繰り返し、繰り返し、患者に次のことを伝えようと模索を繰り返す中で醸成されるものでしょう。「そうです。あなたは何度でもこの我が家に戻ってきて良いのです。前回のセッションで私たちの間に何があろうとも、私たちがまた会う時間になれば、私はここであなたを待ち続けています」と。

（翻訳：貞安元　二〇一五年四月十三日　栄橋心理相談室）

文　献

Aciman , A. (1999). *Editor's forward: Permanent transients Letters of Transit*, ed. A. Aciman, New York: New Press. 7–14
Armstrong, K. (2000). *The Battle for God: A History of Fundamentalism*. New York: Random House.
Atwood, G. E. & Stolorow, R. D. (1984). *The Structures of Subjectivity*. Hillsdale, NJ: Analytic Press.
Beebe, B. & Lachmann, F. (2002). *Infant Research and Adult Treatment: Co-constructing Interactions*. Hillsdale, NJ: Analytic Press.

Bloom, S. (1997). *Creating Sanctuary: Toward the Evolution of Sane Societies.* New York: Routledge.

Brothers, D, (1995). *Falling Backwards: An Exploration of Trust and Self-Experience.* New York: Norton.

Brothers, D. (2008). *Toward a Psychology of Uncertainty: Trauma-Centered Psychoanalysis.* New York: Analytic Press.

Brothers, D. (2009). Trauma-Centered Psychoanalysis: Transforming Experiences of Unbearable Uncertainty. In N. Vanderheide & W.J. Coburn, (Eds.). *Self and Systems: Explorations in Contemporary Self Psychology.* New York Academy of Sciences, 1159: 51–62.

Coates, S.W., & Moore, M. S. (1997). The complexity of early trauma: Representation and transformation. *Psychoanalytic Inquiry,* 17, 286–311.

DeCasper, A. & Carstens, A. (1980). Contingencies of stimulation: Effects on learning and emotion in neonates. *Infant Behavior and Development,* 4, 19–36.

Hesse, E. and Main, M. (1999). Second-Generation Effects of Unresolved Trauma in Nonmaltreating Parents. *Psychoanalytic Inquiry,* 19, 481–540.

Lev-Wiesel, R. (2007). Intergenerational transmission of trauma across three generations: A preliminary study. *Qualitative Social Work,* Vol. 6, No.1 75–94.

Liotti, G. (1992). Disorganized/disoriented attachment in the etiology of the dissociative disorders. *Dissociation,* 5, 196–204.

Lyons-Ruth, K. (2003). Dissociation and the parent-infant dialogue: A longitudinal perspective from attachment research. *Journal of American Psychoanalytic Associaiton,* 51, 883–911.

Ozer, E. J., Best, S., Weiss, D. S. & Lipsey, T. (2003). Correlates of post-traumatic stress disorder in adults: A meta-analysis. *Psychological Bulletin,* 129, 52–73.

Pickles, J. (2008). Some nuances in interstubjective attachment systems: Discussion of Shelley Doctors' article: "Notes on incorporating attachment theory and research into self psychological and intersubjective clinical work." *Internationla Journal of Psychoanalytic Self Psychology,* 3(1):50–64.

Sander, L. W. (1977). The regulation of exchange in infant-caregiver systems and some aspects of the context-contrast relationship. In M. Lewis and L. A. Rosenblum (Eds.), *Interaction, Conversation, and the Development of Language.* New York: Wiley, pp. 133-155.

Slade, A. (2000). The development and organization of attachment: Implications for psychoanalysis. *Journal of American Psychoanalytic Associaiton,* 48, 1147–1174.

Sucharov, M. (2002). Representation and the intrapsychic. *Psychoanalytic Inquiry,* 22. 686–707.

Tronick, E. (2002). The increasing differentiation and nontransferability of ways of being together. In: K. C. Vaughans, (ed.), *Attachment, Current Research, Theory, and Clinical Practice.* New York: Other Press, pp.47–60.

Ulman, R. B. & Brothers, D. (1988). *The Shattered Self; A Psychoanalytic Study of Trauma.* Hillsdale, NJ: Analytic Press.

Winnicott, D. W. (1965). *The Maturational Process and the Facilitating Environment: Studies in the Theory of Emotional Development.* New York: International Universities Press.

Yehuda, R., Schmeidler, J., Wainberg, M., Binder-Brynes, K, & Duvdevani, T. (1998). Vulnerability to Posttraumatic Stress Disorder in Adult Offspring of Holocaust Survivors. *American Journal of Psychiatry,* 155, 1163–1171.

第二部　精神分析臨床と哲学

第五章　理論と実践における文化——臨床事例から

ロジャー・フリー

理論と実践における文化

文化とは何でしょうか。そしてそれは、私たちの臨床をどのように形作るのでしょうか。それを考えるのは大変難しいことですが、非常に重要なテーマです。文化の概念は複雑です。文化についての理解は、私たちが誰で、どこに住んでいるのか、また、どのような職業なのかによっても変わってきます。文化は私たちがすることのすべてであり、私たちが周りの世界を理解する方法の中心にあるものです。それは、精神療法の場で起こっていることを理解するうえで、大きな力になります。文化は無定形の概念ですから、それをとらえるのは簡単ではありません。まず、理論と実践における文化について説明することから、始めたいと思います。その後、文化、歴史、言語が顕著な役割を果たしている臨床事例について説明しましょう。

本日の私の話を始める前に、私の話は、私の人間性や私が持っている西洋的世界観が不可避的に反映されたものであることを強調しておきたいと思います。私の文化についての理解は、どのようなものであって、私自身の個人的・専門家的体験のレンズを通して行われています。言いかえれば、私たちは、いつも自分が知っていること、あるいは、知らないことによって限定された存在です。私たちの限界は、私たちがいかに周りの世界を理解することができるかという枠組みによって決まります。慣れ親しんだ文化的環境とは異なる場所に旅行すると、自分の世界観がどれほど限られたものであったか、また、外からしか学ぶことができないものがどれほど多いのかということを私たちは痛感します。だから今日は、私は謙虚に話を進めていきたいと思います。私は、自分が皆さんに教えることよりも、みなさんから教えられることの方がずっと多いと思っているからです。私の今日の講演とその後の議論が、文化とその重要性についてのお互いの理解に貢献できるものになればと願っています。

私はよく講演で聴衆から、私が文化に興味を持っている理由を質問されます。それに対する最も真摯な答えは、「私は人生の早い段階から文化を感じ取っていて、それが私自身の体験を形作る上で大きな役割を果たしていることを認識していたから」というものです。つまり、私は移民の息子です。私の両親は、一九五〇年代の終わりにドイツからカナダに移住したドイツ人です。私は、一九六五年に北米で生まれました。私の両親が新しい国に到着してすぐのことでした。私は二つの言語と二つの文化の中で育ちました。私は英語を話す前にドイツ語を話していましたし、ドイツ語を話す移民たちのコミュニティで暮らしていました。やがてゆっくりと、英語を話すカナダ社会に統合されていったのです。

ドイツ移民の子どもとして育つということ、あるいは、二つの文化の間で生きるということは、所属感や言語への問いを毎日繰り返すようなものです。それは私の体験の一部でした。どんな場合でも、私にはいつも、もう一方の文化的ベクトルを忘れることはできませんでした。私はときにカナダ人になり、ときにドイツ人になり、それは、どの言語を話しているか、聞いているかによっても変化しました。一番ぴったりするのは、自分はドイツ系カナダ人だと表現することかもしれません。誰かに自分の文化的アイデンティティを聞かれたとしたら、私はおそらく、自分は二つのアイデンティティの間に存在していると答えるでしょう。German-Canadianの間にあるハイフォンのところに私がいるようなものです。

私が十七歳のとき、両親はヨーロッパに戻りました。彼らはまずスイス渡り、それからドイツに行きました。私も、カナダでの学業を終わらせてから、それに合わせてヨーロッパへ引っ越しました。私はスイスに住んで、それからイギリスに住みました。イギリスの大学に入学したからです。イギリスで約十年過ごしたあと、米国人の妻と知り合い、米国に引っ越しました。米国ではニューヨークに住み、精神分析家として臨床実践を行いながら、大学で働きました。私の妻はユダヤ人で、私はドイツ系です。ホロコーストの悲劇的で悲惨な歴史があるため、妻と私は自分たちの人生の中にも、子どもたちの人生の中にも、文化や歴史が占めている領域があると、いつも感じています。子どもたちも、ユダヤ系とドイツ系両方を背景とした複数のアイデンティティを持っているわけです。現在は、私はまた、子ども時代のほとんどを過ごしたカナダに戻っています。

文化、言語、文化的アイデンティティの間に生きている自分の体験は、普遍的なものではないだろうという認識はあります。それでも、自分がどのような文化的体験の中で育ったのか、あるいは、自分がどれだけ多くの文化に同一化しているのかに関係なく、文化が私たちすべてを形作ります。私の言いたいことはそこにあります。私たちはみなそれぞれの文化に生まれ、家族やコミュニティによって言語や歴史が伝えられるのです。

文化の二つの理解

まず、文化に関する二つの広い理解の仕方を説明しておきましょう。もちろん、これ以外にもたくさんの理解の仕方があります。一つ目は、集合的文化の違いに基づいた定義です。これは、カナダ人であること、ドイツ人であること、日本人であることを区別するような理解の仕方です。それぞれのグループは、文化的価値、信念、行動の違いによって広く定義されます。それぞれは、それぞれに特異的な道徳感（moral goods）の定義も持っているでしょう。文化的グループ間の違いに関する学問は、異文化心理学と呼ばれます。それに関連して、多文化心理学の訓練では、臨床家は、そうした文化の違いや治療過程に生じる文化の違いの重要性に敏感になるようにと教えられます。私の体験では、メンタルヘルス関連の職場で「文化」が論じられるとき、その多くは「違い」と結びついたものです。つまり、誰かが異なって見えるとか、異なる言葉を話すとか、異なったふるまいをするなどは、その人が異なる文化に属していることを示している、と考えるわけです。

文化を違いとして理解することは重要です。異なる集団の人たちの人間発達の過程に、文化が果たす役割があることを認めるものだからです。違いとしての文化の概念は、ある特定の行動の仕方や存在の仕方が、ある特定の文化的環境と関連する理由を理解させてくれます。

しかし、このような文化の理解には、限界もあります。難しいのは、文化が違いによってのみ理解されていると、どのグループに所属しているかに関係なく、すべての人が、文化、歴史、言語によって形成されているといった点を無視してしまう危険性があることです。さらにいうと、文化を私たちと異なる人たちが属しているものと見なすと、社会の多数派のメンバーは、自分たちには文化がないとみるようになり、彼らの中にある言語使用、教育、宗教的信念あるいは、経済的背景の違いを無視するようになることです。

文化の理解の仕方の二つ目は、文化心理学と呼ばれるものです。これは、人生の早期から自分が携わるさまざまなかかわりというかたちの文化によって、私たちがすべて形作られると考えるものです。これは、文化を本質的に、力動的、関与的、相互交流的プロセスとみなす方法です。私たちは、文化、歴史の中に生まれ、家族やコミュニティに備わっている言語や伝統を通して、人生を経験し、自分たちを表現しているのです。

文化心理学は、また、文化がないと思われている多数派の文化の中にある文化的、社会的価値観を明らかにし、検証しようとします。このアプローチは、重要なことを教えてくれます。それは、現在北米の人が当然だと思っている心理学や精神療法の多くは、実際は、中流階級のヨーロッパ系アメリカ文化の中にある価値、信念、行動を反映したものだということです。言いかえれば、人間の心理や発達を説明するために使う理論や、精神療法実践の目的は、ある特定の文化的見方によって導かれているのです。文化心理学は、長い間信じられてきた普遍性という考え方に異論を唱え、心理学というものは、それが実践される文化的視点の多様性を反映しなければならないと主張します。私が意味することを、精神分析の歴史を例として述べてみましょう。

精神分析と文化

歴史的に、精神分析を実践してきたのは、上位中流階級のヨーロッパ系白人男性です。これは、二十世紀初頭のヨーロッパのドイツ語文化圏に精神分析のルーツがあるからです。精神分析が同じ文化を共有し、彼らの患者の多くが同様の文化的背景を持っている限り、文化に対する疑問や、精神分析実践における文化の問題がクローズアップされることはありませんでした。さらに精神分析は自らを科学と定義していたため、その理論は普遍的なものだと信じられていました。また当時のヨーロッパ植民地主義の中に組み込まれていた精神分析では、異なる文化への気づきや称賛は限られていたでしょう。そこでは、どこに住み、どの文化的世界に属しているかに関係なく、すべての人の心理的発達は、まったく同じように体験されると論じられていたのです。彼らは、すべての人は、同じエディプス問題に葛藤し、同じような関係的愛着を求めているととらえました。この普遍的な基準からの逸脱は、精神疾患の一種であるとみなされたわけです。

しかし、これらのいわゆる普遍的理論がもし、文化特有のものであったとしたらどうでしょうか。それは、作られたときの時代や場所の価値観や信念を反映したものだとしたらどうでしょうか。グローバル化が進み、異なる国や文化に属する人たちが互いに行きかうようになるにつれ、単一の世界観を持つ精神分析や無文化的精神分析は、変わり始めました。現在の精神分析は、異なる文化的背景、異なる言語、異なる見解、異なる宗教を持った人によって実践されています。現在、専門的職業としての精神分析は、ある特定の文化的起源を反映する文化的実践の一つの形式にすぎないと認識されています。それは、ある目標を導く文化的価値観や信念から構成された実践にすぎません。それを実践するものは、そこに組み込まれている価値観がどのようなもので、それが何を表しているのかということに自覚的である必要があります。

私がよく質問されることがあります。それは、精神療法関係にある二者が、同じ文化、言葉、見解を持っていたらどうなるのか、というものです。この場合でも、文化はやはり重要になるのでしょうか。これは確かに重要な問いですが、この質問自体が、私たちがまだ文化を「異なるもの」と位置づけていることを示しています。このようなプロセスでは、私たちは、交流する相手に関係なく、自分がすでに文化的に構成されている存在であることを見過ごす可能性があります。私たちは自分が文化に組み込まれていることを認識することなしに、自分の文化的背景に対比させて他者を見ようとする傾向があります。文化は、臨床の場にいつも存在しています。それは、私たちがどの文化に属しているかとか、あるいは、誰と精神療法実践をしているのかとは関係のないものです。患者が私たちとどれだけ似ているとしてもそうです。文化は、患者や分析家それぞれが定義するようなかたちで私たちの価値や信念の中に現れ、精神療法の目的の中に現れるのです。

文化的に・批判的に思考すること

私たちはそれぞれ、文化によって形作られ、文化を作り、その文化とかかわる相手によって形作られます。これは、患者にとってもそうですし、分析家にとってもそうです。私が説明しようとしているプロセスは、どちらかと言えばインプリシット[1]なものです。文化は、どうして私があることをするのに他のことはしないのかとか、どうして私がある価値観を信じて選び他を選ばないのかと、わざわざ考えることなく、日々を暮らしていくことを可能にしてくれます。文化は私が呼吸している空気のようなものだと言うことができるでしょう。

私は自分が何をしているのか考えることなしに、ただそこに参加するわけです。世界に関する私のインプリシットな理解がなんらかのかたちで違和感に晒されてはじめて、あるいは、物事を理解する方法は一つではないことを学び、私の人生について考える方法も一つではないと学んだときにはじめて、私たちは、そこに異なる文化的実践があることにようやく気がつきます。

同じように、私たちが精神分析実践を学ぶというのは、その価値観や信念、そして目標を学ぶということです。たいていは、私たちはそれに疑問を持たず、それがどこから来たのか、なぜその方法で物事を見るのかなどを問うことなくそのまま身につけます。私たちは、自分の世界観を形作る精神分析文化の一部となっていくわけです。これは、本質的に発達的、認知的学習のプロセスです。しかし私たちは、時が経つにつれて、以前はまったく思わなかった問いを持つようになるかもしれません。たとえば、こういったものです。自分はなぜ、患者はある状況ではある方法で反応すべきだと考えているのだろうか。精神分析が教えるゴールは普遍的なものなのだろうか、それとも、文化に特有なものなのだろうか。自分の職業的歴史が、今自分がしていることを形作っているのだろうか。自分がすることはどれほど、この仕事の創始者の価値や信念を表しているのだろうか。自分が使う理論は、自分がいる文化的状況にどれだけ適応しているのだろうか。

このように文化について問い直すことは、とても価値があることです。そういった作業は、初めは不確かさの感覚をもたらすかもしれません。世界の見方は一つ以上あるということを実感するとき、あるいは、私たちが世界と交流する方法はいくつもある解釈形式の一つに過ぎないと思うとき、私たちは世界に対する不確実感に脅かされます。私が言いたいのは、私たちは自分たちが実感するよりもずっと文化的に定義されているということです。自分の世界に対する見方は十分ではないかもしれないとか、そこに別の方法があるかもしれないと問うことは、新しいかたちの理解へと開かれることです。それは、患者が向上するためだけでなく、私たち自身が向上するためのものでもあります。臨床家として、私が今説明しているアプローチは、いわば「理論を軽く持っておくことの勧め」です。

私の考える精神分析は、私たちの人生を形作り、私たちが使う心理学理論を構成する社会的、文化的文脈の意味を考え、理解し、言葉にする（articulate）機会を私たちに提供するものです。私が今記述しているのは、「文脈主義的感性（Contextualist Sensibility）」のことです。それは、私たちの体験を作る社会的・文化的な力の本質的役割を捉えようとする感性です。このような感性とともに臨床実践を行う分析家は、生きた間主観的体験の文脈の中で自分自身と患者を理解しようとします。ここで述べる間主観性とは、分析家と患者との間で常に起こっている相互的かかわり（engagement）のフィールドであり、そしてまた、患者と分析家がそこに存在する文脈のことです。この間主観的な見方が焦点を当てるのは、分析家と患者との相互交流の世界ですが、それが展開するのはいつも、二者関係にとどまらず、より広い範囲の社会、文化、歴史的文脈の中なのです。

臨床例

さて、文化に関するこのような考え方を頭において、ここまで説明してきた見方を含む臨床例を示したいと思います。この分析作業は、二か国語で行われました。これは、ホロコースト・サバイバーの二世であるドイツ語を話すユダヤ系オーストリア人と、ドイツ系移民の子孫であるドイツ語を話す分析家（私自身）との間で行われたものです。この関係には、はっきりとした文化的な相違が含まれていました。患者は、ユダヤ人のホロコースト・サバイバーの息子で、私はナチスドイツで生まれたドイツ人の息子で、祖父は第二次世界大戦で戦った人です。同時にそこには、患者と私の互いの見方を作るだけでなく、二人の相互作用の性質を形作るように働くインプリシット・エクスプリシットな文化的な力がありました。この患者との分析作業において、私が今日特にお話ししたいと思っているのは、歴史と言語の構成的役割についてです。私たちが異なった文化と家族史を背景としていることは、ドイツ語を使ったり英語を使ったりと、言葉が交替するところに如実に表れました。このような言語の交替は、文化や歴史が、分析関係をどれだけ意識的、無意識的に形成しているのかを示すものです。

私は、ダニエルが紹介されてきたときから、彼が私より年上で、うつ症状と怒りの感情に苦しんでいることを知っていました。彼自身も、その感情は、自分の家族史と何か関係があるのだろうとは思っていたようです。ダニエルの両親はホロコーストのサバイバーでしたが、彼らがどのような体験をしたのかについてはほとんどわかりませんでした。ダニエルも、子どものころからそのことについて尋ねることはありませんでした。実際、好奇心を持つことは喜ばれませんでしたし、許されることでもありませんでした。ダニエルは、自分の父親が強制収容所の恐怖を生き抜いた人であることは知っていました。ダニエルは、悲惨なものからそれほどでもないものまで、自分の幼少時代のことを話してくれました。母親は悲劇的なくらい早く亡くなっており、不安の強い父親はとても疑い深い人でした。ダニエルが見てきた父親は、他人を信用することができない人で、他人との関係では安心だと感じることなどないように見えました。

ダニエルの背景を知って、私は不安を抱えながら分析作業を始めました。私は彼とドイツ語で話せることを楽しみにしていましたが、同時に私たちの歴史が次第にわかってきたら、どんなプレッシャーを感じるかわからないとも思っていました。ダニエルは、ホロコーストのサバイバーの二世です。私は自身がドイツ系であるために感じる累代的な罪の意識と恥辱を感じながら分析を始めました。一方でダニエルと私は、同じような人生経験や興味も共有していました。私たち二人は、幼少期を異なった文脈、異なった大陸で過ごしましたが、二人とも、家ではドイツ語を話し、大学では似たような内容を勉強しイギリスの大学で学びました。加えて私たちは、ドイツ語と英語のバイリンガルであり、移民ニューヨーカーでもありました。背景に潜んだ二人の家族史の表側で、私たちは、同じような文化・言語的体験でつながっているようにも思えました。

一回目のセッションで、ダニエルは、私の出身を尋ね、私がどうしてそんなにドイツ語が上手なのかと聞きました。私は質問の意味を探索し、詳しくなりすぎない程度に答えました。私は、家族はドイツ語を話すけれども、自分はカナダで育ったこと、家族の移住とともにスイスに住んでいたこともあり、そこで学校に通っていたことを伝えました。私は、専門家としての訓練を受けたのち、学生としてドイツに住み、働いたこともありました。私はダニエルにその歴史を話し、特にベルリンに長く住んでいたと伝えました。ダニエルは、私の話をただ聞いていました。彼はさらに探索しようとすることはなく、私もさらに詳しい内容を自発的に語ることはありませんでした。私は、自分が持ち札を隠しているように感じました。

ダニエルは、自分の生い立ちを話してくれました。そのときに彼は、私はユダヤ人かと尋ねてきました。私は、自分の答えは彼にどんな意味をもたらすのだろうかと問いかけました。彼は、もし私がユダヤ人だったら、もっと自分のことを理解してくれるかもしれないと言いました。一方で、彼のパートナーはユダヤ人ではなかったので、私がユダヤ人でないとしても、それが私たちの関係を形成するにあたっての障壁にはならないだろうとも思っていると教えてくれました。私はこの質問には、このときは答えませんでした。彼にとっての私のアイデンティティの意味の探索を防げたくなかったからです。私の感覚では、そのときのダニエルのコメントは、私たち二人が安全な感覚を得られるような方向で語られたものでした。彼は、私がドイツと繋がりがあること、ユダヤ人でないことを感じ取ったものの、今は「寝ている子を起こ」（“sleeping dogs lie”）さないことにしておこうという感じでした。

ダニエルは、実際、私とドイツ語で話せることを喜んでいるようでした。彼の周りにはドイツ語を話す人はほとんどいませんでしたが、彼の情緒生活や夢は基本的には母国語で体験されていました。分析の初期のころ、会話はほとんどドイツ語で行われ、ときに二つの言語の間を行ったり来たりするといった具合の自由な雰囲気でした。それは私が育ってきた環境と似ていました。私は当初、ダニエルがどう反応するのか不安でした。私のドイツ語は若い頃より流暢ではなくなっていたからです。カナダに住んでいた思春期の頃は、環境に馴染む必要性を強く感じ、ドイツ語をほとんど話しませんでした。私が流暢なドイツ語を取り戻したのは、スイスに移り住んだときです。そのため、現在私がドイツ語を話すときには、少し発音にアクセントがあって、ときには間違えることもあります。しかし私にも、ダニエルと同じように、第一言語のドイツ語で対話できる喜びの感覚が強くありました。

分析の中で第一言語と第二言語の間を行ったり来たりすることは、彼の情動状態を理解し、それを追いかける方法を提供してくれました。言語の交替は、言語選択の作業において、情動状態と深く関係していることが多々あったからです。特にそれは、自分たちも気づかない中で生じていました。バイリンガルの者の多くにとって、第一言語、あるいは母国語は、養育者との間の発達的、相互作用的体験を喚起します。対照的に、第二言語は、強い情動体験から距離をとることを可能にします。第一言語で体験されたものから距離をとることができるのです。私自身の人生を振り返ってみても、自然な情動体験をとらえるのはドイツ語の方が自然にできますが、他のことについては、英語の方が接近しやすく感じます。

セッションの中では、多くの場合ダニエルは、家族の話をするときにドイツ語を用いました。最も顕著だったのは、記憶、夢、願望、自発的感情などを表現する際にドイツ語が使われたことです。ダニエルにとって、ドイツ語は、彼の発達にかかわる言語で、一方で英語は、知的な日常体験の言語のようでした。私の言語的応答は、語られたダニエルの情動的体験を深めることも知りました。ドイツ語による応答は、ドイツ語で表現された彼の情動体験に調律されるようで、探索や内省への情動的スペースを広げるのです。反対に、英語での応答は、情動の体験から離れるように影響しました。ダニエルは常に、ホロコーストの歴史に関連した情動や感覚から身を守る障壁のようなものを形成しようとするところがありましたが、そうした場面で私の言語選択は、意識的にも無意識的にも彼のその企てに参加するものだったのだと思います。しかし、私たちは二人とも、それを言葉にする（articulate）準備も能力もありませんでした。この力動は、私たちの文化的相違を探索する作業にも影響を与えていました。

関係が進み、ダニエルが私をさらに信頼するようになると、彼はもっと私のことを知りたくなったようでした。私はダニエルがする質問に注意深くついていきました。同時に私は、自分が知らないところへ入っていくことへの躊躇があることも認識していたので、それが、私たちの関係の発展にどの程度関連するのかも気になっていました。私は、ダニエルはますます質問するようになるだろうから、彼の準備ができたときに自分たちの相違の部分を説明する機会もあるだろうと思っていました。もちろんこれは、私自身にその準備ができたときにこそ、起こるものです。よく使われる言葉を引用すると「患者は、分析家が行こうとするところまでしか行くことができない」からです。

彼とのこの早期の段階を振り返ってみると、私の中にある不安、つまり、彼から拒否されるかもしれないという不安だったり、「悪いドイツ人」と見られるかもしれないという不安だったりによって、私は、ダニエルとの関係に深く入り込まないようにしていたと思います。自分の家族史についての不安は、初めから、ダニエルとの関係を形作っていたのです。私は、分析室に持ち込んだ歴史が、タイミングを誤ることで、越えられないバリケードになることを恐れました。一方で、その歴史が開始当初から分析室の中にあったことも事実です。ただそれが、はっきりとは認識されていなかっただけです。「うるさい沈黙」がどんどん大きくなっていることは感じていました。ダニエルと私は自分たちの共通性を認識していましたが、自分たちの相違性の意味を探索してはいませんでした。ダニエルはホロコーストのサバイバーの息子であり、私はドイツ人の息子でした。

沈黙、それとも好奇心？

ドイツ語が二人を結び付けましたが、歴史によって苦しめられるのはいつも言語です。分析作業の始めころには、ダニエルは、ときどき私のことをスイス人といったり、私のスイスでの体験に言及したりすることがありました。最初のセッションで彼がした質問から、彼は、私がスイスに住んでいたことを知っていたからです。ダニエルがスイスの話をするたびに、私は不安を覚えました。このようなとき私は、中立国スイスの疑わしいマントを着ている気にもなりました。ダニエルは、私の発音がスイス系ドイツ人のものではないという事実についても、上級ドイツ語と違うということについても、言及することはありませんでした。もちろん私の中に、スイスにそれとなく触れられることを歓迎するところがあったのも事実です。私は、ドイツ人として見られるよりも、スイス人として見られている方が安心だったのです。

みなさんは、私が自分の背景の問題の周辺について話し続けていることを疑問に思うかもしれません。ダニエルの家族背景を考えると、私は積極的にオープンであるべき義務があったのではないか。自分は第三帝国の神話について論じたこともあったし、外傷的な歴史が関係の文脈の中に受け継がれていく意味について言及してきたわけだから、ダニエルとの関係でもそれは同じではないか——と。私は何回もこの問いに立ち戻りました。ダニエルに対して私は、ホロコーストの歴史を、自分が育った言葉を用い、生きた現実として言及することを強いられているように感じました。過去に、別の場所で、別の言語で生じた何かというものではなく、です。ドイツ哲学や文学について話すとき、私たち二人はどこか郷愁の情を帯びた雰囲気になりましたが、しかしこれは、ホロコーストが行われたのと同じ文化、言語でもあるのです。

おそらく私の不安は、過去のことを「どのように」話したらよいのかわからないことからも来ていました。ダニエルと私は、家族のナラティヴの中にある溝（gaps）を操縦する方法を学んで育ちました。歴史的な立場はかなり違っても、私たち二人は、成長する過程で沈黙の作法を学んでいたのです。幼少期を通してダニエルは、ホロコーストや両親の体験、特に強制収容所で生き残った父の体験について好奇心を抱くことは許されませんでした。それはまるで、過去の恐怖にかかった沈黙の霧のようでした。祖父に関する私の家族の沈黙は、ダニエルと私との相互作用の性質に影響しているようでした。祖父が戦争前からナチス党員であったことを知ったのは、ダニエルとの分析作業が終わってからのことです。第三帝国時代の祖父に関するナラティヴに挑戦する文化は、私の家族の中にはなかったのです。家族は誰も、彼が実際何をして、何を信じていたのかを暴こうとはしません。人によっては、ダニエルにしても私にしても、どちらかは、沈黙を破る方法を本当は知っていたのではないかと考えるかもしれません。いずれにしても、私たちの背景についての質問はなされなかったし、答える者もいませんでした。

ダニエルは次第に、自信が持てるようになり、その結果彼は、自分の欲求や願望をさらに表現するようになりました。ダニエルは、人生に登場する重要人物を以前とは異なる目で見るようになりました。この過程で、ダニエルは、それまで距離を感じていた父親のことをもっと知る準備が、あるいは知りたいと思う気持ちがあるのかと自らに問うようになります。それが、私との関係に並行した動きであることは明らかでした。彼が述べたように、彼が父親に「何も言えない」という事実は、彼のジレンマの本質的な部分でした。質問をすることなどもってのほかでした。他人への見方を変えたり、質問したりすることの大切さを理解したダニエルは、危険を冒したとしても、自分自身の「主導性（agency）」としての感覚を大切にするようになりました。ダニエルは質問をするようになっただけでなく、応答を期待するようにもなりました。

過去との対峙

私の記憶では、その瞬間は突然やってきました。私の「ドイツ性」についての質問が来ることは予測していましたが、それでも私は驚きました。ダニエルは、私がカナダで育ったのに、なぜそれほどドイツ語が堪能なのかを知りたがったのです。さらに彼は、私のドイツ語がスイスなまりではないことにも気がつきました。ダニエルが私の背景に関する質問を始めたとき，私には二つの思いがありました。一つは「随分時間がかかったものだ」で，もう一つは「とうとう来たぞ」というものでした。

私は，ダニエルに対し，私をさらに知るということは，彼にとってどのような意味を持つのかと尋ねました。ダニエルはこれまでも何度か聞こうと思ったものの，聞いてよいものなのかわからなかったと答えました。私がダニエルにそのような印象を与えていた可能性は十分にあります。ダニエルは，即座に答えを求めることはせずに，自分の好奇心を表現することに満足しているようでした。私たちは，ダニエルの私についての質問を，他人との情緒的な関係の中で彼が発達させてきた新しいものの見方という文脈の中で探索しました。それからダニエルはインターネットを持ちだしました。ダニエルはインターネットで私を探すことができると言いましたが，同時に彼は，自分が私のことを知りたいのかどうかよくわからないともいいました。そして，私たちはそのまま違う話題へと流れていきました。次のセッションで私は，自身が自分の背景に関する話題に触れることに躊躇があって，そのためダニエルがそれを話題にできないでいると考えていました。

続くあるセッションで，ダニエルは，私のことをインターネットで検索したと報告しました。私は，どんな感じだったのかと尋ねました。ダニエルは私が哲学の本をいくつか出版していることを知ったが，そのことについてすでに私と話した感じがするのは不思議だと述べました。文化的な側面からみるとそのとき私は，ドイツ語を話す文化の先生，教授，博士でした。それは，北米の文化の中の教授のイメージではなく，知的な権威の冠をかぶったドイツ語圏の文化における教授のイメージです。私は，自分もこの話し合いを楽しんでいること，二人ともこの話題に興味を持っていることについてコメントしました。実際，ダニエルのコメントは注目に値するものだったし，私は彼から多くのことを学びました。ダニエルはやがて発見するかもしれない私の姿を考えて明らかに神経質になっていましたが，このやりとりは，私たちを情緒的に結びつけ，彼がさらに質問を進めることを後押ししました。

ふたたび私の背景が話題となるまでには、少し間がありました。ダニエルが思っていたのは、私がイギリスの大学に行き、カナダで育ったのに、どうしてドイツ語を話すのかということでした。著作に書かれたものを通して、ダニエルは私の両親がドイツ移民であることを感じ取ったようでした。そして彼はもっと知りたがりました。その問いが発せられる日も遠くはないという実感がありました。「戦争中、先生の両親は何をしていたのですか」という問いです。私は、ダニエルの質問への答え方を正面から考えなければならなくなりました。私は、ダニエルに対して自分の関係性のあり方に興味を持つように、そして、彼が人生で受け入れていた他人の見方に疑問を持つようにと、励ましてきました。ダニエルにとって、それは簡単な課題ではありませんでした。応答を求めることはさらに難しい課題でした。彼自身が自分は応答してもらうのに値する存在なのだと認識しながら、自分の欲求や願望を表明する方法を学ぶことは何しろ困難だったのです。そんなとき私は、ダニエルの私についての質問に答えるかどうか悩んでいました。私は答えることと、答えないことを天秤にかけなければなりませんでした。答えなかったら、私は彼から情緒的な距離を取り続けることになるし、何かを隠しているようにも見えるでしょう。ダニエルは他人を信用することが難しい人でした。自分が答えなくても、彼は私を信用するのでしょうか。私も、ダニエルが私にする質問に耐えられるのでしょうか。しかも、なんと答えたらいいのかわからない質問に対して――です。

ダニエルが戦争中の私の家族の役割について聞いてきたとき、私は、自分の両親は子どもだったと答えました。ダニエルは、彼らが戦争に巻き込まれたかどうかだけでなく、私の祖父母のいた場所や仕事を知りたがりました。私は自分が知っている家族の歴史のあらましを述べました。父方の祖父はロシア戦線でドイツ兵として戦って戦死したこと、母方の祖父はVロケットの設計やデザインという非戦闘的な仕事に携わり、戦争終盤にはドイツ空軍に徴兵されたことです。私は、ダニエルが私の家族史を探索することを許容する力が求められました。ダニエルは、灰色のとばりの中の私をそのまま見ていたいようでした。彼は私の答えをそのまま受け入れて、さらに探索したりしませんでした。そうしたくなかったのでしょう。振りかえってみると、重要なのは、私たちの互いの沈黙を破ったのは、彼の好奇心だけではなかったことです。そこには、言語の選択もありました。ドイツの歴史とつながった私の過去やアイデンティティを探索するときに使われていたのは、英語です。これまでの二人のやりとりのほとんどは、ドイツ語か、二つの言語を混ぜたものであったにもかかわらず、です。それはまるで、二人ともが英語で話す方が楽だと思っているかのようでした。実際、戦争やホロコースト、二人の異なる家族史ついて話す場面になると、ドイツ語を使うことが急に不自然に感じられるのです。そのとき私は「秘密がばれてしまった（cat was out of the bag）」ことの安堵感のようなものを覚えました。同時に私は、ダニエルがこの新しい情報をどう感じているのかと、恐怖も感じていました。それは、「ドイツ人」という私の身分です――もちろんそれは、最初からそこにあったものです。それは、私たちの分析作業にどのような結果をもたらすでしょうか。

言語を通して距離をとる

続くセッションで、ダニエルは自身の関係性、仕事、家族に関するさまざまなことを話してくれました。しかし彼は、前のセッションで私から聞いた話については触れませんでした。このセッションで最も顕著だったのは、面接がずっと英語で行われていたことです。私はその変化に気がつきました。私たちのセッションからは多言語性が失われました。ドイツや「ドイツ性」（言語、文化、歴史）ついての問いも、姿を消しました。誰かがこのときのセッションを聞いていたとしたら、私たちは二人とも、英語を話し、英語で教育をうけたニューヨークのドイツ移民だと思ったに違いありません。

以前は、英語を話すことの方がどこか違うように感じていましたが、今はドイツ語を話す方が異質な感じでした。言葉の切り替えに参加したのは、ダニエルだけではありません。私もでした。その事実は、言語の切り替えが二人の相互作用によるものだったことを示しています。以前私たちの言葉がドイツ語に切り替わったときには、情緒の活性化が見られました。今回の英語へのシフトは、それとは異なった気分状態と結びついていました。その気分状態とは、抑制や禁止といったものです。そこでは、英語を話すことの方が、二人にとって、疑いもなくより簡単だったのです。

私は言葉の変化にすぐに気がついたわけではありませんでしたが、それに気づいたときも、直ちにそれをダニエルと共有することはためらわれました。私は、比較的落ち着いた今の状態からわざわざ離れ、文化的違いの議論に入りたくなかったのです。そこに入れば、葛藤や失望が起こる可能性があるからです。しかし私は、自分たちがドイツ語で話していない事実をあえて取り上げてみたいとも思いました。私は、ダニエルに言語の変化について伝えました。彼は、短く率直に「そうですか。気づきませんでした」と答えました。私は、英語になったのは、私たちの過去、家族、ドイツ、ホロコーストのことを話し合ったことと関係しているのではないかと口にしてみました。ダニエルは、自分たちは彼らの子孫にすぎないし、最近では、ドイツ人とユダヤ人の近代史は十分検証されていると述べました。ダニエルが歴史に詳しく、感受性も豊かであることを考えると、彼が言うことも納得できないわけではないですが、それでも私は自分たちがドイツ語を使っていないことに興味がありました。

ダニエルと私は使用する言語を通して情緒的距離を保っていました。英語になったことで、私たちは比較的安全な場所に移動することができました。それは、私の過去に侵入することに伴う情緒的な負担や、危険な思考や空想から守られた場所です。ダニエルは流暢に二カ国語を使えるわけです。したがって、彼の言語選択は、私の言語選択と同じように特別な意味がありました。ドイツ語と違って英語は、自分たちの間にある違いを切り抜ける方法として好都合でした。英語だけで話すことで、私たちは、それぞれの家族に起こったことの意味について話したり、探索したりすることができるようになったのです。それによって、それが私たちの分析作業にもたらす意味についても、話したり、探索したりすることができるようになりました。ドイツ語は、歴史の、親の、私たちの情緒的発達の言語であり、英語は、私たちの今現在の相互交流の言語でした。

ドイツ語から離れたのは当初無意識的なものでしたが、それにつづく英語での会話は慎重に考えながらのやりとりでした。私たち二人にとって、英語での会話は、情緒的不確実感の中にありながらも、主導性（agency）の感覚を与えてくれるものでした。英語を選択することで、ダニエルと私は、現在の人生の視点から歴史的な過去を考えることができるようになったのです。結局それは、それまで寄せつけていなかったことを話す手段となりました。ダニエルにとって、英語は、彼の子ども時代の情緒的混乱や、オーストリアで成長過程に体験した反ユダヤ主義から自由になることを意味していました。私にとって英語は、妻との関係を表していました。妻と自分との文化的な違いを埋めるものだったからです。英語を話すことで、ダニエルと私は、ドイツの言葉や「ドイツ性」が私たちの分析作業にどんな意味を持っているのかについて内省する機会を得たのです。

このように記述してみると、ダニエルと私は、自分たちが作った言語の島に残り、歴史の複雑性から自由になることを願っていたと考えることもできそうです。ダニエルがどうだったかはわかりませんが、少なくともこれは、私にとっては真実でした。ダニエルとドイツ語で話すことはまったく自然なことでしたが、その言葉はそれに関係した過去の感覚や記憶を喚起し、緊張したものになります。ドイツ語は、毎日の生きた体験の言葉であり、学習、音楽、哲学の言語です。同時に歴史的トラウマの、ホロコーストの言語でもあります。これは、ホロコーストの結果生じたドイツ文化のパラドックスの一つなのです。どうしたら、ゲーテやリルケの言語が、ヒトラーやゲッベルスの言語になるのでしょうか。ドイツ語が話されるとき、その言葉はこの二つのどちらとして耳に届くのでしょうか。ドイツ語は、情緒的自由と、歴史的決定性のどちらとしても体験され得るという事実は、ドイツ語で話される内容によって、分析作業の変化の文脈の中における彼の状態の理解も変わってくるということです。私のドイツ人としての背景を知ったあとに、ダニエルが私とドイツ語で会話するというのは、彼にとってどんな意味を持つのでしょうか。

文化と歴史の交渉

最初の過去の探索ののち、ダニエルは、私への信頼を学び直す必要があったようです。彼は私への異論を唱えることが多くなりました。私も沈黙をまもり、「ドイツ人ぽい」無表情の中に自分を隠しました。ダニエルとの分析作業で私は、「訴求される」ことの恐れや、「別者」と見られることの恐れから、隠れつづけたのだと思います。私は、対応可能な範囲の個人的な快適さに基づいたアイデンティティを保とうとしていました。スイス人で、「中立」であるというのは、ダニエルとともに未知の世界へ踏み出すのに都合がよかったのです。しかし思いがけず意図しないアイデンティティの移動が起こるのは、たいていの場合他の人の「招き」によるものです。ダニエルがドイツ語を話さなくなり、英語で話すようになると「ドイツ人である」という私のアイデンティティが奇妙に浮き彫りになるのでした。

ダニエルとの分析作業を振り返ってみると、私にとっての最大の挑戦は、彼の面前で自分の家族史に関する恥に耐えなければならないことでした。私には、家族の過去と出来事に関することをすべて否定し、隠したいという強い思いがありました。二人の状況を進展させるためには、私は、ダニエルの恐れ、空想、報復の可能性に耐えなければなりませんでした。分析作業の終盤に、私は、自分が感じていた恥についてダニエルと話す機会を得ました。私が自分の情緒的な葛藤を開示したことで、ダニエルは、私について知ったことをより自由に話せるようになったようでした。ダニエルからの質問の一つは、どうして私がそんなに黙りがちだったのかということでした。彼は、私がスイス人だと思われたがっていたと思っていました。私は、自分の態度がそれほどわかりやすいものだったということに、恥ずかしくなりました。自分がダニエルへの反応にもっと開かれていて、もっと情報を提供できていたらよかったのだと思います。そうしたら、彼にとってもっと有益なことができたのではないかと思っています。

ダニエルと私は、自分たちの前にある恐ろしく悲劇的な歴史に根差した不信感に向き合うために、英語で話をしました。分析作業の中にドイツ語が復活するプロセスは実にゆっくりで、英語に変わったときと同じように、知らず知らずのうちに生じました。私は、ある時点で、もう一度ドイツ語が自分たちの言葉の一部になったことを実感しました。この変化を指摘したときダニエルは、私とドイツ語で話すのは心地良いと言いました。ドイツ語で話すことをためらっていた二人が、もう一度それを日常生活の一部のように感じ始めたのです。私たち二人にとって、もはやドイツ語を話すことは、義務でもないし、過去に支配されたものでもありませんでした。そうなると、私たちはどちらの言語でも交流できるようになったのです。

この事例については、十分に述べられていないこともあります。話しの要点をわかりやすくするために、前半は特に、ダニエルとのセラピーの文化的側面にのみに焦点を当てました。今日お話しした「文化」とは、目に見えるかたちでの文化的違いを認識したり、それを扱ったりすることだけを意味しているわけではありません。文化とはまた、人が、自分が生まれたところにある言語や歴史、社会システムによって形成されていることを知ることでもあります。文化の中にある私たちの人生は、生来複雑で、無限に興味深いものであることがお伝えできたのであれば嬉しく思います。

（翻訳：葛西真記子、監訳：富樫公一　二〇一六年五月一日　日本精神分析的自己心理学協会）

注

1　〔訳注〕前意識的、あるいは潜在意識的なプロセス。知らず知らずのうちに行っているやり取りや行為などを含む。

第六章　領域をつなぐこと——哲学と精神分析

ロジャー・フリー

はじめに

このたび、富樫先生が哲学に関する私の考えについて話す機会を与えてくれたことは、大変光栄なことと思っています。著名な哲学者も含まれているという今日の参加者の前で話をすることには、身の引き締まる思いでもいます。しかし、今日ここでお話をすることについては、私は少し心配もしています。というのも、私の今日のお話しは、それほど「哲学的」というわけではないと思っているからです。このような疑問について考える作業は、まさに、「哲学」とはなにか、というこれまで繰り返し議論されてきた大きな問題に向き合うということでもあります。確かに私は、哲学の博士号を持っていて、哲学のジャンルに分類されるような本をいくつか出版しています。[1] 一方で私は、ずっと、哲学の周辺にいる思想家に魅力も感じてきました。私は本質的に学際的で、その範囲においては、哲学的なものと同じくらい、心理学的なテーマにも関心を向ける傾向があります。私は早い段階から、自分の見方が厳密な意味では哲学の領域に当てはまらないことを認識していました。少なくとも、英米の世界で一般的に理解されているような意味では、確かに私は哲学者とは言えないのです。これが示唆しているのは、「哲学とは何か」という問いに対する答えは、それを定義しようとする人によって変わるということです。哲学的な考えに取りくむということは、私たちが、生きた人間の経験の性質について内省し、理解し、可能な限り言葉にしていく（articulate）ことを意味します。私がここで使っている生きた経験という言葉は、私たちの情動、間主観的存在としての私たち、そして文化における私たちの発達といったテーマを含んだものです。

人間として、私たちは常に、自分が語るストーリーを通して自分の生きた経験を記述します。私たちは、「語り（narrative）」を通して自分の経験を記述するのです。これを踏まえますと、まずは今日のお話しも、哲学者としての私自身についての語りから始めるのがよいのではないかと思います。西欧の哲学的伝統の間を渡り歩き、慣れない道を辿っていくことが意味することも、私の体験を通して描き出すことができるでしょう。イギリスで受けた私の教育は、哲学のさまざまなスクールを概観するのに、とても良い例だと思います。ロンドン大学での学部教育では、私は、歴史と政治哲学を学びました。その後私はケンブリッジ大学に進みましたが、そこでは、二つの学位課程を終えました。一つは社会理論（学）で、もう一つは科学史・科学哲学です。こんな私が哲学者だとしたら、それはどのような意味でのことでしょうか。

私が哲学者と言えるのかという疑問は、ケンブリッジを出たあとの私のキャリアを考えてみるとさらに強くなると思います。私はイギリスから米国に移り、最終的にカナダに戻りました。カナダは、私が育ったところです。過去二十年以上にわたり、私はたくさんの大学で教鞭を取ってきましたが、厳密に言うならば、哲学科の教員になったことは一度もありません。私は最初、ハーバード大学の科学史学科で精神分析理論を教えていました。そのときには少しだけ、確かに、ボストンで哲学と宗教の学際的な教育プログラムに関わっていて、そこで教鞭を取っていたことはあります。しかし、臨床心理学の博士号を取得して精神分析の臨床的な訓練を終えたあとは、私は方向性を変えて、ニューヨークの大学の心理学科で教鞭を取りました。それは、私がコロンビア大学の精神医学コースの教授になったあとのことです。コロンビア大学では、約十年間、医師たちを対象とした心に関する諸理論（これはあえて哲学と呼ぶべきでしょうか）を教えていました。現在私はカナダに住んでいますが、今は教育学部の教授であると同時に、精神医学部の教授でもあります。私が特に関心を持っているのは、人間の経験における社会的・文化的文脈についてですが、それについては、日曜日に別のところでお話しする機会があるのでそこでお話しします（第五章参照）。

私の研究者としての歴史をお話ししましたので、皆さんも少しは、私がなぜ自分のことを「インターローパー（侵入者・干渉者）」だと考えているのか、ご理解いただけたのではないかと思います。私は、哲学をしながらも、その領域の中核にいるわけではない人間です。ただ、自分のキャリアに思いを馳せてみると、私は、自分の興味や関心がいつも哲学によって刺激を受けていることも認識しています。たとえそれが哲学に根差したものではなかったとしても、です。もう少し説明してみましょう。

私は、自分が実践しているいくつかの学問領域を作っている基本的な考えや価値を明らかにするために、私が受けた哲学の訓練を利用しているのです。そこには、クリティカルシンキングといったものや、それまでは当然のこととして深く考えられて来なかったことについても問い続ける姿勢（willingness to ask questions）が含まれています。クリティカルシンキングを働かせると、私たちは、その領域を成り立たせているモデルや技法の基盤となっている考えや価値が、思ったほど十分に認識されていないことに気がつきます。その考えや価値は、文化的に特異的なもので、歴史的な文脈に組み込まれてしまっています。それはジェンダーという点からも、偏ったものであるかもしれません。哲学者の役割は、こうした基本的な考えや価値を明らかにし、その中で、それを目に見えるかたちにすることです。一度目に見えるかたちになってしまえば、私たちはその意味を言葉に（articulate）することができます。そして私たちは、それによって、自分たちが用いているモデルや技法を変えることができますし、それはおそらく、それをより広く道徳的に善いものへと向けていくことができます。

今日この話を聞いている皆さんの中に臨床家の方がいるならば、私が述べているようなプロセスは、精神分析の方法と似ていると感じるかもしれません。精神分析家は、患者とともに、それまではあいまいで構成されないままになっていた情動や対人関係パターンを構成していくのが仕事です。実際、私が精神分析にたどり着き、精神分析家になったのは、哲学を通してのことです。本日私がみなさんと議論したいのは、哲学と精神分析が交差する部分についてのことです。

哲学的部族主義

このまま話を進めていく前に、もう一度ここで、「哲学」が何を指しているのかという問題に向き合ってみましょう。もし、誰かがこれについて私に尋ねたとしたら、私はきっと、その方に質問をすることでその問いに応えると思います。そういう意味では、私はやはり、精神分析家なのだと思います。たとえば私は、「あなたの言っている哲学とは、誰の哲学のことですか?」と聞き返すでしょう。哲学という言葉がある一つの意味だけを示しているとは限らないからです。哲学は、唯一の何かを指しているのでしょうか。それとも、そこにはいくつもの意味があるのでしょうか。たくさんの種類の中に、一つの哲学という領域があるのでしょうか。もう一度、私のケンブリッジ時代に戻ってみてみましょう。

私は、自分は学際的な関心が強いと言ってきました。ですから、英国哲学に詳しい方がいらっしゃったら、なぜこの人はケンブリッジに行ったのだろうと、疑問を抱くかもしれません。ケンブリッジは、歴史的には、分析哲学のメッカとみなされてきたからです。たくさんある大学の中から、私はケンブリッジを選び、トリニティカレッジに入りました。そこはまさに、分析哲学の牙城でした。トリニティカレッジのメンバーには三巨頭がいます。それは、ジョージ・エドワード・ムーア（George Edward Moore, 1873–1958）、バートランド・ラッセル（Bertrand Russell, 1872–1970）、ルートヴィヒ・ウィトゲンシュタイン（Ludwig Wittgenstein, 1889–1951）です。

私がトリニティカレッジに進学したのは、その巨人たちが残したものを学びたかったからですと、そう言えたらわかりやすいのですが、しかし、残念ながら、私の理由はもっと素朴でした。私はトリニティの建物や、グランドが好きだったのです。特に、レン図書館とグレイトコートが大好きでした。何よりもそこは、大学院の学生に対して非常に協力的なところでした。それは、博士課程で博士号を取得するために欠かせないものでした。そういった環境のおかげで、私のような学生も、つまり、さまざまな哲学に関心がある学生も、学際的な研究を進めていくことができたのです。難しかったのは、私が頭に描いていたような研究は、哲学科では探求することができなかったことです。哲学科は、「大陸哲学」や「ヨーロッパ哲学」には、あまり関心を持っていないところだったからです。これが何を意味しているのかは後ほど述べます。

ケンブリッジの哲学者で最も著名なのは、おそらく、ルートヴィヒ・ウィトゲンシュタインでしょう。私がトリニティカレッジの学生だったとき、彼が使っていた部屋が残されており、私はいつもそれを横目にしていました。今日ここにいるみなさんの多くは、彼が謎めいた哲学者であることを知っているでしょう。彼の著作は、広範囲にわたる哲学的な知見を網羅しています。それは、『論理哲学論考』から始まり、彼の死後に出版された『哲学探究』で終わります。『哲学探究』の中では彼は、それまでの自分の考え自体についてもう一度問い直しています。ケンブリッジ大学で私が知ったウィトゲンシュタインは、典型的な分析哲学の人でした。ウィトゲンシュタインは、大陸式のヨーロッパ哲学の「わけのわからないもさもさした」考え方に耐えられなかったようでした。彼は、オーストリア出身でしたが、ケンブリッジでは、完璧な「イギリス哲学者」でした。『論考』の最後に出てくるウィトゲンシュタインの有名な言葉「話をするのが不可能なことについては、人は沈黙せねばならない」（Wittgenstein, 1921、奥訳、一九七五、一二〇頁より引用）は、情動的体験の探索へと向かっていくようなものではありません。むしろそれは、哲学的探究の対象を、目に見える定量化可能なものにはっきりと限定しようとする姿勢です。いくつかのことは、哲学的な研究に値しても、他はそうではないというわけです。

私が教えられたウィトゲンシュタイン像は、完全に「分析的」思考と結びつけられたものでした。それでも、そうではない彼のイメージについて、まったくささやかれていなかったわけではありません。それは、彼のもっと個人的な側面です。彼は苦渋に満ちた感情生活を送り、宗教的な内容の内省を日記にいっぱい書き込んでいるような人でした。つまり、言葉を超越したような体験を書き込んでいるような人だったのです。それが、人としてのウィトゲンシュタインでした。彼は、個人的な不安に苦悩し、人生の意味や、人間の有限性、スピリチュアリティについての実存的な問いに悩むような人でした。ウィトゲンシュタインは、長い間かけて出版された一連の日記の中に、生と死の本質についての自分の考えを記録しています。ケンブリッジの同僚の哲学者たちにとって、非常に人間的で悩めるウィトゲンシュタイン、つまり、情緒的に混乱した哲学者は、研究の対象に値するものではなかったようです。哲学とは、つまり「彼の」哲学とは、論理や、真実と現実の問題、言葉のゲームについてのものだったのです。それは感情や情動について追及するようなものではありませんでした。だから、生きた経験に興味関心がある学生は、悩もうが悩まなかろうが、他の学術領域に進まなければなりませんでした。あるいは、大陸哲学、ヨーロッパ哲学を学ばなければなりませんでした。そうでなければ、さらにもっと離れた夷狄の地のようなところ、たとえば、精神分析の世界のようなところへと進むしかありませんでした。精神分析についていうならば、哲学の同僚たちは、それこそ「沈黙せねばならない」と主張したでしょう。

私の話が一方的なものだと思われてはいけませんので、もう一つ例を挙げてみましょう。一九九二年に、ケンブリッジ大学では、大きな論争が起きました。それは、フランスの有名な哲学者であるジャック・デリダ

（Jacques Derrida）に対して、名誉博士号を授与すべきではないかという提案がなされたときのことです。ケンブリッジ大学の多くの哲学者は、デリダを馬鹿にしていました。それは、彼らからすると、デリダの研究は本当の学術的哲学の体をなしていなかったからです。デリダの研究は、風変わりで、間が抜けたものと言われたくらいです。反対運動が起きたことを受けて、大学は教授会で投票を行うことを余儀なくされました。こんなことは、それまでの過去三十年の歴史の中で初めてのことです。デリダへの容疑にもかかわらず、結局デリダは、投票数三百三十六対二百四で名誉博士号を授与されました。私も、デリダの研究はとても挑戦的なものだと思います。読んでいても、彼が言おうとしていることがわからないこともあります。しかし、公平な立場で言うならば、デリダだけが、その考えを解釈するのが難しい哲学者なわけではありません。素晴らしい思想家として、哲学全体における脱構築のムーヴメントにおいて、デリダがその時代に与えた影響の大きさには、疑問の余地はありません。

皆さんはもしかしたら、このような派閥的な考え方は、学術的な知識の探求にはふさわしくないと思うかもしれません。それはおそらく正しいことでしょう。しかし、私たちの学問の中心には、このような種類の亀裂がたくさんあふれています。それは簡単ではないのです。私たちが、一つの考えには唯一の「正しい」ことがあるはずだ、という信念を捨て去ることは決して簡単ではないのです。数年ののち、私が精神分析の訓練を始めたときも、精神分析の専門業界の歴史にもまったく同じような派閥主義があり、精神分析の研究所や精神分析実践の各学派は、長い間互いにずっと反目し合ってきたことを知ってひどく驚きました。それぞれの学派は、互いに相手を排除することに熱心で、自分たちがその専門領域の本当の考え方を代表しているのだと信じていました。幸いだったのは、このような政治的内紛は、すくなとも北米では、やがて鳴りをひそめるようになったことです。分析家たちは、内省的思考にあまり関心を向けなくなっていく時代と文化的背景の中で、内側で戦っている場合はないことを認識したのです。同様に、分析哲学においても現在、非常に多くの哲学者が、自分たちの考えと大陸哲学を結び付けようとしています。多くの人が、互いの違いではなく、類似性を探すようになったのです。ただ、多くの大学ではまだ、分析哲学と大陸哲学の学科間の断絶が厳然と残っています。

その中で、私は何をすべきだったのでしょう。人間の生きた経験に興味を持っていたケンブリッジの哲学の学生は、どこに学びに行ったのでしょうか。私がケンブリッジにいた一九八〇年代後半と一九九〇年代前半は、まだ哲学科の中には大陸哲学を教える教授がおらず、ヨーロッパ哲学を本気で学ぼうとする学生は、他の所にその場所を求めなければなりませんでした。幸運だったのは、他にも、私のような学生がいたことです。彼らは、学際的研究を目指している他の場所に集っていました。そんなこともあり、私が最初に学習の場所としたのは政治社会学部で、そこで私は、イギリスの社会学者アンソニー・ギデンズ（Anthony Giddens）から学ぶことができました。そして私は、科学史・科学哲学科にも行き、ドイツ哲学の専門家から教えを受けました。その先生は、ジャズミュージシャンでもありました。そのような環境で私は、哲学にはさまざまな顔があることや、哲学的思考は学問的亀裂の間をつなぐ手段を提供することができるということを学びました。私は広く本を読むように勧められ、学術的な実践をつなぐ思想家に目を向けるように勧められました。

精神分析から解釈学へ

私はフロイト（Freud）を読むことから始めました。そして私は、フロイトが、人間の心理的、情動的体験の各側面を知るための手段として精神分析を発展させたことを知りました。彼が特に注目したのは、「自分はこういう人間である」という体験の重要な部分を作っていながらも、本人が把握できる範囲を超えた何かについてでした。このような種類の体験は、ウィトゲンシュタインが言うように「沈黙せねばならない」ものでしょうか。実際、ウィトゲンシュタインはフロイトの考えを良く知っていて、いくつかのことについては、関心を向けて発言しています。特に彼は、フロイトの「機知」についての理解に強い関心を向けていました。しかしウィトゲンシュタインはまた、フロイトが科学としてそれを完成させようとしていることを激しく批判もしていて、フロイトの考えは、とても科学と呼べるようなものではないと言っています。

フロイトは十九世紀の自然主義の熱烈な信奉者でした。しかし、フロイトの理論自体は、科学的というよりも思弁的なものでした。科学的な視点を受け入れるという彼の姿勢は、科学的実践であるとする心理学の体系と並行して結びついています。精神分析においても、心理学においても、その後、心を自然物体として扱う傾向が続き、心の機能は、因果的、機械論的ルールに従って動くと見なされました。当初フロイトは、心の無意識の領域を隠された真実の貯蔵庫として描きだしました。彼は心を、抑圧された性的衝動や攻撃衝動で作られ、力動的な動きによって支配される区別された実体部分と考えたのです。それほど時間が経たないうちに、その無意識という考え方は、精神分析技法の中心となります。早期に練られたフロイトの精神分析は、見かけによらず単純で分かりやすいものです。精神分析家は考古学者のようなもので、無意識の内容を掘り起し、解釈することで、最終的に患者が、意識的生活の中へ無意識の衝動が侵入してくるプロセスを上手に扱えるようにワークスルーしていく専門家、とされました。

フロイトの科学への信奉を考えると、彼の哲学に対する態度がアンビバレントだったということは驚くに値しません。一方でフロイトは、人文科学の教育を受ける中で精神分析理論と精神分析的理解を打ち立て、特に、古典の中でそれを説明しようともしました。一方で彼は、哲学とは安全な距離をとろうともしています。ただ、それでも彼は、長い学術生活の中で、何度も繰り返し哲学に立ち戻っています。たとえばフロイトは、十九世紀のドイツの思想家、アルトゥル・ショーペンハウアー（Arthur Schopenhauer）とフリードリヒ・ニーチェ（Friedrich Nietzsche）の哲学は、精神分析と通ずるものがあることを認識しています。ニーチェの著作には、全体を通して無意識を示唆する内容が含まれています。丁寧に彼の著作を読むと、フロイトよりも前に、ニーチェが抑圧の機制の考えを発展させていたことを窺うことができます。[2] フロイトの伝記を書いたアーネスト・ジョーンズ（Ernest Jones, 1967）は、フロイトが、ニーチェは、「これまでの誰よりも、また、今おそらく生きている誰よりも自分についての深い理解をしている」（p.385）と述べたと紹介しています。気持ちのこもったお世辞を言えないことで知られるフロイトがこういったことを言っているわけですから、これはもう絶賛と言ってもよいでしょう。しかしながら、科学者としてのフロイトは、どんな哲学者に対しても、一緒にスポットライトを浴びることを許しませんでした。それはニーチェに対しても同じことでした。そういったこともあって彼は、ニーチェは精神分析の発展に影響は与えてこなかったという曖昧な主張へと進んでいきました。フロイトの矛盾した態度は、どうやったら理解できるでしょうか。

私が大陸哲学自体をもっと深く掘り下げようと決意したのは、フロイトの著作の中に彼の哲学に対するアンビバレントな態度を見たからです。私は特に、解釈学的哲学者の考えに魅了されました。というのも彼らは、フロイトの時代に全盛だった科学的自然主義に代わる考え方を発展させていたからです。私はヴィルヘルム・ディルタイ（Wilhelm Dilthey, 1833–1911）の考えを見つけました。彼は、ドイツの哲学者であり心理学者で、現代の解釈学を創設した人でもあります。ディルタイはおそらく、人間科学と自然科学とを区別した人として最も良く知られているでしょう。彼によれば、人間科学の基本的課題は人間生活と歴史的生活を理解することで、自然科学の中核的課題は、説明可能な因果関係にたどり着くことです。ディルタイ（1894/1977）は、心理学で優勢となっていく実証主義のパラダイムに対し、了解（verstehen）についての記述的心理学を作ることに力を注ぎました。ディルタイは、心理学者が自分の日常的経験を基準に用いて、心理学的な意味を解釈し、理解することを勧めました。彼は、心理学的現象は解釈を必要とするだけでなく、人間的な解釈の作業によっても構成されると主張しました。人間の理解と解釈の研究である現代解釈学の領域は、そのようにして作り上げられたのです。

ディルタイを出発点として、哲学的解釈学の中核的な考え方について簡単に説明しておきたいと思います。そのあとで、哲学と精神分析を学際的にとらえる見方を詳しく見るという今日の本来の目的に戻ります。ディルタイの「記述心理学」は、人間的経験の全体性を検証することから始まりました。人間的経験とは、心と体、自己と世界という西欧的なデカルト的二分法に先立って存在する生きた現実のことです。ディルタイは、人間が自分自身を含む物事を知覚し、理解することができるのは、常に現前する自分の経験の背景に対してのみだと考えました。そこには十分に言葉に（articulate）されていないものもあるでしょう。彼はこう述べます。「われわれは、この雰囲気のなかで生活しているし、またこの雰囲気が、つねにわれわれを取り巻いている。あるいはわれわれは、その雰囲気のなかに浸されている。われわれは、この歴史的な、理解された世界のなかなら、どこでも慣れ親しんでいて、すべてのことの意義や意味を理解する。われわれ自身が、この共通圏のなかに織り込まれているからである」（Dilthey, 1976, p.191; 長井・竹田・西谷編集／校閲より引用、二〇一〇、一六一頁）。

言いかえれば、私たちが理解できる人間とは、自分が存在している生きた世界の中にいる人間だけなのです。解釈学の視点からみるとこれは、理解すること自体が、私たちの社会的相互交流や文化的文脈の中にそれ自体で生じるものであることを意味しています。そのように考えると、もし私たちの目的が、自然物体や内的欲動によってではなく、人間によって経験されるままの世界の意味を理解することにあるならば、私たちの相互交流や文脈を説明できない哲学や心理学は、いかなるものであっても不完全だということになります。フロイトによって用いられた還元主義的方法の問題は、彼が心理学的現象を、社会的、文化的環境から切り離してしまったことにあります。

ディルタイの解釈学は、マルティン・ハイデガー（Martin Heidegger, 1889–1976）によって書き換えられ、発展させられました。ハイデガーの哲学的課題は非常に複雑で、私がここでできることは、彼の早期の考えのいくつかを簡単にスケッチすることくらいです。『存在と時間』において、ハイデガー（1927/1962）は、存在の本質を探究する方法に取り組みます。彼はそれを「基礎存在論」と呼んでいます。ハイデガーは、実在や人間を取りあげ、現存在（Dasein）としての存在の意味を問います。現存在（Dasein）は、文字通り、そこにあること（There-being）と訳されます。しかし、このドイツ語自体を常に意識しておいてください。というのも、英語にはそれと完全に同じ意味を持った言葉がないからです。英語には、「そこにある（thereness）」という理由によってのみ、つまり、それがある場所と時間にある、という理由によってのみ、その現存在が存在するという考えを適切に示すような言葉がないのです。もう少し単純に述べるならば、私がロジャー・フリーとして存在するのは、自分が他の人たちと共有する関係においてのみだということです。つまり、私が生きている特定の時間と場所、つまり文脈においてのみ、私は存在するということです。

ルネ・デカルト（Rene Descartes, 1596–1650）以来、西洋哲学はしばしば心と世界を別々の実在とみなしました。ハイデガーが論じたのは、私たちが世界にはめ込まれているということです。現存在は、決してそれ単独で存在するものではありません。それは、常に「世界＝内＝存在」として存在するものと理解されます。[3]注意していただきたいのは、ここで言っているのは、人が単純に文脈的な存在だということではないことです。人間の活動の背景に文脈があるという意味でもありません。ここで言っているのは、人間は文脈から区別されず、文脈に組み込まれたところに初めて存在するということです。私たちは、「いつもすでに世界の中に存在する」のです。私たちが組み込まれている文脈は、あまりにも広大すぎるのです。大事なのは、私たちが、自分では決して作り出したり、操作したりすることができない世界のうちに「投げ出されている」ことを知ることです。

ハンス＝ゲオルク・ガダマー（Hans-Georg Gadamer, 1960/1991, p.301）は、「被投性」の状態を、私たちの「状況的（situated）存在性」と記述しました。ガダマー（1900–2002）は、ハイデガーの学生の一人で、人間的理解を可能にする条件について取り組んだ哲学者です。今日では、解釈学といったときに、まず頭に浮かぶのがガダマーです。ハイデガーを念頭におきながら、ガダマーは、このように言います。「状況という概念の特徴は、われわれがそれを目のまえにしておらず、それゆえ、それについての対象的知識がもてないところあるからである。ひとは状況のなかにあり、いつもすでに自らがある状況のなかに在ることを見いだす。この状況を明らかにすることはけっして完全には成し遂げられない課題である」（轡田・巻田訳、二〇〇八、四七三頁より引用）と。私たちは、ついついすぐに、私たちの現在の生活の解釈を作っている過去の声と対話しようとしてしまいますが、ガダマーの考え方からすれば、それは私たちが乗り越えなければならないものです。そうするためには、私たちは、自分自身もそこに組み込まれている状況というものに自覚的になる力を発達させる必要がありますし、自分の「理解の地平」を認識しておかなければなりません。世界のうちに投げ出されるというのは、私たちが、自分が経験していることや、自分が行っている解釈を作っている独自の理解の地平の中に私たちが存在しているということを意味しています。地平を見る人は、今、自分の目の前にあるものにとらわれません。私たちが投げ出された文脈に応えることではじめて、私たちは、生きた知的生活の中に、私たちの理解の可能性を形作りはじめるのです。

解釈学から再び精神分析へ

私は、こうした解釈学の哲学者たちに魅了されました。しかし、実際に私が関心を持ったのは、彼らの洞察をどのようにしたら精神分析に援用できるのかということでした。私は特に、スイス人精神分析家・哲学者のルートヴィヒ・ビンスワンガー（Ludwig Binswanger, 1875–1966）の学際的研究に触れたいと思います。解釈学的哲学と精神分析を合わせて考えることは、今では広く受け入れられているものです。それは、ポール・リクール（Paul Ricoeur）が記した解釈のアートに関する先駆的な書籍『フロイトと哲学』（一九七〇）の貢献だろうと思います。しかし、二十世紀初頭に解釈学的哲学と精神分析的実践との間を渡り歩こうとするビンスワンガーの企ては、本当に画期的なものでした。彼は、精神分析に哲学を持ち込んだだけでなく、間主観性と共感に関する臨床理論を初めて発展させた人でもありました。彼があまり知られていないことが不思議なくらいです。そこには多くの理由があるでしょう。ビンスワンガーが哲学に進んでいったことは、フロイトをはじめとする精神分析家の困惑を引き起こしました。ビンスワンガーの考えは、しばしば、あまりにも哲学的で、そのためか、彼の業績はほとんど他の言葉に翻訳されることはありませんでした。ビンスワンガーは、ドイツ語圏の国の中に、小さな、しかし熱心な追従者を作りました。それがやがて、臨床家や哲学者を広く含むグループとなっていきます。彼は結局、英語圏の読者には、精神分析家としてではなく、現存在分析の創始者として知られることになりました。皮肉なのは、ビンスワンガー自身は、自分をそのような立場として見ることがなかったことです。

このままお話を進めていく前に、ビンスワンガーの背景を少しまとめておきましょう。その方が、今後の議論がわかりやすくなるでしょう。フロイトとビンスワンガーが最初に出会ったのは一九〇七年です。ビンスワンガーはユング（Jung）に連れられて、ウィーンのフロイト家を訪問して、彼とその家族に会いました。フロイトとユングの関係がそれほど長くは続かなかったのとは対照的に、フロイトとビンスワンガーは、その見解の相違にもかかわらず、生涯その関係を続けました。ビンスワンガーは、フロイトよりも若い世代に当たり、スイスにあるベルビュー・サナトリウムを経営する有名な精神科医の家系に生まれました。ベルビュー・サナトリウムは、フロイトもよく知っている病院でした。というのも、精神分析の最初の患者とされているアンナ・O（Anna O）が、ブロイエル（Josef Breuer）との分析を終えたあと、しばらくそこで時を過ごしていたからです。

ビンスワンガーは、一九〇一年に彼の父親からサナトリウムの経営を引き継ぎ、自分の時間の多くを哲学と精神分析の統合に捧げました。ビンスワンガーの哲学的関心は、時間に関しての省察を行ったドイツ哲学者たちとの個人的な交流に反映されています。ビンスワンガーのもとを訪れた有名な人には、エトムント・フッサール（Edmund Husserl）、マルティン・ハイデガー（Martin Heidegger）、マルティン・ブーバー（Martin Buber）、カール・レーヴィット（Karl Löwith）、エルンスト・カッシーラー（Ernst Cassirer）、アレクサンダー・プフェンダー（Alexander Pfänder）、マックス・シェーラー（Max Scheler）といった面々がいます。ベルビュー・サナトリウム自体、精神科治療の中心地でもありました。そこにいた患者の中にも、有名な人が含まれています。スイスの画家のエルンスト・ルートヴィヒ・キルヒナー（Ernst Ludwig Kirchner）や、ロシアのバレエダンサーのヴァーツラフ・フォミッチ・ニジンスキー（Vaslav Nijinsky）、ドイツの社会学者マックス・ヴェーバー（Max Weber）などがそうです。

初めのうち、ビンスワンガーはフロイトに魅了されました。彼は、人間の行動に関する精神分析の洞察に惹きつけられたのです。同時に彼は、フロイトの還元主義的な考え方と、全面的な科学的自然主義の採用に批判的でもありました。フロイトとは対照的に、ビンスワンガーは、たくさんの部分から構成された自然物体としてではなく、人間の存在の全体性において、人間を理解し、説明することをめざしました。フロイトはその若い同僚を誇りに感じていました。ビンスワンガーはフロイトに本を進呈すると約束していました。フロイトは、精神分析における理解の性質について論じたその本、『一般心理学の諸問題への入門』を一九二二年に受け取っていますが、彼のその時の失望は決して小さなものではありませんでした。その本の中でビンスワンガーは、ディルタイを「人間的な心理学への道を示した最初の人」（二四七頁）として紹介しています。ビンスワンガーは、解釈学的衝動というものを想定することで、理解が可能になるのは、主体と客体、心と世界といったように分断されたものの前に経験された生の構造的連続性であることを示しました。その本を受け取ったのち、フロイトはビンスワンガーに宛てて手紙を書いています。「無意識についてあなたはどのように考えるつもりですか。あるいは、無意識ということを考えずにどのようにしていくつもりなのでしょうか。哲学という悪魔があなたの中に入り込んでしまったのでしょうか。私を安心させてくれませんか」（Binswanger, 1957, p.64）。実際のところ、ビンスワンガーは、決して無意識を無視していたわけではありません。ただ、解釈学を学んだ彼は、無意識を異なったかたちの経験ととらえていました。ビンスワンガーの考えの中核的なポイントを簡単に紹介させてください。

ディルタイにならって、ビンスワンガーは、直接的可能性、間主観的理解の可能性のもとに、全体としての人（a person）に関する記述心理学を精緻化することを目指しました。『一般心理学の諸問題への入門』（Binswanger, 1922）の前書きでは、ビンスワンガーは、彼の研究の基本方針を「精神科医が、ベッドサイドで、知覚し、考え、心理学や精神療法と言ったものを使うときの概念的基礎を明らかにすること」（一九二二、v頁）だと述べています。ビンスワンガーが臨床実践において最も重要だと考えたのは、私たちが「いかに」他の人を理解できるのかという問いでした。彼は直接的理解、間主観的理解を探求する中で、エトムント・フッサールの現象学的方法に興味をひかれました。それは、現象「それ自体が表現する」ことを許すことを求める記述的アプローチです。それは、私たち自身によって行われている判断を停止するというプロセスによって、到達することができる方法です。ビンスワンガーは、精神分析家は、患者の生きた経験に自分の理論的モデルを押し込むことなく、それを探求しなければならないと説いたのです。一般的にわかりやすい言葉で言えばこれは、「自分の理論はほどほどに頭においておく程度がよい」ということもできるでしょう。

ビンスワンガーは、現象学的方法を用いることに加えて、共感の概念についても言及しています。共感とは、ロベルト・フィッシャー（Robert Vischer）がアートを理解する手段として一八三七年に発展させた概念です。一九〇三年、ドイツの哲学者テオドール・リップス（Theodor Lipps）は、共感は、他者の心を理解しようとするためにも用いられると論じました。この言葉は、一九〇五年に書かれた『機知——その無意識との関係』をはじめ、フロイトの著作にも登場しますが、フロイト自身は共感を実質的な臨床的概念としては発展させませんでした。[4] 一九一三年のリップスの共感の論文を読んだビンスワンガーは、臨床的状況において共感が持つ対人関係的な潜在力に魅力を覚えました。精神分析の領域では、ハインツ・コフート（Heinz Kohut）が共感の重要性を初めて本格的に論じていますが、それより五十年も前にビンスワンガーが共感に注目していることはここに強調しておく必要があるでしょう。[5] これは、学派や学問の分断が、自由な考えの交換の妨げになる良い例でもあります。

米国の現代の精神分析家ハリー・スタック・サリバン（Harry Stack Sullivan）のように、ビンスワンガーは、フロイトの精神分析技法は、精神病圏の患者に対してはあまり使い勝手がよくないと感じていました。さらに、ビンスワンガーは、情緒的中立性や禁欲性に関するフロイトの信条を受け入れることは難しいと考えていました。彼は、他者の状況の中に自分の身をおいて感じてみるというように一般的に理解される共感によって、医者と患者との間の情動的すれ違いを減らすことができると考えていて、臨床家は、それを通して、患者の経験と情動的現実を把握できると考えていました。

ビンスワンガーが考えていたのは、臨床家が患者の全人的な理解に到達することができるのは、現象学的直観と共感を利用することを通してだろう、ということでした。ハイデガーと同様に、ビンスワンガーは、経験を因果的説明や理論的構造に還元せず、人間を全体として理解することの重要性を強調しました。ハイデガーの世界ついての概念——私たちが存在し、その意味を発見する関係のマトリックス——のおかげで、ビンスワンガーは、「全体的現象の内容や文脈の中で」（Binswanger, 1955, p.264）人間的体験を理解し、記述する概念的手段を得ることができたのです。[6]

臨床家としてのビンスワンガーは、自分の患者を、患者自身の世界の組み方（world-designs）から理解しようとしました。つまり、彼らが意味づけ、理解する経験の地平において、患者をとらえようとしたのです。ビンスワンガーの「世界の組み方」の概念は、ガダマーのよく知られた概念である「理解の地平」と多くの点で共通しています。どちらも、理解というものの可能性と限界について言及しています。それは彼らが、私たちの個別の状況性（situatedness）や、私たちが世界に存在するあり方と結びついているのが理解だと考えるからです。ビンスワンガーは、世界における私たちの存在は、ハイデガーの概念である「被投性」によってとらえられると考えました。私たちは状況に投げ出されています。ビンスワンガーは、私たちが甘受しなければならないのは、その「被投性」の状態だととらえました。ビンスワンガーは、私たち自身を人間として理解しようとするいかなる試みも、私たちが「投げ出された」存在であるという本質を理解することから始めなければならない、と示唆しました。

もう一つ、ここで話しておかなければならないビンスワンガーの理論があります。ビンスワンガーにとって、私たちの経験の世界は、本来、基本的に社会的なものです。言いかえれば、私たちは個別的な心を持った存在ではありえないということです。ビンスワンガーは、フロイトについても、ハイデガーについても批判的でした。というのも、どちらも、理解の到達という中で、他の人が果たしている役割を無視しているからです。私たちが、自分が生きていることとの意味を把握することができるのは、他者との相互交流においてのみだとビンスワンガーは考えていて、その意味では、彼の臨床実践は、ブーバー（Buber, 1923/1970）の「我と汝」の哲学に依拠しているとも言えるでしょう。二十世紀のドイツ社会学で大きな役割を果たすことになるビンスワンガーの間主観性理論に力を与えたのは、この基本的前提でした。

解釈学的精神分析的視座

私がこれまで描いてきた解釈学的精神分析の視座では、私たちの「理解の地平」を形作るのは、私たちの状況性です。それは、私たちがこの世界における自分のあり方を方向づけることを可能にする、全体的に不可視な「先入見」の背景状況です。臨床的視座から述べるならば、その目標は、私たちの状況性の本質を明らかにすることにあります。それによって私たちは、自分のあり方（being）や関係の仕方について、新しく、これまでとは違った方法を作り出すスペースを作ることができます。私たちの世界地平は、限られています。私たちが知ることができることや、ある時点で理解することができることには、境界があるのです。結果としては、そこにはかならず、私たちの気づきを逃れる体験があります。これは無意識というものの本質に立ち戻ることでもあるでしょう。現代の解釈学的心理学者であるフィリップ・クッシュマン（Philip Cushman）はこう示唆します。「無意識は内部的なものではなく、患者の社会的風景である。そこには、潜在的感情、思考、経験が含まれるが、患者の理解の地平のもう一方の側に位置するために、そこには浮かび上がりえないものである」と（Cushman, 1995, p.307）。

フロイトは、精神分析の体系を「内在化された」無意識という考えをもとに構築しました。したがって、彼が、ビンスワンガーの哲学的解釈への転向を快く思わなかったのも驚くことではありません。実際、ビンスワンガー（Binswanger, 1957, p.64）は、自分の哲学への転向に関して、彼の旧友であり、同僚でもあるフロイトに対して、安心させるようなことを言ってあげられませんでした（Binswanger, 1957, p.64）。それでもビンスワンガーが述べているように、彼は決して、完全に無意識の考えを捨て去ったわけではないのです。その点で、フロイトは彼を見誤っていました。彼は実際、無意識のプロセスについて、異なった方法で概念化を始めていました。ビンスワンガーはこういいます。

私は精神分析実践においても、精神分析理論においても、無意識という考え方なしで、何とかなるとは思っていない。精神分析実践は、実際のところ、フロイトの無意識の概念を使うことなく済ますことは不可能なのである。ただ私は、現象学や［ハイデガーの］現存在分析へと考えを進めた後になってみると、無意識というものを異なったかたちでとらえるようになっただけである。無意識を意識の反対概念としてのみ定義することをやめると、それが関与する問題はより広範囲で、深いものになるのである。

（Binswanger, 1957, p.64）

ビンスワンガーの無意識についての立場を理解するためにも、ここでディルタイに戻ってみましょう。彼は、私たちは決して自分たちの心を全体的に知ることはできないこと、そして、人の理解がいつも限定的なものであることを認識していました。しかしディルタイは、この限定性を説明するために分断された無意識という考えを用いませんでした。彼は、異なった水準の気づきというものを仮定したのです。ディルタイ（**Dilthey, 1989, p.311**）の宣言は、非常に現代的なニュアンスを含んでいます。「心的活動は意識的である。しかし、それは、内省的気づき（**reflective awareness**）の中で、意識を向けられたり、気づかれたり、あるいは、所有されたりするものではない」と、彼は述べます。ディルタイはここで、現在では一般に「解離」と呼ばれている「知らない」というプロセスについて述べているわけです。おそらくさらに重要なのは、ディルタイが、すべての心理的経験は、連続体として理解されるべきで、その人が存在しているより広い社会的文脈から孤立したものとして理解されるような経験はどこにもない、としたことです。[7]

人間である私たちは、その状況性によって、自分が見えなくなってしまいます。私たちはいつも、自分がいる場所、自分が知っていることにとらわれてしまうのです。私たちが、世界に対する「神の目」を持つことが不可能なのはそのためです。適切に訓練され、同調性を持った心理学者のような人たちが、相手がその人自身を理解するよりもずっと、相手の意図の意味を捉えることができるのは、こうした理由からだとも言えるでしょう。しかし、私が述べているアプローチは、ニーチェで言えば『道徳の系譜』の中で、フロイトで言えば『夢判断』の中で示されているような「懐疑の解釈学（hermeneutics of suspicion）」ではありません。ニーチェとフロイトの解釈戦略は、無意識の検閲と、顕在内容と潜在内容の明確な区別に基づいています。このメタファーは、非常に記述的で、心理的経験の中核は、深い個人内界にあり、アクセス不可能なものだという定義のわかりやすさから伝統的に用いられてきました。理解が増えるというのは、検閲に打ち勝って隠された真実が暴かれたということではありません。これは、理解することが生み出される社会的、文化的文脈を無視したものです。

発達という点から見ると、子どもと養育者の間の社会的実践と情動的相互交流のパターンは、いつも、特定の文化的文脈や歴史的軌道において展開し、その後の情動的体験を形作る理解の地平を創り出しています。そして、その意味は、社会的相互交流を通して伝達され、「オーガナイジング・プリンシプル」を構成します。ここでいうオーガナイジング・プリンシプルは、無意識的なものですが、それは、抑圧されたものという意味で無意識的なものなのではなく、前内省的（pre-reflective）であるという意味で無意識的なものです。したがって、解釈学的哲学者と精神分析家にとって「無意識経験」は、他の人との相互交流において一般化され、維持される前内省的な体験の次元を指します。ここで私が述べている精神分析的な方法は、解釈学的表れ（hermeneutics disclosure）のプロセスと似たものです。これは、内的なものから外的なものへとか、気づかれないものから言葉にされて知られたものへといった、直線的動きを意味するものではありません。解釈学的表れはまた、無意識という心の非常に深い層を考古学的に発掘することでもありません。それは、私たちの体験世界についての関係における探索です。何が知られていて、何が知られていないのか、何が話されて、何が話されていないのかは、私たちが参加する進行し続けている関係のフィールドの産物だからです。

対話することの意味

さて、最初に述べた問題に立ち返ってから、私の話を終わりたいと思います。最初に述べた問題とは、学派や異なる思想領域の間に存在する分断をどのように結びつけることができるのか、ということでした。私は、私たちが解釈学的哲学と解釈学的精神分析から多くのことを学ぶことができると示唆してきました。そういった考えが私たちに教えてくれるのは、理解することは、基本的に社会的プロセスであることと、それは私たちを不確かさに直面させるということです。対話の中で他の人にかかわっているときは、特にそうです。他の誰かとの対話を通して知ったことには、いつも、「知らないこと」が含まれています。他の人と本当に会話するというのは、それによって私たちがどんな方向に導かれるのかがわからないまま会話の中に入っていくことを意味します。以下の引用は、ガダマーの特に重要な一説です。

本来の対話は、われわれが行なおうと心に決めるようなものではけっしてない。むしろ、もっと正しい対話に巻き込まれるとまでは言わないまでも、思わぬうちに対話をしているのが普通である。対話では、ひとつの言葉を発すると、それが次の言葉を生み出し、対話がさまざまな方向に向かいながら進行し、それなりに終わるというのは一種の遂行であるかも知れないが、この種の遂行では、対話をしている者は能動的に対話を遂行しているというよりは、むしろ、動かされていっているのである。対話においてなにが「飛び出してくる」かは、対話を始めてみなければわからない。意思が通じたり、しなかったりすることは、われわれの身に生じた出来事のようなものである。

（Gadamer, 1960/1991、轡田・巻田訳、二〇〇八、六七九頁より引用）

ガダマーが言っているように、私たちは確かに、人の体験が、その人が言葉にしたことや行動にしたことよりも多くのものから作られているという認識を「知らない」のです。その認識によって、私たちは、何が人間的なのかということを理解することができるのです。たとえ私たちが、すでに知っていると思っても、他者と私たちがかかわることは、新しい可能性を開き、新しい考えや、見方や感じ方の道を創り出すことなのです。それは決して、私たちが他者とかかわる前に得られるようなものではありません。この理解のプロセスは、私たちが対話をやめてしまい、自分の立場の正しさを強調したり、自分の見方を認めてもらったりするという目的で他者とかかわる限り、決して得られません。私たちは、他者が私たちに教えようとすることに耳を傾けなければなりません。このような対話の一つとして哲学を見てみると、それがとても有益なものであることがわかるでしょう。そのとき初めて、私たちは、能動的に対話を遂行する者ではなく、動かされている者になります。そして私たちは、他の人に対するオープンさが、私たちの地平を拡大するための基礎となるという信念を信じることができるようになります。私たちは、対話を通し、考えることを理解する方法を発見できるかもれしません。そうして私たちは、他者の顔に対して謙虚になり、私たちが知っていることの限界を認められるようになるでしょう。

ご清聴ありがとうございました。

（翻訳：富樫公一　二〇一六年四月二十九日　甲南大学）

文献

Binswanger, L. (1922). *Einführung in die Allgemeine Probleme der Psychologie.* Berlin: Julius Springer-Verlag.

Binswanger, L. (1949/1955) *"Die Bedeutung der Daseinsanalytik Martin Heideggers für das Selbstverständnis der Psychiatrie,"* in *Ausgewählte Vorträge und Aufsätze, Bd. II.* Bern: Francke Verlag.

Binswanger, L. (1942/1993). *Grundformen und Erkenntnis menschlichen Daseins.* In M. Herzog & H. J. Braun (Eds.). *Ausgewählte Werke Band 2.* Heidelberg: Asanger Verlag.

Binswanger, L. (1957). *Sigmund Freud: Reminiscences of a Friendship* (N. Guterman, Trans.). New York, NY: Grune & Stratton.

Buber, M. (1923/1970). *I and Thou.* (W. Kaufmann Trans.). New York: Charles Scribner's Sons. (Originally published in 1923)

Burston, D. & Frie, R. (2006). *Psychotherapy as a Human Science.* Pittsburgh, PA: Dusquesne University Press.

Cushman, P. (1995). *Constructing the self, constructing America: A cultural history of psychotherapy.* Reading, MA: Addison-Wesley.

Dilthey, W. (1976). *W. Dilthey: Selected writings* (H. P. Rickman, Ed. and Trans.). New York: HarperCollins.　長井和雄・竹田純郎・西谷敬（編・校閲）（二〇一〇）．ディルタイ全集第四巻——世界観と歴史理論．法政大学出版局．

Dilthey, W. (1894/1977). *Descriptive Psychology and Historical Understanding* (R. M. Zaner & K. L. Heiges Trans.). The Hague: Martinus Nijhoff.

Dilthey, W. (1883/1989). Introduction to the human sciences. In R. A. Makkreel & F. Rodi (Eds.), *Wilhelm Dilthey: Selected works, Vol.1* (pp.27–240). Princeton: Princeton University Press.

Freud, S. (1901). On the psychopathology of everyday life. In J. Strachey (ed. and Trans.), *The Standard Edition of the Complete Psychological Works of Sigmund Freud (Vol.6).* London: Hogarth Press.　高田珠樹訳（二〇〇七）．フロイト全集７——日常生活の精神病理学．岩波書店．

Freud, S. (1905). Jokes and Their Relation to the Unconscious. In J. Strachey (ed. and trans.), The standard edition of the complete psychological works of Sigmund Freud. London: Hogarth Press, 8.　中岡成文・太寿堂真・多賀健太郎訳（二〇〇八）．フロイト全集８——機知．岩波書店．

Frie, R. (1997). *Subjectivity and Intersubjectivity in Philosophy and Psychoanalysis: A Study of Sartre, Binswanger, Lacan, and Habermas.* Lanham MD: Rowman and Littlefield.

Frie, R. (1999). Interpreting a misinterpretation: Ludwig Binswanger and Martin Heidegger. *Journal of the British Society for Phenomenology,* 29, 244–258.

Frie, R. (2010). A hermeneutics of exploration: The interpretive turn from Binswanger to Gadamer. *Journal of Theoretical and Philosophical Psychology,* 30, 79–93.

Frie, R. & Hoffmann, K. (2002). Bridging psychiatry, philosophy and politics: Binswanger, Heidegger and Antisemitism. Journal of the British Society for Phenomenology, 32, 231–240.

Gadamer, H.-G. (1960/1991). *Truth and Method* (J. Weinsheimer and D. G. Marshall Trans.). New York: Crossroads. (Originally published in 1960.).　轡田収・巻田悦郎訳（二〇〇八）．真理と方法Ⅱ．法政大学出版局．

Heidegger, M. (1927/1962). *Being and Time* (J. Macquarrie & E. Robinson Trans.). Cambridge, MA: Blackwell. (Original work published 1927).　高田珠樹訳（二〇一三）．存在と時間．作品社．

Jones, E. (1967). *Sigmund Freud: Life and Work Vol. 2.* London: Hogarth Press.

Lipps, T. (1903). *Leitfaden der Psychologie.* Leipzig.

Makkreel, R. A. & Rodi, F. (1989). Editors' Introduction to Volume 1. In R. A. Makkreel & F. Rodi (Eds. and Trans.), *Wilhelm Dilthey: Selected works,* Vol.1 (pp.3–46). Princeton: Princeton University Press.

Ricoeur, P. (1970). *Freud and Philosophy.* New Haven: Yale University Press.

Wittgenstein, L. (1921/2007) *Tractatus Logico-Philosophicus.* New York: Cosimo.　奥雅博訳（一九七五）．論理哲学論考――ウィトゲンシュタイン全集１．大修館書店．

注

1　〔原注〕Frie 1997; Burston and Frie, 2006.参照。

2　〔原注〕フロイトはニーチェの洞察を知っていた。「しかし、こと度忘れの現象とその心理学的な説明については、私たちのうちの誰ひとりとして、ニーチェが彼の一つのアフォリズムの中で行ってみせたほど徹底的かつ印象的に述べえた者はいない（『善悪の彼岸』第四部、第六十八節）。「これを私はやった、と私の「記憶」が言う。私がそれをやったはずがない、と私の誇りが言い、譲らない。ついには記憶が折れる」（Freud, 1901, p.158、高田訳、二〇〇七、一八一頁より引用、傍点原文）。

3　ハイデガーによれば、「人間はまず『存在』し、その上で時おり追加的になお『世界』への存在関係を持ったりするのではない。現存在は『さしあたり』いわば内＝存在を欠いた存在するものであり、それが時に気まぐれに世界とひとつ『関係』を結んでみる、などというのではけっしてない。このように世界と関係を結んでみることができるのは、ひとえに、現存在がそもそもからして世界＝内＝存在として存在しているからである」（1927/1962, p.84、高田訳、二〇一三、八十二頁より引用）。

4　〔原注〕より詳しい解説はPigman, G. (1995). Freud and the history of empathy. International Journal of Psychoanalysis, 76, 237–56.

を参照されたい。

5　〔原注〕ビンスワンガーの業績における共感についての議論は、Susan Lanzoniの洞察に富んだ歴史的研究を参考にした。Lanzoni, S. (2003). An Epistemology of the Clinic: Ludwig Binswanger's Phenomenology of the Other. Critical Inquiry, 30, 160–186.

6　〔原注〕ビンスワンガー（一九四二／一九九三）の最も重要だがまだ英訳されていない本“Grundformen und Erkenntnis menschlichen Daseins”（一九四二年刊行）は、『存在と時間』に対する特に詳しい批判の書でもある。その中で彼は、適切な社会理論を発展させることに失敗したとハイデガーを強く批判している。ユダヤ人としての立場もあるが、ビンスワンガーはその批判的スタンスのために、完全にハイデガー論争の蚊帳の外におかれている。Frie (1999, 2010) および Frie & Hoffmann (2002) を参照のこと。

7　〔原注〕ディルタイ研究者のMakkreelとRodiは、これを以下のように論じている。「注意（Aufmerksamkeit）と洞察（Selbstbeobachtung）を集中して行うための背景に内省的気づきをおくことで、ディルタイは、無意識を、分断された領域を仮定することなく、意識の中にあるいわゆる見えない部分として説明した。歴史ある説明仮説である無意識の深層というものを考える代わりに、ディルタイは、説明可能な基本的輪郭として絶えず広がる文脈というところから、意識のミステリーを見ていた。意識は、その大きな文脈から区別された中で決して理解されない内容を含む連続体として理解される」（Makkreel & Rodi, 1989, pp.35–36）。

第七章　間主観的視座

ドナ・M・オレンジ

本日私は、皆さんに間主観性理論について話すように依頼されました。私は、これを大変光栄なことだと感じています。私は、亡くなった丸田俊彦先生にこの場を借りて深い敬意を表したいと思います。私は彼が間主観性システム理論の本を日本語に翻訳する際にお手伝いをしましたが、その仕事を終えたあと彼は、自分が生まれた美しい国を私に見せたいと強く思っていると私に伝えてくれました。皆さんがよくご存じのように、彼はかけがえのない人でした。本日私たちがこうして共に行っている語らいを、彼に捧げたいと思います。そして同時に、それを現実に可能にしてくれた、皆さんがよくご存じのもう一人の素晴らしい同僚の富樫公一先生に感謝したいと思います。

間主観性といっても、米国では、アイスクリームのようにいくつか異なった種類の味があります。それは背景にしている哲学的伝統の違いでもあります。今日はまず、その哲学的伝統のお話をしてから、現代の精神分析の間主観性についてのお話を進めていきましょう。ただ、今日、私が主にお話しする間主観性理論は、ロバート・ストロロウ（Robert D. Stolorow）やジョージ・アトウッド（George Atwood）、バーナード・ブランチャフ（Bernerd Brandchaft）が発展させてきたバージョンのものです。つまり、丸田先生がたくさんの書籍を日本語に翻訳して皆さんに紹介してきたバージョンの間主観性理論です。

よくご存じのように、西洋哲学は、すべてのものを主観的なものと客観的なものに分割します。彼らは、それが体験やイメージなのか、それとも実体的で現実的なものなのか、と常に問うわけです。もし森の中で木が倒れても、その音を聞いた人が誰もいなければ、木が倒れたことを知る人はいません。私たちは、心と現実、外にあるものと内にあるものを通じさせる方法を知りません。[1]ごく最近になって、哲学者たちは、自分たちが間違った問いをし続けていたのかもしれないと言い始めました。ただそれは、皆さんの文化の中では、もうわかりきっていることかもしれません。

西洋哲学は、子どもが他人にも世界を知覚する能力があることをどのようにして学んでいくのかを説明できません。ドイツの哲学者のヘーゲル（Hegel）は、一九〇〇年代の初めに、矛盾（conflict）と葛藤（opposition）からすべてを説明する原理を発展させました。それぞれの矛盾は暫定的にまとまりますが、そこからまた新しい矛盾が生み出されます。歴史はそう進んでいきます。彼はこのストーリーを弁証法と呼びました。そこでは、人は承認を得るためにもがく存在です。精神分析の間主観性理論の一つは、このヘーゲルのストーリーを背景としています。

ヨーロッパ哲学の最近の流れは二十世紀初めに始まりますが、エトムント・フッサール（Edmund Husserl）の業績の中にその一つの完成形を見出すことができます。それは現象学と呼ばれます。現象学は、カテゴリーやそれまで当然と考えられてきた考えを一度カッコに入れ、そして、そのもの自体に注意を払うことを求めます。この方法によってようやく、主体（観）は客体と出会うことができます。客体は主体に印象を与えるからです。その後発展したハイデガー（Heidegger）の哲学は、主体‐客体の区別を完全に捨てることを私たちに求めました。それは、「世界＝内＝存在」という言葉に示されています。私たちは世界から完全に区別されることはありません。フッサールはこれを生活世界と呼びました。フランス現象学のモーリス・メルロー＝ポンティ（Maurice Merleau-Ponty）もまた、私たちと世界の複雑な結びつきについて語っています。現象学は、複雑で全体論的な間主観的精神分析を発展させるうえで、どうしても欠かせないものです。その考えは、皆さんの文化の中で発展したものとも近いでしょう。たとえば、最近の富樫先生の研究などを見てもそうです。

さて、米国間主観的精神分析の三つの大きな流れに話を進めましょう。三つの流れは、それぞれの言葉を持っていますから、私の話はあくまでも私による解説です。私の仕事は、通訳みたいなものだと思ってください。最初にジェシカ・ベンジャミン（Jessica Benjamin）の相互承認の間主観性理論からお話ししましょう。おそらく米国で今一番有名なのがこの考えでしょう。彼女は、承認の能力の発達を、発達プロセスに欠かせないものだと考えました。彼女は述べます。

> 分析家がもう一つの主体であることを患者が知ることは、論理的にも、分析家の主体性についての具体的な知識に先立つものである。間主観性は対人関係的弁証法と同義というわけでも、それによって得られるというものでない――つまり、二人の人間がそこにいるだけで得られるというものではない、と私に言わしめるのはこの点である。それは、分析状況における相互承認の（部分的で断続的な）実現によってのみ与えられるものである。すべての弁証法的緊張のように、承認の関係は破綻（breakdown）の影響を受けやすいが、破綻の経験とそれに続く承認の回復は、何よりも修復的なものである。
>
> （Benjamin, 1991, p.531）

彼女は何を言っているのでしょうか。彼女がここで言っているのは、人々には、つまり多くの患者には、ある能力に関する問題や欠損があることです。その能力とは、他者が主体性を持ったもう一人の人であり、自分自身と同じような視点を持っていることを承認する能力です。最近の研究で彼女は、これを倫理的問題としています。倫理的問題というのは、〔承認がないところでは〕一方がやる側（doer）となり、一方がやられる側（done-to）と分断されてしまう点です。そうなると、他者は私の一部だともみなされませんし、他者は葛藤を作り出した関係の一方だとも認識されません。語り手はいつもやられる側として語ります。他者に自分と同じところがあると承認することは非常に難しいことです。そこには、多くの破綻の体験が含まれるからです。しかし、精神療法や精神分析に間主観的関係を創りだすのは、そうした承認です。彼女は、倫理的関係にも政治的公正にも承認は欠かすことができないものだと考えました。これが、彼女が述べるところの「道徳的サード」です。

私は、このアプローチは、治療者が患者の発達的な道筋をあらかじめ描いてしまうという点に問題があると思っています。ベンジャミンはそれに対して、それは自分の理論を誤解したものだと応じます。しかしこの倫理と間主観性のテーマは、また後にしましょう。

精神分析的間主観性理論のもう一つのバージョンは、トーマス・オグデン（Thomas Ogden）が発展させたものです。彼は、ウィルフレッド・ビオン（Wilfred Bion）の「もの想い」を発展させてそれを論じました。それはセッションの中で生じるものは、どちらか一方の人に所属するものではなく、両者に所属するものです。それは、共有された夢のようなものです。オグデンはそうして生じたものを「分析の第三主体」と呼びます。彼はこう述べます。

> 私は、分析者と被分析者に加えて、分析の第三主体があるという考えをもとに分析的プロセスの概念を発展させてきた……（間主観的）な分析の第三主体は、それぞれの主体（観）性を持つ独立した個人としての分析者と患者との弁証法的緊張の上に成り立っている。分析者と被分析者はどちらも無意識的な間主観的構造（第三主体）の構成に参加するが、それはシンメトリックなものではない。特に、分析者と被分析者の役割上の関係では、分析的相互交流の中で優先されるのは被分析者の無意識の内的対象世界の探求である。分析的関係の最も基本的な目的が、被分析者の心理的変化を助け、彼らをより全体的な人間として生きることを可能にすることにある点から

みても、その関係は非対称的である。分析者は、被分析者の無意識の漂い（drift, Freud）を感じとるために自分の無意識に身を委ねることを訓練され、経験を積んでいるが、分析家はそれを使うことで、被分析者の無意識生活の探求を優先させている。

（Ogden, 1994, p.109）

オグデンの間主観性理論の特徴をいくつかあげてみましょう。一つは、非対称性（患者の主観性と心理的オーガナイゼーションの特権化）が相互性より優先されることです。分析家個人の歴史やパーソナリティはあらゆる段階に深く広範囲に関与しますが、分析家は患者のためにもの想いに入ります。その意味では、オグデンが描くプロセスは、治療者が観察者であるという点で、古典的なところがあります。これが二つ目の特徴です。患者は一週間に何日も分析のカウチに横になり、分析家自身はあまり言葉を発しません。彼は自分のもの想いから得たものについての話をしますが、もの想いそのものを語るわけではありません。言いかえれば、分析家は、個人的な情報や考え、感情について直接多くを語るわけではありません。いずれにしても、精神分析プロセスに関するオグデンの理解は、ベンジャミンのものとははっきりと異なっています。これから私たちが見ていくように、これは、私たちの間主観性システム理論の理解により近いものです。ただし、同僚のボブ・ストロロウ（Robert D. Stolorow）は、精神分析の第三主体を仮定することには同意していません。彼は、二人の人間が出会うところに、あるいは、それ以上の人間が出会うところに常にあるフィールドを、あまりにも具体的に具象化することに同意しないからです。それでも、私からみると、オグデンは現役の精神分析の理論家としては最も素晴らしい人です。フェアバーン（Fairbairn）やウィニコット（Winnicott）、ハンス・レーワルド（Hans Loewald）、その他の詩人についての彼の論述は最高です。

では、愛する丸田先生が日本に輸入してきた間主観性システム理論についてお話ししましょう。間主観性システム理論は、米国関係論の一つのバージョンです。これは、主にアトウッドやブランチャフ、ストロロウ、そして私（George Atwood, Bernard Brandchaft, Donna Orange, and Robert Stolorow）が、互いに議論し合い、精査しあう中で発展してきたものです。私たちの基本的な考え方は、最終的に人間主義にあって、ヨーロッパの大陸哲学の現象学と解釈学に深く根ざしています。この理論はフィールドを検証するためのものです。抽象的、形式的に述べると、そのフィールド——一般的には二者関係フィールド——は、二人の人間が創り、二人がそこから生じるようなシステムの中で、二人の体験世界によって共構築されたものとみなされます。これは、人間発達においても、精神分析的治療においても起こります。このような特徴から、間主観性システム理論は、発達と病因論を論じる上で、常に文脈の複雑性に対して敏感です。それは、体験世界（主観性）がどのように生じ、どのように修正されるのかを説明するもので、そのすべてのプロセスを単純化できない関係的なものとみなします。心理的フィールドに注目するとき、私たちは観察者であるとともに参加者でもあります。そのフィールドは、個別にオーガナイズされた体験世界の相互的なやり取りによって構築され、発達を続けます。それは、子どもと養育者、患者と分析家などの組み合わせで共構築される体験世界です。この理論的枠組みの中では、「間主観性」とは、二人またはそれ以上の人たちの間に生まれるすべての関係を意味します。ダニエル・スターン（Daniel Stern, 1985）やジェシカ・ベンジャミン（一九九五）らの理論で用いられている間主観性とは異なり、私たちは、それを発達的な達成（目標）とは見なしません。たとえば、ベンジャミンの相互承認的間主観性は、そこに流れている間主観性システムの中で達成されるかもしれないし、達成されないかもしれません。私たちのバージョンでは、相互承認がなされない場合であってもそこに間主観的フィールドがあります。私たちの間主観性システム理論の特徴となる基本的な臨床的プロセスは、以下のようなものです。①個人的世界をしばしば外傷的に形作っている情緒的確信（オーガナイジング・プリンシプル）への臨床的注目、②そのような確信が形作られ、維持され、変容する関係的文脈、あるいは、間主観的な文脈の理解、③患者との根源的な（radical）かかわり、つまり、臨床家の一貫した不可避的な関与についての自己内省的気づき、④権威的主張も全知的態度も避けること、です。これを一つ一つ見ていきましょう。

オーガナイジング・プリンシプル

私たちの考えでは、主観の基本的構成要素を、オーガナイジング・プリンシプルと呼びます。それは、自動的で決まりきったものの場合もあれば、内省的（reflective）で柔軟なものの場合もあります。しばしば無意識的でもあるそのプリンシプルは、人生全般にわたる情緒的環境を経験する中で導き出された情緒的結論（情緒的信念）です。私たちが特に念頭に置いているのは、早期の養育者との複雑な相互的結びつきと情緒的隔たり（disjunctions）です。治療を始めると、そのような「オーガナイジング・プリンシプル」が、分析家との関係の予測として浮かび上がってきます。それらのプリンシプルが意識的内省的に利用可能になり、新しい情緒的経験を通して新しい情緒的結びつきを予測できるようになるまで、古い推測が自己感覚をオーガナイズしていくことになります。この自己感覚は、自分の存在感覚に影響を与える関係についての確信も含んでいます。たとえばそれは、自分を明確にしたり、自分の立場をはっきりさせたりすると、他人から馬鹿にされたり、皮肉っぽく扱われたり、排斥されたり、見捨てられるに違いない、といったものです。

文　脈

そうした確信は、原家族の間主観的経験から描き出された子どもの情緒的推測として現れます。たとえば、「もし重要な情緒的絆を持ち続けようとするならば、他者のニード（ムード、予測など）に合わせなければならない」といったようなものです。それらは、基本的な自己感覚を構成するものですが、間主観的に設定されたものでもあります。たとえば、相手が実際にあなたに対して、「お前の存在は意味がない」とか「お前はいつも人の重荷になる」とか「お前には価値がなく、役にも立たない」などと体験するような状況です。両親が子どもに「狂ったマリー」とか「魔のテレッサ」、「役立たず」などのあだ名をつけるような場合には、オーガナイジング・プリンシプルはそういった両親の言葉から直接引用されることもあります。大方の場合、オーガナイジング・プリンシプルは、秩序が崩壊した体験や外傷的体験など、さまざまな時期の混乱を招く体験から自己感覚をオーガナイズしようとするときの情緒的な推測から組織されます。そのような確信はしばしば、「もしこうならこうなる」というかたちをとります。たとえばそれは、「もしあなたがNOというのならば（あるいは他者が期待することと違うことをするならば）、あなたは見下されるだろう」といったものです。

私たちが精神分析的に話を聞き、その内容を探索する場合を例として見てみましょう。私たちはしばしば、ゲイの人の過去や現在の経験が、ゲイやレズビアンの自己感覚に広く表れていることに気がつきます。その経験は、異性愛性を道徳的標準と考える宗教や文化の中で発達したものです。友人のワーレン・ポーランド（Warren Poland）が「アウトサイダーシップ」と呼ぶ経験のように、ゲイやレズビアン以外の患者たちにも同様の確信がありますが、それは、全般的な差別から生み出されたものでしょう。間主観的なオリエンテーションを持つ分析家や治療者は、堅く作られ、自動的に再現されるようになってしまったあらゆる劣等性のテーマに敏感です。そのような確信に証拠を提供するものとして経験される人生のさまざまなことは、その確信自体を描き出したり、引きおこしたりする限りにおいて重要なものです。

情緒的オーガナイジング・プリンシプルを特定することと、それをワークスルーすることは、臨床的作業の日々のパン（ごはん）です。幼児期の経験の多くは簡単に思い出されます。しかし、「村一番の馬鹿」といった恥辱を伴う確信のような欠陥部分が全面的に体験されるためには、耳を傾け応答する分析家や治療者との対話の中で、それが意識的な気づきとして浮かび上がってくる必要があります。治療者は、そのような情緒的確信がどのような関係性から始まっているのかについて関心を向けることで、その確信を問い直し、他の方法で自分を体験する可能性を広げようとします。

根源的かかわり

根源的かかわりという言葉が意味するのは、私たちが患者と共に理解することになるものの中に私たち自身が持ち込んでいることや、私たち自身が関与していることについての自己‐内省的気づきを持った関係です。私たち自身の情緒的歴史、臨床理論、ジェンダー、性的志向性、より広い文化的文脈においてさまざまなかたちで組み込まれたもの、そして違いに対する態度は、私たちが患者と共に作る間主観性システムを通して現れます。私たちがどの精神分析理論を選択するのかだって、同じような要素によって形作られているはずです。

ぼんやりとした理解というものはありません。つまり「どこからともなく現れた見方」というものはありません。たとえばこの私は、明らかに、男でもゲイでもありません。私は、ゲイの男性患者の文化の中に本当の意味でいたことはありません。黒人やメキシカンでないことも明らかです。その違いは、私と患者にとっては言うまでもないことです。だから、そこにあいまいさというものはありません。しかし、その違いの意味することはどうでしょうか。私と患者にとって、あるいは、私と患者がともに作ったシステムにとって、その違いがどのような意味を持つのかはまったくわかりません。充分に調律的な治療者や分析家においても、その違いはときに、私たちが「間主観的へだたり（intersubjective disjunction）」と呼ぶ誤解を形成します。

もちろん、その違いが手助けとなることもあります。たとえば私が、ゲイの男性患者や有色人種、インド人の患者と長く分析的なかかわりをしてきたとしても、彼らがふと言及した文化の側面について、改めて説明してくれないかとお願いしなければならないことがよくあります。これは、私が彼らの使うスラングがわからない場面などでよく起こります。スラングや彼らの文化が、目の前の患者にとってどんな意味を持つのか理解できない場面もそうです。彼らが説明してくれると、彼らにとっても、彼らが私に説明する必要があるのだと認識するまでは当たり前だと思い込んできたことの意味が明らかになります。そこで私たちは、彼らの中に基本的に組織されている確信を見たり、感じたり、聞いたりすることができるわけです。北米のゲイの男性たちがボディビルディングに熱心に取り組むことなどはよい例でしょう。彼らの文化では、適切にボディビルディングされていない相手には興味が向けられないからです。いろいろな文献に当たったとしても、こうしたことが目の前の患者にとってどんな意味を持っているのかを教えてくれることはありません。ストレート（異性愛の）の女性にとってのやせていることの意味も同じでしょう。私たちはそこで、患者に尋ねなければならないのですが、それは治療にとっては幸運なことなのかもしれません。患者は、私がゲイの文化に詳しくないようだと推測しますので、そうでない場合よりも詳しく話してくれるかもしれません。そうなると患者は、それまで当たり前だと思っていたことの意味をより深く探索することになります。逆に、一般的なジェンダーと性的志向性の治療者と患者という組み合わせでは、間主観的つながり（intersubjective conjunction）を作り出すことがあります。二人にとって当たり前のことが多すぎて、どちらも相手はこれをよく知っているはずだと思い込んでいるために、そのことの意味が探索されずに残ってしまうのです。

しかし、間主観的フィールドにおける根源的なかかわりに最も必要なのは、深く自分の中に刻み込まれたホモフォビアな先入見やさまざまなかたちの人種差別、特に根拠のない（人種的文化的）優越感を知ろうとする治療者や分析家の意志です。ハンス＝ゲオルク・ガダマー（Hans-Georg Gadamer）の対話的理解の解釈学的概念は、精神分析における日々の、瞬間瞬間のプロセスの感覚を強調するものです。彼にとって、すべての真理は、視座（perspective）の相互的やり取りから生じます。その視座はそれぞれ、大量の伝統と先入見を含んでいます。

テクストを読み、それを理解することを望むうえで、私たちはいつも、それが自分たちに何かを伝えてくれるだろうと期待している。本来的な（authentic）解釈学的態度によって作られる意識は、それ自体の地平の外からそこにやってくるものの起源や、完全に異質な特徴を受け入れる力をもつことになる。それでもこの力は、客観主義者的「中立性」によって得られるものではない。私たちが自分自身をカッコに入れることは、可能でもないし、必要でもない。またそれは、望ましいものでもない。解釈学的態度は、私たちが自己‐意識的に私たちの意見や先入見を指定し、それらにそのような資格を与え、そうすることによって彼らの極端な特徴をそれら自体から剝ぎ取ることを仮定する。この態度を維持することで、私たちはテクストに、本来的に異なった存在であるものとして現れ、それ自体の真理を表し、私たち自身の先入見を乗り越え対抗する機会を与えるのである。

(Orange, 1995, pp.151–152)

この記述の中に、精神分析的認識論としての遠近法的実在論（perspectival realism）（Orange, 1995）の概念的基盤となる解釈学的態度を見ることができます。まず、そこには議論されている何かがあるという前提があります。私たちの場合は「テクスト」ではなく、患者の歴史、患者の苦しみ、患者と分析家の誤解がその対象となるでしょう。分析家のオフィスの暖房や冷房もその対象かもしれません。この何かは、そこでの議論にそれ自体の要求を突き付けるし、私たちに自分の先入見を同定し、承認するように求め、そして「極端な特徴をそれら自体から剝ぎ取」ります。私たちはそうすることで、一つの視座としての自分自身の見方を承認することができます。だからこそ、それ自体が他者として浮かび上がってくるのです。もちろん、それに加えて私たちは、自分自身の視座のために見えなくなっていた現実にアクセスするために、患者や同僚の言葉に耳を傾けるかもしれません。これが、他者が意味することそのものなのです。つまり、「本来的に異なる存在」です。

根源的かかわりはまた、私たちが、自分の体験世界を作り上げる視座を経由してのみ患者と結びついていることを理解するように求めます。その視座には、私たちのオーガナイジング・プリンシプルや情緒的歴史が含まれますし、私たちのジェンダー経験や性的志向性、人種、社会的階層、しばしば無意識的な先入見も含まれます。私たちは、より大きな文化、宗教、特に私たちの専門性というシステムの中に複雑なかたちで組み込まれていますが、先入見はその一部です。私たちは、自分たちはそうであるはずという前提から逃れられません。しかし、私たちは自分に問い続け、患者には、私たち治療者の方に無意識的先入見があるかもしれないと考えるように勧めながら、実践をしていく必要があるのです。

現実

自分が限定された視座しか持っておらず、真理に対して部分的にしかアクセスできないことを知ると、私たちが患者とかかわることができるのは、探索的情緒的理解を通してのみであることがわかります。ガダマーの言葉でいえば、「理解のあるひとは、影響が及ばない対岸から知ったり判断したりするのではなく、自分と相手のあいだにある特殊な共属関係から、自分の身に起きたように一緒に考える」(Gadamer, 1960, p.323、轡田・巻田訳、二〇〇八より引用、五〇二頁)というわけです。

患者にトラウマや排斥、差別や、その他の経験があるかないかにかかわらず、わたしたちは会話や対話を通して、情緒的世界の意味をともに了解しようとし(make sense together)、過去の経験がどのように未来経験の予測をオーガナイズするのかを見つけようとします。ほとんどではないとしても、多くの患者は暴力を振るわれたり、辱められたり、二流市民以下に扱われたりした歴史を持っています。彼らは当然のことですが、私たちが「実際に」彼らに先入見を持っていない(もちろんいつもそれは間違いです)ときでさえ、自分は分析家から尊重されないだろうと予測しています。そこで分析家は、「事実」に関心をむけることをやめ、患者の視座を否認することなく、情緒的意味に参加し、患者と共に理解や尊敬、さらなる個人的発達を支えるシステムを作ることを考える必要があります。

私たちは、個人的にも理論的にも、分析家的、治療者的視座にすがりつくことをやめる力を求められます。それは、それなりの優越性と特権を持った立場から、「私たちに何かを教えてもらう」という種類の聞き方に偏った視座だからです。それは少なくとも、長い間禁欲や中立性といった名前で厳格に求められてきた規則に従ったものです。治療者的視座にすがりつくことをやめることは、反現実的でも、極端な意味での構造主義的なものでもなく、むしろ、自分たちとは異なった体験世界の現実を私たちに知らしめるものです。間主観性理論は、私たちが現実においてアクセスする特権を持っているわけではないことをただ思い出させてくれます。これは、理解のための探索において、偏った（診断や他の永遠に区切られたカテゴリーを含む）確かさの探求を諦めるようなものです。これは一つの臨床的感性ですが、自分たちの方がより多くのことを知っていると主張するメンタルヘルスの専門家から、低く見られ、病理的と見なされ、社会的に周辺に追いやられてきた人々と一緒に仕事をするのに、より適した方法です。

より最近の文脈

最近の私たちは、精神分析的思索の焦点を移動させつつあります。私たちは、面接室を、より大きな文脈や、「外側」の世界から臨床的作業に侵入してくる感覚と結びつけています。これは、精神分析の「倫理的転回」です。太平洋の反対側で、今急激に大きくなりつつある学術集会があります。それは「Psychology and the Other」（学会の雰囲気は富樫先生に聞いてみてください）と呼ばれる学会で、哲学者や分析家、神学者、あるいはその他の研究者が学際的な議論をするところです。そこにあるのは、関係性は二人の人間を越えたものであるという視座です。関係性は、貧困や人種差別、経済格差、環境破壊、その他多くのものを世界にもたらします。ジャシカ・ベンジャミンも、現在パレスチナ人への不公正についての書籍を書いています。「苦しむ異邦人（Suffering stranger）」は、面接室に来る人だけではありません。そういった人たちは、環境破壊や極度の貧困によって破壊された人たちの中にも存在します。私たち間主観性理論家たちは、倫理的転回の中に呼び覚まされたのです。

しかし、なぜ私たちなのでしょうか。なぜ私が間主観性システム理論家として臨床的人生を歩むことになったのかについて、二つの考え方を紹介しながら、詳しくお話をさせていただこうと思います。最初にご紹介したいのは、エマニュエル・ゲント（Emmanuel Ghent）の皮肉を含んだ言葉――「私たちは、理論という言葉を使うことで、自分が信じていることを飾り立てているだけである」という言葉――です。理論は、個人的な信念に基づいたものでしかありません。私たちはその起源をしばしば隠していますが、その信念から離れることはありません。信念もまた、私たちにしがみついて、私たちを自由にしてくれません。二つ目は、それに呼応したかのような、プラグマティズム哲学者のチャールズ・サンダース・パース（Charles Sanders Peirce）の考えです。彼は、私たちは理論をほどほどに軽く持つべきだと主張します。それによって私たちは、大事に抱えている考えを書き換え、譲歩することができるようになり、経験を聞き、お互いから学ぶことができるようになるからです。

間主観性システム理論は、パース的精神の可謬性をその理論に組み込んでいます。それでもなお、それは理論です。私はなぜ、間主観性システム理論にそれほど惹かれたのでしょうか。先にお話ししたように、この理論は、人間発達においても、精神分析的治療においてもフィールドを検証しようとするものです。二つの個人的な体験世界は、それらが創りだし、それらが生まれたシステムの中にあると考えます。観察者としても参加者としても、私たちは別個にオーガナイズされた子どもと養育者の体験世界、患者と分析家の体験世界、あるいはそれ以外の二人の体験世界の間にある、相互的やりとりによって構築された進化し続ける心理的フィールドに焦点を当てます。くだけた言葉を使うならば、私にとってこれは、常に時間的・関係的文脈の中で（あなたの、私自身の、そして私たちの）体験を記述しようとする作業です。私たちが理解しようしているのは、どのような関係の文脈にあると、私たちがそのような体験をしたり、かかわりをしたりする人間になるのか、といったことです。間主観性システム理論は、私個人のこうした信念を理論に置き換えたものにすぎません。

もちろん、一つの個人的歴史がさまざまな理論的方向性を生み出す可能性はあります。個人的歴史は、理論発達や理論選択に関するなんらかの論理的基盤を提供するわけではありませんが、理論を展開させる方向性や、学習方法に影響を与えています。私の個人的歴史をいくつか話してみよう思います。というのも、クライン派のような生得的な攻撃性の精神分析理論を受け入れることを難しくしたのも、私の個人史だからです。私には、クラインの理論は、人の寛大さや慈悲心を説明するにはあまりにも単純に見えました。その理論はまた、辱めや残虐行為、剝奪を伴う不適切な養育を受けたことからくる苦悩を割り引いてしまうように見えました。そこで私はまず自己心理学に魅力を感じました。それは、本能論を明確に否定していたからです。そのあとに間主観性システム理論が私の人生に登場しますが、それは、それが個人的経験の現象学であり、徹底した関係文脈主義であり、すべての形態の還元主義に抵抗するものだったからです。私が持っている最も深い確信は、人は、小さいころや、その後に人からどのように扱われるかによって育つもので、私たちの中にある本質的に善くない何かによって育つわけではないというものです。私はこうした背景からこのようになりましたが、もしかしたら、古い考えの方が私の最も深いオーガナイジング・プリンシプルにフィットしていたかもしれません。その場合は、個人的にも臨床的にも、私はより絶望的になっていたでしょう。

私はどのようにしてこの理論を始めたのでしょうか。そのルーツは、私の問題を抱えた家族にあります。私は十人兄弟の第一子として、幼いころから、年下のきょうだいたちの面倒を見ることをその責務とされていました。脆弱な家族システムを維持するために、私はさまざまな家事をこなしました。洗濯や乳搾り、火起こしなど、さまざまです。一部屋に三人、四人、五人と一緒に寝たこともありました。そのような経験をした私は、デカルト（Descartes）が発展させたような個別化された心の哲学の孤独さをイメージすることはできませんでしたし、小さな家族をうらやむことを止めることもできませんでした。妹たちは、親の暴力やネグレクトから の手厚い保護を必要としていました。きょうだいはそれぞれニックネームを持っていましたが、私のニックネームは「価値なし」や「役立たず」でした。私の名前は「ドナ」ではなく「価値なし」だったのです。他にも「なまけもの」や「ジコチュー」という名前もありましたが、それは幼少期には変容して私の個人的な「オーガナイジング・プリンシプル」になりました。それは、私の恥でいっぱいの情緒的確信になりました。それは私の感じ方になり、他者に関心を向けられたり、扱われたりするときに発動される予測システムとなりました。この状況を生き抜くための私の逃げ道は、読書や教会でした。私の幼少期の唯一の隠れ家だった図書館から、わたしは修道院に逃げ込みました。そこは私の家族よりも、堅く、権威的で道徳的なシステムでした。それでも、そこには素晴らしい女性たちがいて、理にかなったよい教育がありました。私が大好きだったのは言語学や文学でしたが、大学生のときの私の仕事は、十二歳の子どもたちを教育することでした。幸いなことに、のちに彼らは、哲学の勉強のために私を送り出してくれました。哲学は一九七〇年代の女性には険しい道でしたが、人生を通して私を魅了しているものです。米国のプラグマティズムから、ヨーロッパ現象学、解釈学（解釈interpreters）まで、それは私の一つの旅でした。家父長的で、無謬主義的なカトリック教会を後にしてからは、私の道は臨床心理学と精神分析へと向かいました。そこに至るまでに、私の中に言葉に対する愛情と関心が戻ってきました。そこで私は、理解に関する対話的見方を発展させることができるようになったのです。

私の個人的確信や哲学的確信、あるいは、理論という名前で飾り立てられている信念は、情緒的・関係的歴史が形作った私の切望や傾向、哲学や精神分析の本を読むことやそれとの対話、そして臨床実践などから生じたものです。私の中では、そういったものどうしの対話もありました。それは、私の人生を通して起きていていることです。そこには一方向の影響というものはありません。影響は外からやってきます。それは時々予想外の贈り物として与えられ、私たちを驚かせます。しかし、私たちはまた、その影響も探さないといけません。このプロセスが間主観的なのです。

知的な面として述べると、間主観性システム理論の視座は、持っていることが妥当だと思われる基本的な七つの確信から自然に出てきたものです。

（1）個人的な経験が形作られ、維持され、関係の文脈に変容していくことは、私には公理的なものです。それは、私が知っているすべての関係理論家にとってもそうだと思います。私からすると、私たちが経験と呼ぶものが、公的なコミュニティ、あるいは潜在的なコミュニティによってなされる解釈なしで経験されることはありません。人は、複雑に入れ子になり重なり合ったシステムの中でのみ、自分自身――自分自身の特徴的な考え方、感じ方、信じ方、他者との生き方を持った人――になっていきます。そのシステムとは、乳児養育者、家族、文化、宗教、西洋的生活世界といったものです（Husserl, 1970; Merleau-Ponty, 1962）。私たちが自分自身や他者の他性を経験する方法は、そのようなシステムに依存しています。そして、ある状況が、一定の強さを持つ私のオーガナイズされた体験の特定の側面を再刺激し、新しい解釈の可能性を創りだします。私たちがその状況に持ち込むものは、可能性と学習の永続的な組み合わせですが、それは私たちが互いに出会うまでは実在化しません。誰かと作った状況において経験されることがすべて、私の中の何から生じるということはありません。むしろそれは、ともに暮らす世界に私が参加することなのです。エマニュエル・レヴィナス（Emmanuel Levinas, 1969）ならば、人は他者の顔に応答するところにおいてのみ人自身になると評するかもしれません。他者とは、未亡人、孤児、異邦人（stranger）ですが、要するに貧困者（the destitute）のことです。

しかしここでは、私たちは先を急ぎましょう。

（2）私にとって、すべての経験はいつも解釈学的です。したがってそれは、遠近法的です。これは、人は誰も、人間のグループはどれも、すべてのことについて部分的な見方しかできないということを意味しています。経験の可能性の地平は、空間的にも時間的にも限定されたものです。これは、治療者が「患者は何かを投影している」と断じられるほど、権威的な神の目を持つことはできないことを意味しています。私たちが唯一できるのは、理解することをともに求め続けるということだけです。その理解もすべて暫定的なもので、全体的真理を知ることができる人はいません。

（3）さらに、経験の本質的一時性が意味しているのは、発達と変化は、永続することと同じくらい重要だということです。私たちがたとえ、安定や信頼、確かさを切望しているとしても、です。精神分析状況では、相互的に調整された経験は、過去に装てんされたものではあっても、ある程度不安定なシステムを形成します。それはいつも、継続的にそして間歇的にそれ自体をオーガナイズし、再オーガナイズし続けるシステムを構成します。

（4）人間存在は、身体化された心（embodied spirit）（Merleau-Ponty, 1945/1962）です。そこにあるのは私一つでしかありません。私の心は、自転車に乗るからと言って、物理的な体を取り出すことはできません。ただ自転車に乗りに出かけるだけなのです。たとえ神経科学者が、部分的にしろ、それが可能だと説明できたとしても、脳のメカニズム自体が私をそのように駆り立てることはありません。人間存在は、心理主義的な言葉や、身体主義的な言葉で記述可能ですが、そういった記述を利用するとしても、システム理論はいかなる形態であっても還元主義ではありません。

（5）意識や無意識は空間ではありません。またそれらは、シャープに分類できる経験でもありません。それは、多いか少ないかの問題です。人は、文脈のさまざまな形態を頼りに、他の場面では知ることがない自分や、患者、あるいは、他の誰かのことを知ることがあります。フロイトの力動的無意識でさえ、精神分析的対話の中でこそアクセス可能です。彼の「ワーキングスルー」の概念は、意識‐無意識の二分法が不完全であることを示しています。関係性理論やシステム理論が示唆するのは、意識も無意識も孤立した心の特性ではなく、関係プロセスの変化する特性だということです。

（6）間主観性理論は、人間存在の独自性やかけがえのなさへの信念という点で、「デカルト的な個別化された心」という非社会的な概念から区別されます。すべての人生には、関係的な、そして、潜在的に関係的な大小さまざまな出来事の無限の組み合わせがあります。人は、この無限性から継続的に自己をオーガナイズし続けながら、一つの人格へと向かいますので、人は一つの決まりきったかたちやカテゴリーに還元されるものではありません。体験世界が私たちに住み着いているのと同様に、私たちも体験世界に住み着いています。これは日本的な考えと近いものかもしれません。人生やアートには、素晴らしくもあり、奇妙で難しくもあることが含まれています。その多くは、いつも生じ続けるこの個人性の結果によるものです。それが私のものならば私性、あなたのものならば他性です。個人がユニークで、なじみ深い過去の体験によって自分を知ることができると主張することは、デカルト的な心の孤立性と同じではありません。

（7）最後に、もう一度述べておきましょう。理論はほどほどに軽く持つべきで、確実なことは決してないのだと考える可謬的態度は、理論的、臨床的堅さから私たちを守ることになります。そうすることで、私たちは謙虚で気取らない態度のままでいられ、学んでいくことにいつも開かれた状態でいられます。間主観性システム理論は——とくに知的、臨床的感性として理解される間主観性理論は——ここに描いた私の哲学的信念にマッチするだけでなく、それを精神分析実践に具体化してくれるものでもあります。この考え方が注目するのは、二人またはそれ以上の、ユニークで繰り返すことができない主観的経験世界によって構築された関係フィールドです。両親と子ども、患者と分析家、労働者と上司、愛する人と敵といった組み合わせはすべて、本質的な心理学的システムを構築し、個人は決してそのシステムの外側にあるとは理解されません。最終的に間主観性システム理論が私にフィットしたのは、受け入れがたい特徴を受け入れるべきという義務感を感じることもないし、それが、多くの精神分析理論の最も価値ある特性を含んでいるように思われたからです。これが短いサマリーです。

私たちは、フロイトの精神分析から、問題を抱えた人生を癒す方法としての意味の探求を学びました。対象関係論からは、抱える環境や移行体験のように、個人的経験や概念構築における関係の優先性について学びました。自己心理学からは、理解することや発達的思考自体に治療効果があると考え、そのプロセスや理論をとらえようとする臨床的感性を得ました。米国関係論からは、私たちは、精神分析プロセスの相互的参加がどれだけ不可避的なものなのかを学び、この相互性をいかに価値づけ、受け入れるのかを学びました。それはまた、倫理的非対称性を生きることでもあります（Levinas, 1999; Aron, 1996）。こうしたすべての贈り物は、疑いなく、間主観性システム理論の感性によって受け入れられるでしょう。他の理論の問題の議論はここではやめておきましょう。

間主観性システム理論は、結局のところ、私の日々の臨床的営みやスーパーヴィジョンの経験に知識を与えるとともに、そこから生じたものでもあります。しかしながら、これを、他の理論で考え実践する臨床家をおとしめることなく描き出すことは簡単ではありません。どんな学派の分析家や精神療法家でも、ある方法で治療できなかったり、誤って治療されたりした患者が、異なったかたちで実践される他のアプローチによってよりよく治療されたストーリーを知っているでしょう。私たちは、前の治療についての語りが、少なくとも三つの主観的世界の交差するところに構築されていることを忘れないようにしなければなりません。三つの主観的世界とは、患者と、前の治療者と、そして私です。そのようなストーリーは私に影響を与えています。彼らの仕事について述べた精神分析家の文献を読み、話を聞く際には、私たちは自分自身を彼らの患者としてイメージするので、そこにもう一つのヴァーチャルな間主観性システムを創ることができます。実践家によって臨床的スタイルが全然違うことを承認することで、私たちは理論と感性を発達させようと試みますが、最も賢い読み方は、自分を患者として考えてみる方法です。あなたが彼らにしてもらいたいと思う方法で他者を扱うこと、あるいは少なくとも、あなたが彼らにして欲しくないと思っていることを相手にしないようにすること、これが、間主観的治療者にとって最も有益な考えです。

こうした前提を踏まえて、短い臨床的ストーリーを見てみましょう。これは私の臨床的理念と対照的な実践的態度です。ルシアは、最も伝統的な方法で治療されていました。カウチに横になり、一週間に数日セッションに通っていました。ルシアは、彼女が十一歳の時にがんで亡くなりましたが、誰もそのことを彼女に話しませんでした。彼女は母親にお別れをする機会を与えられませんでした。葬式の手配をしている親戚の会話を小耳にはさんだときには、すでに母親は亡くなっていたのです。そのようなトラウマとそれに続く関係性のために、彼女は不安を感じ、警戒するようになりました。数カ月の分析ののち、彼女は分析家が深く彼女の経験を理解することができるのか疑問を感じ始め、分析家は幼少期に親を亡くしたことがあるのかと尋ねました。彼女の分析家は、それに答えることを断固として断り、質問したことを分析するという方法でのみかかわりました。分析家は、患者の質問が適切なもので、答えるにふさわしいものであるかもしれないという可能性を共に考えることを拒否したのです。患者は自分がルールに従って扱われているだけだと感じ、数カ月間悩んだ末に、最終的に絶望のまま分析をやめました。大学院生としても、のちに仕事を探すうえでも、彼女は非常に警戒心が強く、自分自身の知覚を信じることができないままでした。

ルシアや他の患者は、私が間主観性システム理論の精神分析家としてものを考え、実践する機会を与えてくれました。私自身も含むそうした失敗は、その患者を「ケース」としてしまったり、理論やルールの例に代えてしまったりしたことから生じたものです。そのような治療は、患者の経験世界の独自性や、心理的システムへの観察者の参与の影響の複雑さを承認することに失敗したという点で不適切なものなのです。

間主観性システム理論は、明確な臨床理論や「技法的」推奨を提供するものではありません。臨床的視点からいえば、間主観性は理論というよりも一つの感性です。それは、観察する者と観察される者との不可避的な相互的やり取りに対する継続的な感性に関する一つの態度のようなものです。私たちは、自分を他者の経験の中に入れ込んで、その中に浸していくのではなく、間主観的空間‐時間の中で他者に合流することを想定します。精神分析的対話における二人の参加者は、そのプロセスに情緒的歴史を持ち込みます。分析家はいつも患者のためにそこにいますが、患者や分析家の情緒的歴史や心理的オーガナイゼーションは、すべての臨床的やり取りの理解にとって等しく重要です。私たちが問うこと、解釈すること、特に何もしないことといったことは、私たちが誰なのかということによって変わります。分析的プロセスは、関係論の理論家ルイス・アーロン（Lewis Aron, 1996）が説明したように、相互的に構築されますが、シンメトリックではありません。一方の参加者はそこでは基本的に助ける側、治療する側、質問する側です。もう一方の参加者は、基本的に情緒的苦しみからの回復を求める側です。私たちが精神分析と名づけた発達的プロセスにおいて、一方は基本的に応答する側で、導く側ですが、もう一方はあまり苦しみを伴わない方法で経験をオーガナイズし、再オーガナイズすることを求める側です。

上に述べた患者に戻ってみましょう。間主観性システム、あるいは間主観的感性の治療ならうまくいったかもしれない理由として、私たちはどんな推察をすることができるのでしょうか。私と彼女は十四年間、一週間に三回、のちに一週間に二回セッションをしました。深刻な問題として記述されるような原家族を持つ彼女は、他の多くの患者のように、ひどく痛々しく、衰弱した心理的困難さを抱えていました。彼女のような患者たちは、さまざまな方法で「私たちの作業はうまくいっています。なぜならばあなたは、何かのケースとしてではなく私を人として扱ってくれるからです。そしてあなたは**わかっているふり**をしませんし、専門的な役割の背後に何かを隠すこともないからです。あなたは本当に私と一緒にいてくれるようですね」と伝えてくれました。もちろん、これはすべて理想化ですし、彼らが私を完璧な臨床的聖人と見ているわけでもありません。そうした患者たちは皆、他の理論に拠って行われた治療において、恐らく、誤解され、苦痛を体験させられてきたのでしょう。間主観性システム理論の臨床家はしかし、自分はその問題に参与してきたと考え、患者からいつも多くのことを学ぶことができると考えます。患者は非難されることなく、あまり辱められることもなく、自分が貢献したことや、新しい理解が会話の中に浮かび上がることを探索するだけの自由度を持っています。

倫理的転回

多くの精神分析的間主観性理論家は、相互承認を倫理的で臨床的な理想と考えてきました。しかし私からすると、相互的なときでさえ、承認はそれ自体が目的になることはありません。それは公正と倫理的生活の一つの結果に過ぎません。『生のあやうさ――哀悼と暴力の政治学』の著者ジュディス・バトラー（J. Butler, 2000; Judith Butler, 2004）は、ヘーゲル的承認の話法では、倫理的であるためには、利用可能なものとは異なる種類の他性が必要だと述べています。彼女はこう主張します。

> ある倫理的な出会いが可能となるためには、可傷性が承認されるだろういう諒解がなくてはならないが、このことがかならず起きるという保障はない……可傷性はそれが承認されたとたんに違う意味を帯びる。そしてその承認が傷つきやすさを再構成する力を作り出すのだ。……「人間であること」の前提条件としての可傷性の構築に際してきわめて本質的に重要な承認の規範を孕んだこの枠組みこそが、それゆえにまさに重要なのだ。
>
> （Judith Butler, 2004, p.43、本橋訳、二〇〇七、八十五―八十六頁より引用）

これは、誇りに満ち独立した人や国にとっては、耳にすることが痛い話ではないでしょうか。バトラーは結論づけます。「生の最初の時点における傷つきやすさに対する支援という問題は、赤ん坊や子どもにとって、ひとつの倫理的な問いなのだ。しかしここにはより広範な倫理的問題が孕まれていて、それは大人の世界に関係があるだけでなく、政治とそれが含む倫理的次元の領域に関わっている」（Judith Butler, 2004, pp. 45–46、本橋訳、二〇〇七、八十九―九十頁より引用）と。リサ・バライッツアー（Baraitser, 2008）が述べるように、私たちは、「もう一つのものの見方」をしています。

もう一つの主体による承認に依存する自己 - 承認は、他者性（alterity）の崩壊を防ぐうえで困難さを抱えることになるだろう。他の人を「知る」だけではなく、承認するということには植民地化の衝動が本質的に潜んでいるからである。それと対照的なのは、『他者』との関係を、自己に先立つ倫理的関係として描く関係である。つまり、まったくの主体である前に応答可能な主体としてその主体を設置するような関係である。

（Baraitser, p.102）

バライッツアーの記述の中に、哲学者で非対称的責任の唱道者であるエマニュエル・レヴィナス（Emmanuel Levinas）の影を見ることができます。私にとってレヴィナスは、自分につきまとう罪、つまり回避と無関心といった傍観者性を明確にしてくれる人です。ドストエフスキーの読み解きやヘブライ語の聖書の読み解きにおいて、彼は、カインの傲慢な質問「私は弟の監視者なのですか」への正しい答えを聞き、あらゆるエゴイズム的形態の西欧哲学に異を唱えました。「倫理はそれ自体ですでに一箇の『光学』である」（Levinas, 1969, p.29、熊野訳、二〇〇五、二十二頁より引用）と主張した彼は、目を背けることなく人間の苦しみを見るようにと人々に迫ったのです。彼は五年にわたるナチスの強制収容所暮らしを生き残った人で、その間にリトアニアいた家族すべてを失いました。彼はこう書きます。

表現するものとしての――死ぬものとしての顔のこのような面前は、私を指定し、私に要求し、私に要請する。他人の顔――どんな総体からも何らかの仕方で分離された純粋な他性――は不可視の死に直面しているのだが、あたかもこの死が「私の問題」であるかのようなのだ。〔まるで私がいつもすでにきょうだいの監視者であるかのように〕。他人の顔の裸出を通じて、すでにして不可視の死は他人と係わっているのだが、他人に気づかれることなく、あたかも死が「私をみている」〔私と係わっている〕かのようなのだ。見ている、と言ったが、私との対峙に先立って私を見回すような死であるのに先立って、そうするのだ。他なる人間の死は私を審問し、問い質す。この死に対して私が時に無関心になることで、あたかも私は、それに曝された他者には見えないこの死の共犯者と化すかのようだ。自分自身が死へと委ねられるのにさえ先立って、あたかも私は、他者の死について責任を負わねばならず、死の孤独へと他人を遺棄してはならないかのようだ。私を指定し、私に要求し、私に要請する顔によって、私にほかならぬ自分の責任を思い起こさせることを、このように問い質すことにあってこそ、他人は隣人なのである。

（Lévinas, 1999, pp.24–25　合田・松丸訳、二〇〇一、四十頁より引用）

この悲劇的な他者は私に呼び掛けます。他者は私をトラウマ化して、私を捕虜にして、私を支配し、身代わりになることを求めます。他者は、他者のためだけに他者を受けいれる唯一の意味のある苦しみへと私たちを導きます。彼の見方では、他者の苦しみが私に課す命令に確かに応答することにおいて、人は倫理的主体性へと導かれ、主体として構築されるわけです。それは被虐性ではありません。この苦しみに喜びがあるわけでもありません。もちろん、この無限の要求と終わりのない責任に応えられる人がいるわけではありません。だから人は、ドストエフスキーのように、すべてに対して、すべての前に永遠に罪を負うことになります。普段の生活で、予期しない異者が私の前に来たとしましょう。彼女は、私が並んでいる列の前に入ることを歓迎され、驚くほど礼儀正しいニューヨーカーから地下鉄の階段を上がることを助けてもらい、急ぎのレジのコーナーに入ることを認めてもらえます。助けが必要となったならば、彼女はＩＤカードを提示する必要もありません。誰かが彼女を「汚いユダヤ人」と呼ぶならば、私たちは自分だってユダヤ人だと言い、大虐殺から彼女を守るべきであることを知っています。この責任の倫理は、トラウマに満ちた記憶でもある極端な状況に対する応答性の中に構成されます。この責任の倫理は、しばしば極端な印象を与えますが、それ自体は日々の生活に近接したところにあって、予期しない質問や状況において、私たちを倫理的に呼び覚ますのです。

サイモン・クリッチリー（Simon Critchley, 2007）は、他者に対する無限の責任は、レヴィナスが「間主観的領域のひずみ（the curvature of intersubjective space）」と呼んだものを創りだすと述べました。そのひずみでは、他者はいつも高い位置にいます。相互性や互恵性、弁証法を強調する間主観性のすべての理論は、根源的非対称性を失っています。「この関係の中では、他者は私と同等ではなく、私の〔他者〕への責任は無限である」（Critchley, 2007, p.60）とされます。

同時に、責任の話法は、フェミニストには受け入れがたいかもしれません。女性は、十分すぎるほど長い間、他者をケアすることに甘んじてきたからです。ただ責任の話法は、ジュディス・バトラーの言葉へとつながります。彼女は倫理的呼びかけを、不安定性、脆弱性、トラウマ化されたものの肯定の中に見たからです。

もしこれらの生が名づけられず悲しまれもしないのなら、もし彼ら彼女らがその脆さとその破壊によって私たちの眼前に現れてこないなら、私たちは動かされることはないだろう。私たちは倫理的な怒りの感覚を取り戻すことはないだろう。他のだれとも異なる、特定の他者の名における、特定の他者のための怒りを。現在の表象状況において、私たちは苦痛の声を聞くことができない。他者の顔によって促され命じられることができない。

（Judith Butler, 2004, p.150、本橋訳、二〇〇七、二三八頁より引用）

彼女は私たちの倫理的主体性が、メディアの操作によってシステム的に閉塞されてしまうことに危機感を持っています。

主体性の倫理的組成

ここで、ある考え方を発達的・間主観的精神分析に与えてみましょう。それは、主体性または自己感覚（self of selfhood）は、母親的ケア（Winnicott, 1965）や、自己‐自己対象関係（Kohut, 1977）、間主観的フィールド（Stolorow, Brandchaft, et al., 1987）、あるいは、関係性（Mitchell, 2000）から生じるという考え方です。もちろんそれは、明らかな発達的トラウマはないという前提です。そうすると、精神療法家の日々の仕事は、私たちの世界にたくさんいる人たち、つまり、早期の、あるいはのちのトラウマや他のトラブルのためにオフィスに来るようになった人たちを理解したり、応答したりすることになります。

しかし、私たちの主体（観）性を構築しているのは、あるいは私たち自身の道徳性の中心を構築しているのはなんでしょうか。つまり、古代ギリシア人やローマ人がそう呼んできたようなヘゲモニコン[2]を構築しているのはなんでしょうか。私たちは意識や責任の声をどこで聞くのでしょうか。スウェーデンのノーベル美術館で行われたレクチャーで、ジュディス・バトラーは、苦しむ他者の不安定な顔は、テレビや新聞、携帯電話などのデバイスを通して、毎日私たちに向き合っていると示唆しています。その顔は、無限に近く、無限に遠い顔です。これはユーチューブで簡単に見ることができますので、ぜひ見てください。

人はこれにどのように応答するのでしょうか。ある人は国境なき医師団に入隊するかもしれません。それはまさに、栄光なき人生です。一九三九年に、神学者のディートリヒ・ボンヘッファー（Dietrich Bonhoeffer）は、同僚がニューヨークに留まることを勧めたにもかかわらず、ヒトラーの暗殺を計画する他のドイツ人キリスト教徒に合流しドイツに帰国しました。ヴィトルト・ピレツキ（Witold Pilecki）は、最近発見され出版された報告からわかるように（Pilecki, 2012）、自ら志願してアウシュヴィッツの囚人となりました。彼はアウシュヴィッツで三年間暮らす中で、レジスタンスを組織し、内部の状況を外の世界に伝え続けたのです。彼は他の人を守るために自分の名前を伏せ続けました。（大戦後の）一九四八年三月、彼はポーランドの共産党政権につかまって拷問され、訴追され、処刑されました。同じように、迫害や暴力の問題を訴えようとするジャーナリストたちが、日々殺されています。

しかし、彼らの多くはただ謙虚にそうしているだけです。自分がすべきことをただしているだけだと、彼らはその程度にしか感じていません。ある同僚は、自分の仕事をし続けながらも、末期の状態にある友人たちに寄り添い、ケアしていますが、そのような自分を倫理的だとは考えていません。しかし彼女の倫理的主体は――それがどのようなものであったとしても――私から見ると、他者への応答から生じたものです。フランスの哲学者ジル・ドゥルーズ（Gilles Deleuze）の言葉を見てみましょう。

> 人が自分の名前において何かを言うことは非常におかしなことである。なぜならば、私たちが自分自身の名前においてて話をするのは、私たちが自分を自身として、人として、あるいは主体として考えているときではないからである。逆に個人は、彼に広くいきわたる多重性や、彼の全体的存在を貫く強さに開かれるとき、本当に適切な名前を求めるが、それは最も非人格化された状態においてである。
>
> (Deleuze, p.1140, Braitser, 2008, p.86から引用)

何よりもまず、私たちは、私たち自身の名前において承認されることを期待するべきでありません。おそらくこれは、西欧個人主義においてよりも、日本においての方が受け入れやすいでしょう。多重性は私全体に満ちています。さらに、ドストエフスキーがシベリアに流されたときに理解したように、数字や文字として扱われるところに道徳性はありません。他者――ひょっとしたら、醜く、不愉快で、要求がましく、気味が悪いが、少なくとも私のケアを必要としている他者――は、私の同胞なのです。私に何も与えてくれない夜泣きする赤ん坊は、私に応答することを求めるのです。責任は倫理の世界では、承認にとってかわるものです。承認は、自己目的化してしまう可能性があり、そうなると承認は個人主義的世界の中に崩壊します。社会契約説の哲学者、トマス・ホッブズ（Thomas Hobbes）は、このエゴイズムを人間に当然のものと信じました。彼は、人間の生活は、孤独で、貧相で、不快で、野蛮で、無愛想なものだと言いました。しかし、承認が私たちの生活にただ偶然に（自己目的化されずに）登場するときには、私の考えるところでは、それは謙虚に受け入られると贈り物になり、他者に譲渡されるようになると思われます。

他者に対する応答によって構築された主体性は、まったく気取らないものになるでしょう。承認されることもなく、自分を売り込むわけでもなく、他者に奉仕することは、自分を誰かの支配下におくことを許します。それは毎日の生活に持ち込まれます――家でも外でもです。多くの人はそれを不可能な生活と呼ぶでしょう。何人かの人は、それはその通りだというでしょう。日によってそうできるときとできないときがあるでしょう。それには限界があります。しかし確かに、自分たちの周りでは、毎日、単純であるものの、驚くほどの善良さがあふれているではありませんか。

結　論

間主観性と倫理の少し変わった共同作業をしてきましたが、今日は私たちがともに日本にいることは、幸運なことです。私は、アメリカ合衆国の西海岸で一九四四年に生まれました。戦争が終わる一年半前です。まだ小さな子どもだった私は、悪い人を呼ぶときの英単語は「ジャップ」だと教わりました。ゲームで負けた人は、いつも「女の子」か「ジャップ」（または、アメリカ原住民で、白人が土地を奪った相手の「インディアン」）でした。ゆっくりとではありましたが、私たちは次第に、これがすべて間違っているもので、私たちは全員自分がひどいことをしてきた人間で、ひどいことに苦しんできた人であったことを知ります。もちろん、多くの場合私たちは、自分が他者に何かひどいことをしてきたと考えたいとは思いません。この瞬間もそうです。私たちは、この研修セミナーに私たちの文化的歴史や差異を持ちこむだけでなく、戦争の歴史や誤解を同時に持ち込んでいます。来週の月曜日、私たちは一日広島に行く予定ですが、そこで私たちは、そこで亡くなった日本の皆さんと韓国の方々に対して、自分の国の犯罪を嘆くことになると思います。間主観性は、私にとって、二人の人に関することだけではありません。それは、二つの文化、二つの言語、二つの生活スタイル、私たちの歴史の二つの感じ方に関するものでもあります。私は、精神分析的な間主観的営みが、私たちの患者だけでなく、私たちの国を助け、患者や国についての誠実な理解を導き、文化的差異を喜んで受け入れ、私たちが互いに起こしてきた苦しみに懺悔し、そして、より深い思いやりをもって互いに生きることに寄与できればと思っています。

（翻訳：富樫公一　二〇一七年十一月二十三日　小寺精神分析記念財団）

文　献

Aron, L. (1996). *A Meeting of Minds.* Hilsdale, NJ: The Analytic Press.
Balint, M. (1979). *The Basic Fault : Therapeutic Aspects of Regression.* New York: Brunner/Mazel.
Baraitser, L. (2008). Mum's the word: Intersubjectivity, alterity, and the maternal subject. *Studies in Gender and Sexuality,* 9, 86–110.
Benjamin, J. (1991). Commentary on Irwin Z. Hoffman's discussion: "Toward a social-constractivist view of the psychoanalytic situation". Psychoanalytic Dialogues, 1(4), 525–533.

Benjamin, J. (1995). *Like Subjects, Love Objects : Essays on Recognition and Sexual Difference.* New Haven, CT: Yale University Press.

Butler, J. (2004). *Precarious Life : the Powers of Mourning and Violence.* London; New York: Verso.　本橋哲也訳（二〇〇七）．生のあやうさ——哀悼と暴力の政治学．以文社．

Critchley, S. (2007). *Infinitely Demanding: Ethics of Commitment, Politics of Resistance.* London; New York: Verso.

Gadamer, H.-G. (1960/1991). *Truth and Method* (J. Weinsheimer and D. G. Marshall Trans.). New York: Crossroads. (Originally published in 1960.)　轡田収・巻田悦郎訳（二〇〇八）．真理と方法Ⅱ．法政大学出版局．

Husserl, E. (1970). *The Crisis of European Sciences and Transcendental Phenomenology; An Introduction to Phenomenological Philosophy.* Evanston: Northwestern University Press.

Kohut, H. (1977). *The restoration of the self.* New York: International Universities Press.

Lévinas, E. (1969). *Totality and Infinity: An Essay on Exteriority.* Pittsburgh: Duquesne University Press.　熊野純彦訳（二〇〇五）．全体性と無限．岩波文庫．

Lévinas, E. (1999). *Alterity and Transcendence.* New York: Columbia University Press.　合田正人・松丸和弘訳（二〇〇一）．他性と超越．法政大学出版局．

Merleau-Ponty, M. (1962). *Phenomenology of Perception.* New York: Routledge.

Ogden, T. H. (1994). The analytic third: working with intersubjective clinical facts. *International Journal of Psycho-Analysis,* 75, 3–19.

Orange, D. M. (1995). *Emotional understanding : studies in psychoanalytic epistemology.* New York: Guilford Press.

Pilecki, W. (2012). *The Auschwitz Volunteer: Beyond Bravery* (1st ed.). Los Angeles, CA: Aquila Polonica.

Stern, D. N. (1985). *The Interpersonal World of The Infant : A View From Psychoanalysis and Developmental Psychology.* New York: Basic Books.

注

1　〔訳注〕私たちは自分が個人的に見たもの以上に現実を知ることができるのかという哲学上の問いかけ。

2　〔訳注〕「霊魂の中枢的部」を意味するギリシア語。それは、他の諸能力を統御し、自然との一致をもたらす理性的霊魂と言いかえることもできる。

第八章　臨床家のための哲学

ドナ・M・オレンジ

私の講義はいずれも、丸田俊彦先生の思い出に捧げるものです。彼は私の友人であり、同僚であり、共同翻訳者であり、そしてあなたたちの多くにとっての先生であり、指導者でもありました。

現代の臨床家は挑戦し続けています。私たちは日々、フロイト（Freud）が「トーキングキュア（お話療法）」と呼んだ方法で、患者を理解し癒そうとしています。精神分析の理論と実践において、私たちは日々古い考えと新しい考えの間にいて、そうした考えをどのようにして選び統合したらよいのか悩み続けています。乳児と子どもの発達に関する最近の発見もまた、私たちの臨床的思索の新たな挑戦の一つでしょう。ごく最近になって私たちは、私たちの仕事が歴史的、文化的、政治的に状況づけられていることを認識しました。北米には、認知神経学、認知行動療法のような「エビデンス・ベースト」の治療、生物学的／薬理学的還元主義が、すべての問題を解決すると考える人たちもいます。こうした挑戦において、精神分析や他の人間的精神療法の訓練では、自分たちの歴史における有名な思想家たちの考えを学ぶことが求められます。そうした訓練は、ある種の困難さはあっても、初学者を情緒的・関係的プロセスへと導くからです。しかし、真面目に学ぶ才能のある臨床家の中には、経験がある人でも、自分は十分に文献を読むことができないと感じている人がいるようです。中には、恥じて、読むことをやめてしまう人もいます。翻訳された書籍を読まなければならないときなど、もっと大変でしょう。翻訳がどれ程よいものであったとしても、当たり前だとされていることは常に文化によって異なっているからです。

今日のお話は、現場の臨床家の方たちに、精神分析的な仕事と理論について考えるための道具と理由を提供しようというものです。スーパーヴィジョンや勉強会のために私のところに来る北米の臨床家たちは、自分は「理論に怖気づいてしまう」と言います。彼らは、概念や理論を扱うことに不安を覚えることを恥じていますが、上手に読めるようになりたいし、それを習いたいとも思っているようです。今日は、哲学者たちをこの会話に招待することで、みなさんの好奇心を刺激して、気持ちや考えの世界をより身近で、力あるものに感じられるようにできればと思っています。

ソクラテス（Socrates）は、今でも西欧哲学の最も重要な存在です。単純な生活をし、問い続け、善い人間であることを諦めずに求め続けた彼は、アテナイ人を苛立たせました。自分が賢者だと評価されたことに疑問を抱き、彼は自分の中で考えました。

> 私はこの男より賢い。私たちはどちらも価値のあることを何も知らない。しかし彼は自分が何も知らないことを知っていると思い込んでいる。一方で私は、私がものを知らないことを知らないと自覚している。私が彼よりもほんの少しだけ賢いのは、それは私が、自分がものを知らないということを知っているからである。
>
> (Plato, Cooper, & Hutchinson, 1997, p.21)

彼は、若者たちを混乱させる考えを、アテナイ人が好まないことを知っていました。結局アテナイ人たちは、「若者を堕落させた」罪で、若者に問答を勧めた**彼を**訴追しました。ソクラテスを黙らせることができないと知った彼らは、沈黙するか、死ぬかどちらかを選択するように彼に迫りました。彼はこう答えます。「善い人間は生きるか死ぬかのリスクを考えて行動するべきだと考えるならば、あなたは間違っている。それは、自分がしたことが正しいのか間違っているのか、自分の行動が善いものに見えるのか悪いものに見えるのかを、自分の行動の中だけに見ることになるからだ」（p.26）。

さてここで、臨床家の個人的・専門的理想はどの点でソクラテスと似ているのかを見てみましょう。さまざまな臨床的アプローチがあります。中でも、精神分析や人間的精神療法の専門家はものごとを理解しようとする人たちですが、彼らはまた、自分たちがいかにものを知らないかということも知っている者たちです。私たちはいつも、自分たちの推測、反応、視点には不可避的な限界があるのだと問い続けています。このように問うことが、「哲学すること」だともいえるでしょう。私たちが扱うのは人間の情緒的生活です。特に、希望と恐れ（Mitchell, 1993）をいっぱいにして私たちのところにやってくるような、苦しむ他者たちの情緒生活です。希望とは人間の結びつきが自分を救ってくれるかもしれないという希望です。恐れとは、その人もまた失敗するかもしれないという恐れです。日本の皆さんは、私とは異なった基本的な文化的理想――人々と価値――を持っていて、それをみなさん自身の仕事の中に持ち込んでいるでしょう。皆さんがそれについて私に教えてくれることを期待しています。

簡単にいえば、私の言いたいことはこうです。すなわち、西欧であろうと、日本であろうと、思慮深い分析家やその他の人間主義的精神療法の治療者は、哲学を実践している、ということです。日々哲学することで、私たちは、私たちが無意識的にしていることをより深く考えることができるのです。過去の偉大な哲学者や今の哲学者たちと対話をすることで、私たちは、物事を考え、問い続けられるようになります。もし私たちがその対話を避けるならば、私たちの人生の一部は検証されないままになり、理論からも実践からも哲学的前提が失われることになります。

フロイトの時代から、精神分析家とその他の臨床家は情緒的世界やその発達、その不具合を理論化しようと試みてきました。フロイトの考えでは、性的・攻撃衝動生活や、偽装された一次的無意識が、それ自体の中で葛藤を創り出したり、外的世界との間に葛藤を創り出したりします。クライン派は、情緒的基盤は原初的な攻撃性にあると考え、それですべてを説明します。英国中間学派（特にウィニコット）は、コフート派自己心理学と同様に、家族内での自己‐発達が成功するか失敗するかを問題にします。自己心理学や間主観性システム理論を含む関係精神分析は、関係基盤や間主観的フィールド、愛着システムのような概念に注目します。こうしたすべての理論は、西欧哲学を基盤として出来上がってきたものなのですが、富樫先生のような同僚が、日本の思想的基盤から別の発展がもたらされる可能性を示してくれています（第十二章参照）。

若い時代、フロイト自身も哲学を志向したことがありました。彼は、早期の現象学者フランツ・ブレンターノ（Franz Brentano）の授業を五つ取ったことがあり、ジョン・スチュアート・ミル（John Stuart Mill）の本『女性の解放（The Subjection of Women）』をドイツ語に翻訳したこともありました。残念ながら彼は、恐らく自分独自の学問を作りたいという情熱からだと思いますが、ニーチェ（Nietzsche）やショーペンハウアー（Schopenhauer）は読みませんでした。こうした思想家たちは、無意識の概念のようなものをすでに作っていたからでしょう。フロイトは軽蔑するように、哲学者たちは彼の考えに何ももたらさないと主張しました。

精神分析はソクラテス・プロジェクトを捨てることによって、臨床家たちをしばしば裏切ってきました。多くの場合、私たちは臨床的実践を、哲学的文脈から切り離されたものとして扱ってきました。私たちはそのようにして、内的・外的批判から自分たちの理論を守ってきたのです。多くの人間主義的精神療法家が離れていきました。彼らは今や、独自のコミュニティを構築しています。彼らは、精神分析の理念や理論と自分たちを重ね合わせることはしません。現代のより関係的な精神分析とでさえそうです。関係ゲシュタルト療法のようなグループや、ロロ・メイ（Rollo May）やカール・ロジャース（Carl Rogers）の実存的人間主義の後継者たちは、ソクラテスの理想を生きようとした臨床家だと呼ぶことができます。

なぜ考えることが重要なのか

感じることと考えることの間には、それほど明確な区別はありませんが、臨床家が考えることに注目する必要性について考えてみると、私は、そこには少なくとも五つの理由があると思っています。それは（1）羞恥を打ち消すこと（Orange, 2008a, 2008b）、（2）カルトに対抗すること、（3）私たちが気づくようになること、（4）臨床的に創造的であり続けようとすること、（5）自動性のとらわれからはなれること、です。

最初のテーマについてですが、精神分析の訓練生がよく私に言います。「私は思想家でも哲学者でもないですから。私はただ臨床家というだけで、ただそれに関心があるだけです」と。これは確かに、その人の個人的な才能と限界を妥当なかたちで受け入れようとする真摯な態度でしょう。しかし、そうとも言えない部分もあります。さらに彼らに尋ねてみると、多くの人たちは、彼らが理論や哲学、概念や論理に恐れを持っていて、それを自分で恥じてもいると説明してくれます。こうした領域で勉強すると――米国の大学教育では一般的に無視されていますが――、私たちは、広い範囲で、個人としても、専門家としても、自分が不適切だという感覚を持ってしまうかもしれません。他の人からそのように見られることを恐れることもあるでしょう。そのような羞恥にみちた欠損を感じるよりは、あまり重要ではないとして哲学を却下してしまう方が楽かもしれません。中には、哲学を読めと彼らにあまりにも強く勧めた先生が嫌だったという人もいるかもしれません。その先生はきっと、若い人たちを惑わすとして死ぬことになったソクラテスの轍を踏んだのでしょう。

私の今日の講義は、そう思うようになってしまった臨床家の人たちをも対象としたものです。「考えること」は、私たちが自分の行う日々の臨床的経験をオーガナイズすることを強く支えてくれるものだと考えてみてはどうでしょう。そう考えてみると、本を読むことをより簡単に感じさせてくれますし、本を読むことをそれほど奇妙なものだと感じなくなるでしょう。私たちはこれから、ハンス＝ゲオルク・ガダマー（Hans-Georg Gadamer）の対話の考えに焦点を当てていきますが、そのような考えを取り入れてみると、臨床家は、どれだけ自分の仕事が異なって見えるのかがわかるでしょう。私は、皆さんが、自分自身の言葉で哲学を読むことに興味を持ってもらえればと思っています。私の本には用語集もついています（Orange, 2009）。こうした方法を通して、皆さんが自分を不適切に感じたり、恥ずかしく思ったりすることを減らせればと思っています。

二番目の理由です。私たちは、一人の理論家や一つの学派の考えに惚れ込んでしまったときはいつでも、考え、疑問を投げかけてみる必要があります。精神分析や精神療法に新しい理論を持ち込む分析家は、私たちのグルになってしまう可能性を持っています。場合よってはその人は、カルトリーダーになってしまうでしょう。そのような権威者に誘惑されると――世界レベルであろうと、地域レベルであろうと――私たちは、考え、疑問を投げかける人間的責任を放棄してしまう可能性があります。その代わりに私たちは、カルトリーダーの声を通して、世界を解釈し、私たちの臨床的体験を理解してしまいます。最悪の場合には、それを通して、患者を解釈してしまいます。私たちは（訓練のための研究所も含めて）グループに入りますが、そこは反対意見の声を退け、支配し、否定する可能性を持った場所です。私の見方では、哲学を読むことは、フロイト時代からこの領域の大きなテーマでもあったこの種の問題への最もよい対抗策になります。哲学を学ぶことによって、私たちは、現象学的ムーヴメントの父であるエトムント・フッサール（Edmund Husserl）のような「永遠の初心者」になることができます。初心者になった私たちは、「自分はすでに知っている」と考えないようになります。私たちは、自分が他者を「知っている」ということに信頼を置き過ぎていないかと、より注意深く自分に問いかける必要があります。皆さんの訓練の中では、絶対的に尊敬しなければならないことになっている分析家がいるでしょうが、そういう人たちに対してでも、私たちはそうしなければなりません。もし哲学者自身がカルトリーダーやグルになってしまったら、その人はもう、その人についてくる人たちにとっての本当の哲学者ではありません。哲学者はいつも疑問を持ち、問うことを喜ぶのです。

三番目です。哲学は、私たちに異なった見方で理論を読み、人の声を聞く方法を教えてくれます。私たちはそこで、自分がこれまでの治療的伝統の理論形式でのみ本を読み、自分を見失っていたことに気づくことを学びます。とりわけ私たちは、臨床経験の中でそれに気がつき、驚くでしょう。なぜ教えられてきたことを言ったりしたりしても、この状況ではうまくいかないのか？　精神分析や人間主義精神療法の偉大な改革者たちは、彼ら自身の理論が、ときには目の前にあるものでさえ、見えなくしていることに気がついた人たちです。私たちは、それは理論に合わないからと、背景にある重要な体験を格下げしてしまう場合があります。創造的な哲学者である臨床家は、それまでの理論ではカヴァーされてこなかった患者の姿に気がつくのです。彼らは新しい発達研究のことを知り、相対性理論や量子物理学、カオス理論や複雑系理論のような知的発達のことも知ります。臨床家は同じ領域の同僚からだけでなく、彼らが知った新しいことからも、自分自身が問われていることを認識するわけです。

四番目は、考えることが創造性を支えることです。この考えは、人によっては、直観性を否定するもののように感じるかもしれません。確かに、強迫的な繰り返しの思索は、私たちの創造の能力をすり減らしてしまうでしょう。しかし、私たちがすでに知っていることだけを頼りに、あるいは、権威者が教えることだけを頼りにものを考えると、私たちは窒息してしまいます。哲学を読み始めると――最初の言語の壁を乗り越えたあとですが――私たちは、それまでとは随分異なった見方でものを見ていることに気がつくでしょう。それは、自分自身を広げる新しい視座です。人間経験についてのさまざまな視座を了解する作業を行う上で、私たちが以前は持っていなかった考えや表現をより引き出してくれるのは対話です。何人かの歴史家（Melchert, 1995）は、哲学を「偉大な対話」と呼んでいます。それほど偉大な対話をする力がないと感じる私たちでさえ、思想家たちとの対話や思想家たちの考えを読むことを通して自分自身とかかわることができます。思想家たち自身が問い続けている「偉大な対話」に参加することは大変魅力的です。私たちはそこで、革新的な思想家の疑問と洞察を、自分の臨床的関心と伝統との対話の中に持ち込むのです。

最後は、哲学を考え、読むことによって、私たちが臨床的生活の中でとらわれている自動性を緩められることについてです。それは、私たちが持っている前提、つまり私たちが機械的に行っている見方を疑問視することを教えてくれます。その前提とは、「オーガナイジング・プリンシプル」（Stolorow, Atwood, & Brandchaft, 1987）とか、「情緒的確信」（Orange, 1995）とか呼ばれるものです。そういった過度の信念にとらわれた私たちは、熟考することなく反応します。哲学は逆に、私たちを不確かな感覚に追い込みます。受け入れた考え――西洋の者であろうと、それ以外の者であろうと――についての懐疑的な態度は、私たちを理論的・臨床的可謬性へといざないます。可謬主義（Orange, 1995）は、文脈主義の考えや実践を特徴づけるものです。それは、何かや誰かについての私たちの現在の理解が、一つの見え方に過ぎないことを認識することです。それぞれの見え方は、私たち自身にオーガナイズされ、オーガナイズされ続けている体験が状況化された位置に応じて、不可避的に限定された地平の中でのみ存在します。臨床実践では、文脈主義者は二つの理論を緩く持ちます。彼らはまた、患者の体験の意味や、間主観的フィールドに共構築された体験の意味についての確実な見方を持ちます。可謬的態度は私たちを柔軟にして、多重的に生まれ広がっていく意味の地平へと開かせてくれます。それはまた、私たちの理論的考えが、より豊かでより網羅的な視点へと進化することを確かにしてくれるのです。

人間（道）主義

「人間（道）主義者」という言葉は、ギリシア神話にまで戻ります。それは、あまりにも人間的な神々がすべてをコントロールしている世界のお話です。この魅力的な存在は、人間世界で起きた大惨事を引き起こした者たち（責任を負う者）とされます。哲学がギリシア時代に古代ギリシア人の間でかたちになったように、神や神々も道徳的な問いによって区別されるようになりました。神々がそれを承認するから善いことなのか、それとも、それが善いことだから神々が承認するのかと、ソクラテスは問います。そのような発想の転回は、人間は疑問を抱く能力を持つとともに、彼ら自身の尊厳を持っているのだ、といった感覚を西欧世界に打ち立てました。古代ギリシアとローマ・ストア主義が人間の尊厳の中に「神の意志」を見出す倫理を確立したのです。

ヨーロッパにおけるのちの人間（道）主義の伝統は、いくつかの点で共通項を持っています。それは、（1）迷信や権威を超える考えを優先するルネサンス的／啓蒙主義的志向性、（2）すべての形態の科学的還元主義や、「結局のところこれだ」的な思考を嫌うこと、（3）団結、対話、抱合を価値とすること、（4）善い人間的世界を構築することへの継続的興味、です。

私はこの伝統の中における「人間主義的精神療法」について話をしますが、その伝統は、古代ギリシア人、スピノザ（Spinoza）、モンテーニュ（Montaigne）、アメリカプラグマティズムの哲学者、そしてその他の最近のヨーロッパ人たちの流れの中で作られたものです。私はいつも、自己心理学のような精神分析理論に惹かれてきましたが、それはそういった精神を共有しているからです。自己心理学は――伝統的なものでも、現代的なものでも――精神分析に、そして、人間主義的方向性の精神療法に、他者と共にある存在のあり方としての共感の感覚を持ち込みました。それは、ハインツ・コフート（Heinz Kohut）が、彼が「道具と技法の誇り」と呼んだものに代わる価値観として私たちに教えた態度です。現在自己心理学を、「いい顔をするだけ」で、人間の性質の暗闇の部分を無視していると批判する人もいます。しかし私は、古代ローマのテレンティウス（Terentius）[1]とともに、私たちは人間で、人間は理解不可能な存在（alien）ではないと主張したいのです。私は、人間的関与とは何かといえば、それは、**すべての**人間経験が原理的には、非言語的・身体化的方法を含む共感的対話によって理解可能だと信じることだと思っています。一人の治療者がすべての患者を理解することは不可能でしょう。しかし、誰にも理解されることがない患者や、精神病、文化差、他者性の形態は存在しません。日々、私たち精神療法家は誰かになることを求められます。私たちは、その出会いによって、理解することの地平に、私たちが挑戦している誰か、つまり理解することが困難な誰かを含むように、共感を拡大させます。私たちの仕事は解釈学の領域にあるわけです。それは、理解することの研究です。すなわち、テクストやアート、人間を理解することの研究です。

解釈学

解釈学的な治療的感性には、次のようなことが含まれています。（1）自分自身の状況性についての強い感覚（自分の理論や個人的歴史、パーソナリティ・オーガナイゼーションなど）。それは一貫して、不可避的にその人の実際の理解と、特定の患者を理解することのその人の能力の両方を形作り、限定している。（2）体験世界や、システム、自分自身、患者の感覚と、患者とともに作った世界感覚。（3）臨床的作業において、すべてのかたちの還元主義や技法的合理主義に反対する複雑性の強い感覚。（4）非言語的背景や表現の形式を含む個人的経験の言語への感性。（5）強い発達的‐歴史的感覚。（6）理解することが効果的であるという感覚、つまり豊かな感覚における理解が治癒的であるという感覚。（7）対話と会話は、意味形成的実践に不可欠な情緒的共鳴を創りだし、登録するベストな方法であるという確信。（8）フリードリヒ・シュライアマハー（Friedrich Schleiermacher）の「厳密な解釈」への専心と使命感。シュライアマハーにとっては、「当然のことながら誤解は生じる。そして、理解はすべての部分で願われ、求められる」（Schleiermacher & Frank, 1977, p.110）のです。もう少し時間があれば、こうした要素についてお話しすることができたかもしれません。

ハンス＝ゲオルク・ガダマーにとって解釈学は、上記のことに加え、理解の対話的プロセスでもあります。会話から生じるものは、何かユニークで、予測されないものです。彼はこういいます。

> われわれは、対話を〈行うführen〉という言い方はする。しかし、対話が本来のものになるほど、対話を行う者は、対話を遂行〈Führung〉しているという意思が希薄である。つまり、本来の対話は、われわれが行おうと心に決めるようなものではけっしてない。むしろ、もっと正しい対話に巻き込まれるとまでは言わないまでも、思わぬうちに対話をしているのが普通である。対話では、ひとつの言葉を発すると、それが次の言葉を生み出し、対話がさまざまな方向に向かいながら進行し、それなりに終わるというのは一種の遂行であるかもしれないが、この種の遂行では、対話をしている者は能動的に対話を遂行しているというよりは、むしろ動かされていっているのである。対話においてなにが「飛び出してくる」かは対話を始めてみなければわからない。意思が通じたり、しなかったりすることは、われわれの身に生じた出来事のようなものである。
>
> （Gadamer, 1960, p.383、轡田・三浦・巻田訳より引用、二〇一二、六七九頁）

私たちは、他者が私たちに何かを教えてくれるという期待を持って他者の話を聞きます。この状況において、理解することは対話のやり取りの中に生じるのです。対話の実践は、ガダマーにとって、ソクラテスが行っていたことを優先したものです。しかし、会話や対話は、二重の機能を持っています。理解を増加させる方向へと向かうものの、そのプロセスは、私たちのそれまでの視点と安定的信念を乱し（Davey, 2006）、壊し、不安定にします。

最初、特に北米で実践された精神分析は、医療的専門性に同一化したものだったために権威的色合いを強く含んでいました（北米だけではないかもしれませんが）。医師または精神分析家は、よくものを知っていて、その指示に従うべき者とされました。「コンプライアンスの悪い」医療的患者のように、精神分析や精神療法に「抵抗する」患者は、カウチに横になったり、基本的なルール（頭に浮かんだことをすべて話す）に従ったり、分析家とのすべての個人的なかかわりを差し控えることを守らない患者だと非難されました。また私たちは、精神分析や古典的なゲシュタルトセラピーが行う直面化を嫌がる患者には、「陰性治療反応」や「ボーダーライン・パーソナリティ」、あるいは、「エナクトメント」とラベル付けする傾向があります。

しかし最近になって、いくつかの考えが北米において集約され、精神分析と精神療法に関係論と呼ばれるある種のまとまりが生まれてきました。ここには、乳児研究や愛着理論も含まれます。彼らは、処方的方法で治療可能な狭い範囲の患者群に満足せず、ヨーロッパ現象学との結びつきの中で、次第に複雑な自己‐組織化システムの理論に興味を向けるようになりました。このような影響に対して、私たちはガダマーの哲学的解釈学から得られた静かな感性――とはいっても力強いものですが――をここで加えたいのです。ガダマーの実践は、権威主義的理論・関係を拒否し、対話を大切にすることを具体的したものだからです。

解釈学的実践の側面に深く関係する二つ目の考えとして挙げたいのは、作者または患者の心的内容や動機を暴く解釈的専門家・権威者についてのガダマーの批判です。精神分析においては――最近の学派も含め――多くは、共感（Einfühlung）という手段によって患者の心を読むことが可能で、それを望ましいことだと考えてきました。ガダマーは、これをまったく認めません。患者は、治療者にいつでも「いいえ、それは私が意味したこととそのものでありません。それはもっとこんな感じです……」というわけです。そこに、理解についての批判と内省があります。

三番目は、私たちが探しているのは、対話的やり取りから生じる真実の理論だということです。上に述べたように、「……本来の対話は、われわれが行おうと心に決めるようなものではけっしてない。むしろ、もっと正しい対話に巻き込まれるとまでは言わないまでも、思わぬうちに対話をしているのが普通」（Gadamer, 1960, p.383、轡田・三浦・巻田訳より引用、二〇一二、六七九頁）なのです。そのような対話は、自己‐修正的なプロセスです。それは、プラグマティズムの哲学者が書いているように、研究者のコミュニティの中に見られるような自己‐修正的問いを彷彿とさせます。ガダマーの地平の融合は、対話者の両方が、自分自身の先入見やオーガナイジング・プリンシプル（R. D. Stolorow, et al., 1987）、情緒的確信（D. M. Orange, 1995）、あるいは、ガダマー自身がそう呼んだ「拘束的期待（binding expectations）」を思い切ってなくしてみようとしたときにのみ生じます。私たちは、少なくとも、議論されている物事についての自分たちの視座が重なっている瞬間には、一緒に暫定的な理解をします。地平‐融合の不安定でオープンな瞬間は、対話が進行する中で一つの特徴的な瞬間として浮かび上がってきます。信頼の解釈学（hermeneutics of trust）は、リクール（Ricoeur, 1970）がマルクス（Marx）やフロイトをそう呼んだような「懐疑の解釈学（hermeneutics of suspicion）」とは反対に、非権威的、非イデオロギー的精神分析や精神療法を可能にして、他者が会話に入ることを歓迎するものです。

私たちが会話を始めるときにはいつでも、そこには両者が以前に思っていたことについての暗黙の批判があります。イデオロギーでも、情緒的確信でもそうです。以前それがそうあったままに生き残るような解釈的対話はありません。これは特に臨床的作業においてはっきりとしていて、以前に保持されていた「事実」や「情緒的真実」の中で問い続ける質問は断絶を創りだします。解釈学的精神における謙虚で丁寧な仕事は、壊滅した人生世界を、共有理解可能なもの（Gadamer, 1982）に変えます。それは「人々を彼ら自身の自己理解へと向けていく課題は、疑問の余地もなく私たちを捉えていたすべての関係において、私たちが自由を獲得することを援助してくれるだろう」（Gadamer, 1982, pp.149–50）と述べられるものです。

臨床的実践のための構成的資源

解釈学的態度は、現代の精神療法的・精神分析的理論や実践のためにいくつかの豊かな資源を提供してくれます。ガダマーは、私たちが対話者から何かを学ぶことを望み、それを期待しながら、すべての会話にアプローチすることをしばしば勧めました。このような態度は、他者を私の上位に（Lévinas, 1969）おくものではないとしても、少なくとも、真理と理解の探求において、私と対等の位置におきます。ガダマーの対話的解釈学は、力関係を低く見積もりすぎていると批判する人もいるかもしれません。彼は確かに支配や服従の関係の中ですべての人間関係を見ることを拒否しました。対話者は相手を納得させようとするかもしませんが、それでも両者が相手のことを納得することを受け入れる可能性はあります。対話的精神分析において、どちらのパートナーも変わらないということはあり得ません。「誰でもない**もの**」になることで、地位や立場が創られるような「誰か」もまた存在しません。

二番目の役立つ考えは、ガダマーの主張にあります。それは、すべての理解は歴史的に状況化されているという主張です。臨床家の言葉にするならばそれは、発達的に条件づけられていると言ってもよいかもしれません。ガダマーにとって、伝統は何かを理解し、解釈することを可能にするための条件です。同様に多くの分析家にとって、発達的な歴史は——明示的に話される場合もそうでない場合も——理解や修復、さらなる発達を可能にするために必要不可欠なものです。テクストを理解することも、人を理解することも、解釈学と精神分析に共通しているのは、いかにテクストや人が——患者でも治療者でも——生きた文脈や文化、伝統の中に生まれるのかということです。ここでの基本原理は、それらが何かに根づいているものだということです。それは避けられません。解釈学的対話によって、すべての参加者が会話に持ち込む先入見や伝統の背景が摂動するように、ガダマーはこの背景を何かを理解するために必要なものと見ています。

私たちの存在を構成する先入見ほどには、私たちの判断は大きくない。先入見prejudiceの概念は、もともとは私たちがそこに与えた意味を持つものではなかった。先入見は必ずしも不当なものでも、間違ったものというわけでもなく、彼らが真実を不可避的にゆがめたものである。実際、私たちの存在の史実性に必然的に伴うのは、言葉の字義通りの意味で、私たちの全体的な経験能力の最初の方向性を構築することである。先入見は世界に対する私たちの開放性の偏りである。それらは単純に私たちが何かを経験する状況である——私たちが出会うものが私たちに何かを言う状況である。この定式化は確かに、私たちが先入見の壁の中に閉じ込められていることを意味するのではなく、狭い扉によって作られた道を通ることができるのは「新しいものは何もない」というものだけであることを意味しているわけでもない。代わりに、私たちは私たちの好奇心に何か新しいものを約束してくれる訪問者をただ歓迎するだけである。

(Gadamer, 1976, p.9)

私たちはいつも、歴史性と時間性、関係性の中に組みこまれています。私たちは、自分自身を解放させることができないような伝統や文脈の相互的やり取りの中においてのみ、理解することがきるのです。

ニューヨークで働いていると、私たちはしばしば、独特の喪失感や悲哀感を示す患者に出会います。彼らは医療的には「臨床的抑うつ」と診断されています。彼らは自分の悲しみの起源としていくつかのこと説明をしてくれますが、彼らの様子はそれを越えているようにも見えます。治療者が、何の喪失がその患者の家族に影を落としているのだろうと不思議に思ってそれを言葉にすると、そこで初めて患者は、ホロコーストで家族全員を失ったとか、強制収容所の生き残りだったなどの話をしてくれます。治療者もまた痛々しい歴史を持っています。二人の傷ついた人は、困難な意味の層を持つさまざまな文脈で苦しむわけです。

たとえば解釈学の感性を持った治療者が、二年前に恋人の女性を失ったことから立ち直ることができない患者に出会ったとしましょう。彼は才能ある若い弁護士です。急上昇中の彼は、両親の支援と教育のすべての強みを活かして生きてきました。そこには、彼の継続的な悲しみと抑うつを理解できるものは見当たりません。難しいのは、仕事や友人関係でのちょっとした失敗や欠点の兆候でさえ、彼が、羞恥心と自己嫌悪でいっぱいになって、広範囲の抑うつ状態に陥ってしまうことでした。状況として重要なのは、恋人との別れが突然で説明もなく起きたものであることと、彼が、別れた後も彼女と毎日仕事で顔を合わせなければならないことでした。患者自身がこの問題をどのように見ているのかを探求した後、治療者は彼に、家族の中に何か喪失の歴史はなかったかと尋ねました。予想した通り、ここ三年の間に彼が三人の祖父母を亡くしていたことがわかりました。三人のうちの二人は、長い間彼の家族と一緒に暮らしていた人たちです。治療者も、自身の理由から喪失に敏感な人で、喪失を屈辱的な拒絶として体験する傾向がありました。治療者はそして、祖父母たちについて他に何か話すことはないかと尋ねました。すると、四人の祖父母はいずれもホロコーストの生き残りであったことがわかりました。一部はそこから逃げて亡命した人で、一部は強制収容所で死にかけた人でした。彼らはいずれも、自分の体験について自ら話すことはありませんでした。彼の家とその拡大家族には、ある種の文化がありました。それは（1）いかなる悲しみも話すべきではないという強い命令、（2）人はどんな時でも暴力的に奪い去られる可能性があるという感覚、（3）破壊的な喪失に苦しんで来た家族に共通してみられるような、子どもたちは語られない恐怖や喪失を補えるだけ完璧な存在でなければならないという感覚、を含んだ文化でした。

解釈学的感性、対話的作業は、決してドラマティックではありませんが、取りつかれた場所や切迫する恐怖など、彼の体験世界に感覚的なかたちを与えました。もちろん、これは序章にすぎませんでしたが。

解釈学的感性はさらに、今日ではシステム的観点と呼ばれるような臨床的思考に貢献します。スティーヴン・ミッチェル（Mitchell, 1993）と他の関係論的精神分析家は、分析家は、「検討中の現実」（一般的には患者の問題とされるもの）からは、どうやっても離れることはできないと主張します。私たちはいつも、自分が状況化されている情緒的歴史や、自分たちの理論を通してものを理解しています。私たちの状況化されたかかわりもまた、「検討中の現実」（患者の問題）を形作り、それに参加します。理解することの解釈学的アプローチは、したがって、間主観性システム理論を含む精神分析の多くの関係論的アプローチに完全にフィットしています。

もう一つの貢献もあります。解釈学は、診断的なラベル貼りや還元論的なカテゴリー化を避ける精神分析の記述的現象学にぴったりなのです。前‐理解や偏見――ガダマーの先入見――に注目することは、患者の経験に私たちが接近する際の助けになります。私たちは、患者をボーダーラインとか、操作的とか、サディスティックとか、あるいは、投影同一化をしていると決めてしまう前に、自分がなぜそのラベルを必要としているのか自身に問いただしてみるとよいでしょう。代わりに私たちは、患者ともに、どんな体験が問われているのかを理解しようとします――あなたのか、わたしのか、私たちのか――過去なのか、現在なのか、未来なのか、と。可謬性の精神を持つ私たちは、理解の可能性を否定することに時間を使います。私たちは自分の知覚、意見、理論的言語をゆるやかに持つ準備をし続けておきます。そして患者が、それなりの理解に到達したと言ったときに、その質問をそこに投げかけてみる準備をしておきます。そこで私たちは、共同で理解することを求める結びついたパートナーになるのです。基本的な答えをすでに持っている権威者としてではなく、です。解釈学者は自分たちの理解が限定されていることを知り、自分の見方を押し出すことをしません。「いいよ」と、私たちは異なる意見を言う患者に応答します。「あなたにとってはどんなことなのかぜひ教えて」と。

もう一つの役に立つ精神療法的ツールは、夢や、患者の自己‐語りやストーリー、特定の患者‐分析家相互関係などの中にある理解することが最も難しい内容を、問いの最重要案件として取り扱うという古い解釈学的アドバイスです。これに注目した理解は、それがどんなものであっても、その絵の他の部分を理解することにしばしば役に立ちます。その共有された会話から生じるのは、最も基本的な情緒的確信の理解（articulation）です。恐らくそれは、以前には注目もされていなかったようなものです。間主観性システム理論では、それを「オーガナイジング・プリンシプル」と呼びます。ガダマーにとっては、それは「拘束的期待」です。それは、人の心理的世界や人生世界を構築するものです。

一つの例をお話しましょう。それは、専門的領域と社会的領域で明らかに成功していたにもかかわらず、最も成功したその瞬間でさえ、抑うつ的で、恐ろしいほど孤独だと感じる患者とのやりとりです。患者にとっても私にとっても、孤独感以外の人生ストーリーは、むしろ簡単に解釈できました――あまりにも簡単に。他の毎日のトラブルよりも体験する頻度は少ないにもかかわらず、彼女が困惑を感じるこの孤独感は理解するのが非常に難しいものでした。患者が同意してくれるならば、その困惑感を問いの中心に持ってくることができます。時間をかけて考え、いくつか関係すると思われる要素に触れて（play）みて、捨てられていった仮説を扱ったのち、私たちは強い共有の感覚を持ちました。それは、この患者が長い間持っていた感覚でした。それは、人々の注目を得ることは、絶対的に必要な愛着を失うことを意味している、という感覚でした。彼女は完全に、絶望的に、救いがたいほど孤独になるのです。あるいは、もし彼女が家族の中で期待されている星や天才よりも光り輝いてしまったならば、つまり、彼女が一時的に彼女にあてがわれた召使の役から抜け出してしまったとしたら、彼女は彼女が持っているすべての関係的世界を失うというものでした。あるいは、あまり知的でなく、成功していない両親と共に成長してきたとすると、彼女にとって成功は、自分が人間ではないことの証になってしまうかもしれません。彼女にとって成功は、粗野な両親にも所属してないし、あるいは、成功した世界にも所属してないことの証だと感じられるかもしれません。もちろん、他にも多くの可能性がありま す。大事なのは、解釈学的課題は、ともに探求され、最も困惑し驚くことを質問の中心に据えて取り扱われるということです。一緒に考えることができるすべての理解をオーガナイズすることを許せるような理解を、私たちは探す必要があります。フロイトはこれをワーキングスルーと呼びました。私たちは、私たち（分析家と患者）が理解することを求める人生世界を、完全に創造することはできません。それは、あらかじめ存在する理解の試みでさえありません。ああ、なるほど。それが問題（だった）か！　それは、人が全体的に新しい創造の中に得る満足というよりも、ゲシュタルトの移動に近いものです。「どのような経験も経験の名に値する限り、期待を破る」（Gadamer, 1960, p.356、轡田・巻田訳、二〇〇八、五五一頁より引用）のです。

最後の側面――ガダマーが地平の融合と呼んだゲシュタルトの移動――は、精神分析と精神療法の治療効果の問題と関係します。私たちは、情緒的同意の文脈において、ほどよい愛着と、これまで期待することがなかった新しい情緒的確信をともに発見します。これは、より広い癒しとなり、新しい生活世界の可能性を開きます。理解が生まれるのは、私たちがこういう意味ではないかと想定されることと遊ぶことができる対話的世界からです。そのプロセス自体が、私たちの過剰に構造化された――しばしば外傷的に生み出された――予測を緩めて（de-rigidify）、創造性を生み出す可能性のためのスペースを創ります。したがって、解釈学は日々の精神分析的営みの経験を了解（make sense of）しようとするものなのです。ここでいう精神分析的営みとは、理解することの苦闘、理解することに必要な誤解、精神分析や精神療法において明示的に論じられた領域を超えた変化の拡大などです。

結論です。哲学を考えること、読むことを学ぶことは、思いやりの情（compassion）を開放することです。世界の宗教的伝統すべてにみられる思いやりの情は、技法ではありません。それは、技法的ルールでさえありません。そうではなくそれは、プロセスであり、態度です。プロセスとしての思いやりは、情緒的理解と呼ばれてきたものと深く関係していますし、それは、他者との状況を進めていく対話的プロセスですし、やがては理解とつながるプロセスです。私たちは自分たちがともに経験した関係システムの中に、患者の情緒的苦境を意味づけて了解していきます。共有された世界は次第に、（参加者双方の）経験の個人的な再オーガナイゼーションによって変化します。思いやりを持った態度がいつも、丁寧になったり優しくなったりするわけではありません。実際それは、折に触れ、挑戦したり、矛盾したり、別の視座を紹介したりしてくれるかもしれません。しかし思いやりの情は、以前は知られていなかったことや、体験できなかったことを可能にします。同様に、話を聞く解釈学者は、力強い態度で対話者に納得してもらおうとします。あなたは自分を感じているほどには悪くない、などです。しかし、私たちが明示的にも潜在的にも患者の苦しみに参加すると、多くの場合、そこに新しい経験の可能性を持ち込む思いやりの世界を創りだします。

解釈学的に参加するということは、しかしながら、ともにあるための方法（a way of being-with）であって、精神分析をするための型や技法ではありません（Orange, Atwood, & Stolorow, 1997）。思いやりの情の精神分析的理解は、無関心や辱め、拒絶、心を打ち砕く喪失があるところに、新しい体験を意図的に提供して、単純にそれと置き換えたり癒したりしようとするものではありません。そうではなく、思いやりの情の態度は、患者を無限に理解する価値があるものとみなし、彼や彼女の苦しみをともに感じる価値があるものとみなすことで、患者の人間的価値を潜在的に認めるのです。精神分析的な、あるいは、精神療法的な関係性は、しばしば最初から、患者に尊厳を与えます。それは、その人がその人自身の体験の主体として扱われるという尊厳です。

精神分析的・精神療法的解釈学者は、分類され、診断的に評価され、形式的に扱われ、搾取されるだろうという予測を持って私たちのところにやってくるたくさんの患者に会います。患者たちがそう思うのは、彼らの以前の人生がそうであったし、以前の治療がそうであったからです。しかし分析家と治療者が、脱構築したり、正しくあろうとしたりすることによって、病名や防衛に名前を付けることばかりに熱心になることをやめ、苦しんでいる人を理解し、寄り添うことを一生懸命求めるならば、そこに潜在的な解釈システムが生じます。私にとって、患者に寄り添い、その声に思いやりの情を持って耳を傾けることは、それ自体が、フロイトが心配した解釈／満足二分法を解消する解釈の重要なかたちです。その意味で、それは完全に精神分析的です。その態度は、他者にこう言うのです。「あなたは私が耳を傾け、理解するのにふさわしい」と。これは、患者の人生において、患者の体験世界は患者の苦しみだけでなく、他者の苦しみも創りだしてきたことに注目することでもあります。患者の側から離れることなく、批判的な評価者になるのでもなく、私たちはどれだけ患者が自分や他者を傷つけるような態度になるのかを理解することもできます。私たちは、同時的に二つの経験を理解することができます――それはしばしば解離されていますが――傷つける側と、傷つけられる側です。文脈と複雑性を認識することは、還元的態度や批判的評価をさけ、思いやりの情のある理解を可能にします。

もう一度、他者に付き添っていくという概念を強調しておきましょう。それは、精神分析的な思いやりによる解釈学的・対話的概念を満たすのに重要なものです。何年も前に、私は児童や大人の虐待であろうと、いじめや拷問であろうと、常軌を逸したひどい扱いの目撃証人になることの重要性について述べてきました。目撃証人は、精神分析的営みにおいて欠かすことができない責任です（Orange, 1995）。そして、最近になって私は、単純にそばにいること――「状況にただいること」――の重要性により注目するようになりました。人によっては、それは正しい「分析的」作業ではないし、「指示的」精神療法だと価値下げするかもしれません。患者は治癒不可能な、痛々しい、衰弱するような病気に苦しんでいる人かもしれませんし、終末期のがんに苦しんでいる人かもしれません。あるいは、世界貿易センタービルで家族を失った人かもしれません。しかしどんな患者であっても、私たちは患者をその苦しみを構成する者として、あるいは、その苦しみを創りだしている者としてみる方法を探してはいけません。どういう場合でも、状況を修正する方法はないし、患者たちを『治す』方法もないのです。私たちができるのは、援助することに対する自分自身の無力さを受け入れることです。私は単純に患者たちの経験に近いところにとどまり、彼らと共に悲しみ、嘆き、怒ります。たとえ、私の実践が私にとって非常に重いものに感じられたとしても、です。たとえ、そのストーリーが非常に複雑だとしても――たいていいつもそうですが――私たちは、患者が体験した地獄の最も深いサークルの中に入ってともに歩こうとしなければなりません。これこそが、私が信じている精神分析的理解のプロセスが求める思いやりの情の態度や、情緒的利用の可能性（Orange, 1995）です。強調したいので繰り返しますが、精神分析的思いやりは、分析家側の道徳的マゾキズムに還元すべきものでもありません。それはまた、正しい精神分析的作業――

多くの場合それは明確な解釈的作業とみなされますが——と比較して批判すべきものでもありません。それは、潜在的に解釈的プロセスです。それが、心を打ち砕かれた人の人生に生きた意味と尊厳を与え、解離と断片化の代わりに痛みと喪失の統合を可能にするものです。思いやりの情の態度は、すべての患者にこう伝えます。「あなたの苦しみは人間の苦しみだ。あなたのために鐘がなるとき、それは私のためになるものでもある」（Orange, 2006）。

思いやりの情の対話的解釈学は、精神分析家や人間主義的精神療法家の多くが理論と実践に展開している職業的態度を裏づけ、促進させます。解釈学は、精神分析に含まれている解釈と、関係性に含まれているかかわりと理解の両方を大切にします。同時に、実践の英知、つまりフロネシス（phronesis）が——技法とは違って——私たちを謙虚で柔軟にしてくれます。フロネシスという言葉で、アリストテレスとガダマーは、学習された実践的な英知（Dreyfus, 2008）の種類を説明しました。それは、賢い人の人間的理想の典型です。エピステーメー[2]（理論的な知ること）やテクネ（特殊性が求められる何かを作ることを知ること）と違い、フロネシスは、ある状況においてすべきことを知る能力です。アリストテレスが考えたように、倫理と政治は、そしてガダマーが考えたように人々の間の理解のすべての形態とテクスト、アートは、状況化された中において「知ること」を必要としていました。この種の知ることは、その性質上、過ちを犯しがちで終わりがありません。私の心からすると、フロネシスは、私たち臨床家にとって、美しい種類の謙遜を含み、精神療法家が必要とする熟慮深い態度を含んでいます。

（翻訳：富樫公一　二〇一七年十一月二十五日　サイコセラピープロセス研究所）

文　献

Davey, N. (2006). *Unquiet Understanding: Gadamer's Philosophical Hermeneutics.* Albany: State University of New York Press.

Gadamer, H.-G. (1976) *Philosophical Hermeneutics.* (ed. and trans.) David E Linge. Berkeley and Los Angeles, California: University of California Press.

Gadamer, H.-G. (1960/1991). *Truth and Method.* Trans. Joel Weinscheimer and Donald G Marshall. New York: Continuum.　轡田収・三浦國泰・巻田悦郎訳（二〇一二）．真理と方法Ⅲ．法政大学出版局．

Lévinas, E. (1969). *Totality and Infinity: An Essay on Exteriority.* Pittsburgh,: Duquesne University Press.

Melchert, N. (1995). *The Great Conversation: A Historical Introduction to Philosophy* (2nd ed.). Mountain View, CA: Mayfield Pubulisher.

Mitchell, S. A. (1993). *Hope and Dread in Psychoanalysis.* New York: Basic Books.

Orange, D. M. (1995). *Emotional Understanding: Studies in Psychoanalytic Epistemology.* New York: Guilford Press.

Orange, D. M. (2006). For whom the bell tolls: context, complexity, and compassion in psychoanalysis. *International Journal of Psychoanalytic Self Psychology,* 1, 5–21.

Orange, D. M. (2009). *Thinking for Clinicians: Philosophical Resources for Contemporary Psychoanalysis and the Humanistic Psychotherapies.* Routledge.

Orange, D. M., Atwood, G. E., & Stolorow, R. D. (1997). *Working Intersubjectively: Contextualism in Psychoanalytic Practice.* Hillsdale, NJ: Analytic Press.

Plato; Cooper, John M.; Hutchinson, D. S. (1990). *Plato: Complete Works.* Indianapolis, IN.:Hackett.

Ricoeur, P. (1970). *Freud and Philosophy: An Essay in Interpretation.* New Haven: Yale University Press.

Schleiermacher, F., & Frank, M. (1977). *Hermeneutik und Kritik : mit e. Anh. sprachphilos. Texte Schleiermachers* (1. Aufl. ed.). Frankfurt am Main: Suhrkamp.

Stolorow, R. D., Atwood, G. E., & Brandchaft, B. (1987). *Psychoanalytic Treatment: An Intersubjective Approach.* Hillsdale, NJ: The Analytic Press.

注

1　〔訳注〕古代共和制ローマの喜劇作家。

2　〔訳注〕フーコーの言葉。その時代の認識の基礎となるすべての前提や信念。

第三部　トラウマと倫理

第九章　倫理的転回

ドナ・M・オレンジ

最初に、私の話はずっと私を日本に迎えたいと願ってくれていた友人である丸田俊彦先生の魂にささげるものであることをお伝えしておきます。そしてまた、もう一人の友人であり、同僚でもある富樫公一先生にも深い感謝の気持ちを伝えたいと思います。先生は、私が日本でさまざまなところに足を運べるようにと、たくさんのことをアレンジしてくれました。本当にありがとうございます。そして、今日ここに集まってくださった皆さんは、私のちょっと変わった話と考えを聞くためにわざわざ時間を取り、理解しようとしてくれています。それにもまた、感謝したいと思います。今日の私のお話は、二つの部分からなっています。⑴歴史や恥と関係した倫理的についての考察、そして、⑵精神分析の倫理的転回です。

倫理、歴史、恥

昨年、私の友人で同僚のロジャー・フリー（Roger Frie）が皆さんの前でお話をしたと思います（第五章および第六章参照）。彼は最近、素晴らしい書籍を出版しました。それは、『*Not in My Family: German Memory and the Holocaust* (2016)』（『うちの家族に限ってはない――ドイツ人としての記憶とホロコースト』）というタイトルの書籍です。彼はその内容の一部を、昨年皆さんにお話したと思います。今日は、その本をレビューすることを通して、倫理について話してみようと思います。そのあとに、どのようにして根源的倫理が精神分析を変えつつあるのかについての私の話に移ります。お話に入る前に、明日私は広島市に行って深い悲しみの中で一日を過ごす予定であることをお伝えしておきます。そこで私は、当時そこに住んでいて殺された日本や韓国の方々に対する私たちの罪を思い出すことになるでしょう。私は以前、太平洋戦争中の日系人強制収容所跡を訪れたこともあります。罪を負っていない人間はいないのです。

一九四一年、神学者のディートリヒ・ボンヘッファー（Dietrich Bonhoeffer）はこう書いています。「私は私の国が敗北することを願っている。なぜならそれが、私の国が世界にもたらしたすべての苦しみに対して償う唯一の方法だと思うからである」と。彼はのちに逮捕され、ヒトラーの暗殺を企てたとして投獄されました。彼は戦争が終わる前に絞首刑になっています。

ロジャー・フリーの勇気ある書籍にコメントをすることは、光栄でもありますが、怖いことでもあります。私は、ドイツ人でもユダヤ人でもありませんが、問題の時期には以前から興味を感じていました。それがいつ始まったのかわかりません。私自身は第二次世界大戦中に生まれ、私の夫はドイツ生まれの母親を持つドイツ系米国人です。イェシーバー大学の臨床心理学博士課程に入学して以降、過去三十数年の間、ニューヨークでユダヤ人の同僚や患者、友人たちの中で生活してきたからでしょうか、私は、自分がこの問題の中心にいるように感じています。夫の従兄は、フリーの家族が住んでいたハノーバー郊外に住んでいますが、今やそこは、現代都市に姿を変え、破壊の跡や昔の美しさはもうそこにありません。よく知られた哲学者であるエマニュエル・レヴィナス（Emmanuel Levinas）もまた、一九四〇年から一九四五年の五年間、ファリングボステルというハノーバー郊外の別の場所に住んでいました。そこは、ナチスの強制労働収容所でした。中立的で客観的になれるはずもない話ですが――そうなれる人など誰もいないでしょう――フリーが語った状況について、一つ二つ、別の見方をしてみましょう。

第二次世界大戦直後、多くのドイツの大人たちは、自分たちはナチス政権と軍が犯した人道への罪のことを知らなかったと言いました。自分たちはそれに関与していなかった、と。彼らは、自分がそこにいたとしても、命令には従わなかったし、別の行動をとっただろうというわけです。私と同じクリークスキンダー[1]（戦争の子どもたち）世代は、大人になるまで、自分たちの親がナチス時代について沈黙することに、どのように向き合ってよいのかわかりませんでした。親たちが自分たちの関与を語らなかったからです。「あの夜、お父さんお母さんは何をしていたのか（Was hast Du in der Nacht getan?）」は、一九六〇年代になって暴力的に暴かれるようになるまで、クリークスキンダーたちの心の中にずっとありました。結局彼らは、いくつかの例外を除いて、答えを見つけることができませんでした。これは、フリーや、精神分析家ハインツ・コフート（Heinz Kohut）の息子、トマス・コフート（Thomas Kohut）の例のように、次の世代に持ち越されました。それは、前の世代への挑戦だったかもしれませんし、あるいは、恥に満ちた思いからだったかもしれませんが、彼らはいずれにしても、沈黙から理解と誠実な責任を生み出そうとしたのです。多くの家族では「ドイツ人の苦しみ」というテーマの中で戦争のことが語られました。定義の上では今でも、ユダヤ人やローマ人、シンティ・ロマ人、障碍者、ゲイの人たちはドイツ人の中に含まれません。ドイツ人は私たちのような人を指します。この問題については、後ほどまた振り返りましょう。

フリーが書いているのは、ハノーバーの家が爆撃され破壊されたときの恐怖に満ちた家族の歴史です。それ自体は、さほど珍しい話ではないでしょう。ただ、彼が愛していた祖父はナチス党員でした。その祖父は、フリーの最も幸せな幼児期の記憶を作ってくれた人です。彼の祖父は恐らく、報復兵器（Vergeltungswaffe）の開発に携わっていました。この善良な祖父は、戦争については、いわゆるドイツ人の苦しみの話しかしませんでした。フリー（と彼の世代の人たち）は、その善良な人が、どのようにして加害者になったのかを問わなければなりませんでした。さらにフリーはまた、慣れ親しんだ一枚の家族の写真の中でその証拠がまっすぐに彼を見つめたとき、なぜ自分の中でこの問いが今まで浮かび上がらなかったのかと問わねばなりませんでした。彼は、祖父が亡くなってから、ようやく自分にそれを問いかけ、知ろうとすることを許したのです。幸運なことに、彼の祖母は、フリーが興味を持った理由は詳しくは知らなくても、彼の探索を助けてくれました。

フリーは、知ることと知ろうとしないことを、解離や未構成の体験と結びつけて論じています。ブロンバーグ（Bromberg）とスターン（Stern）が述べるこの種の解離――Not me――は、現代の精神分析では、抑圧に代わる考えです。それは、児童虐待や拷問の犠牲者が体験するような極端な解離を説明するものではありませんが、問題を引き起こすのに十分な解離です。フリーが指摘するように、私たちは、自分の一部がよく知っていることについて、自分は知らないとごまかすのです。私たちは、気持ちを逸らすことから魔術的志向まで、さまざまな方法を使って責任を回避しようとします。

倫理的な混乱の問題と言えば、私たちは沈黙について、集団や個人の心理的起源を考えることから、倫理的起源を考えることへと見方を移行させていかなければなりません。私たちは、自分たちの解離を機能させている構造的・文化的起源を考えなければなりません。先にお話ししましたが、「ドイツ人の苦しみ」の言説には、ドイツ系ユダヤ人や、戦前や戦中にドイツ市民権を剝奪されたり、消去されたりしたその他の嫌われた人間存在の苦しみは、含まれていないのです。人間以下と見なされた彼らの苦しみは、私たちが体験する人間の苦しみと同じはずがありません。戦後でさえ、彼らは統計的に六百万人と数字として語られるような存在です。私たちが記憶している**私たちの苦しみ**はこのような感じでしょう。「おなかがすいている」「恐怖におののいている」「子どもや家を失った」という感じです。彼らの苦しみがこのようなものでないのは明らかです。トマス・コフートの研究では、一九二〇年代のドイツの若い世代に生じたムーヴメントのエリート主義が、絶対的な忠誠心を誓う中核的ナチスを創りだし、そしてまた倫理への盲目を創りだしました。

解離と呼ぶには単純すぎるかもしれません。ナチスのイデオロギーは人々を分断しました。価値のある人たちと、労働や残虐な喜びの為に利用され、消された下等な人たちと――にです。戦争で敗北し、勝者から寛容に扱われ、マーシャルプランの資金によって熱狂的に再建されたからといって、[2] その加害者や傍観者たちが突然、すべての人間存在をかけがえのないもので、無限の価値と本質的尊厳を持ったものと見なせる人間になれるとは考えられません。もし彼らが、戦争の苦しみを、ありのままに現実的で外傷的なものだと見なせる人たちならば、異なる文脈の中で、ものごとが違って見えていたはずです。そうすることができる人は、戦後ドイツを作った加害者と傍観者の世代の人たち（ナチスの戦争と人種絶滅計画を実行した人と同じ人たち）とは、根源的に違うようにものを見て、感じるはずなのです。トップの計画者だけが公判にかけられましたが、残りは、一部の例外を除いて、その心と胸の内を劇的に変えることなく、がれきの中から「経済的奇跡」を成し遂げました。

エマニュエル・レヴィナスは「倫理はそれ自体ですでに一箇の『光学』である」（Levinas, 1969, p.29、熊野訳、二十二頁）と、有名な記述の中で述べています。それは他者の顔を見ること、応答することに関係します。ヴァル・ビノクール（Vinokur, 2008）が述べるように、レヴィナスはタルムードの講話でよく知られているユダヤ人の現象学者ですから、その口からこの言葉を聞くというのはおかしなこととも言えます。彼がその講話において解釈していたのは、「聞け、おお、イスラエル……」[3] と、聴覚を強調し、視覚的イメージを禁じる伝統だからです。ビノクールは、ミドラーシュのテクストにおいて、「聞くこと、正しく話すことは、すでに前倫理的である――聞くことは、単純に、他者に対して開かれていることにすぎない」（p.47）と述べています。彼の父親の本棚にあったロシア語の文献を読んで、「何よりも、ドストエフスキーだ」（Lévinas & Robbins, 2001, p.28）と思った若いころのレヴィナスは恐らく、倫理の中核に、貧困と困窮を見る能力に関心を払うことを学んだのでしょう。倫理という点で見ると、見ることは、聞くことに先立って行われなければなりません。

それが表に見えるかたちになるのは、応答することによってです。そこに、意味の原初的起源が形作られるのです。

しかし傍観者は、島流しにされるために集められた人たちの悲惨さ、その道のりの悲惨さを本当には見ることができません。彼らは、その人たちにどこから連れて来られたのかと尋ねることさえないのです。プリーモ・レーヴィ（Primo Levi）は、イタリアから連れ出された六五〇人のユダヤ人のうち、アウシュヴィッツから生還した十八人の一人です。彼はアウシュヴィッツの回顧録を書いています。のちに彼は、自分はそれをドイツ人に向けて書いたと述べています。

私は確かに本をイタリア語で書いたが、それはイタリア人や、息子たちや、知らなかったものたち、知りたがらなかったものたち、まだ生まれていなかったものたち、望むと望まないとにかかわらず、虐待に同意したものたちのためだった。しかしその真の宛先は、本が武器として向けられているその相手は、彼ら、ドイツ人であった。今、武器は準備が整っていた……私は彼らを鏡の前に縛りつけて、無理矢理にでもそうするつもりだった……私には理解することが、彼らを理解することが課せられていた。それも大罪を犯した罪人たちの群れではなく、彼らを、人々を、私が身近で見たものたちを、SSの兵士として徴募されたものたちを。そしてさらに信じていたものたちを、信じてはいなかったが口をつぐんでいたものたちを、私たちの目を見つめ、一切れのパンを投げ与え、人間的な言葉をつぶやくわずかな勇気さえも持たなかったものたちを。

（Levi, 1989, pp.168–169、竹山訳、二〇一四、一八四―一八五より引用）

プリーモ・レーヴィも、レヴィナスのように倫理を光学だと考えました。多くの人が「私たちの目を見る勇気さえなかった」と述べているからです。見てしまったら、義務を負い、責任を負うことになってしまうのです。一九四五年十月のに自分の家へと向かう長い旅路の終わりに、彼はドイツにいるドイツ人たちを観察しました。

私たちはドイツ人の一人一人に何か言うことがある、それもたくさん言うことがあると感じていた。そしてドイツ人もそれについて私たちに言うことがあるだろうと思った。私は急いで結論を出したいと思っていた。試合が終わった後のチェスの指し手のように、質問し、説明し、解説をつけたいと思った。《彼らは》知っていたのだろうか、アウシュヴィッツについて、日々の静かな虐殺について、自分の戸口の少し先で行われていたことを？　もしそうなら、どうやって道を歩き、家に帰り子供たちと顔を合わせ、教会の扉をくぐれたのだろうか？　もしそうでないなら、彼らは私たちの、私の言うことに耳を傾け、学ぶべき神聖な義務がある、それもすべてを、すぐに。私は腕に入れ墨された番号が、切り傷のように熱く燃えるのを感じた……

……彼らの一人一人が私たちに問いかけ、何ものか顔で読みとり、謙虚に私たちの話に耳を傾けるべきだと、私には思えた。だが誰も私たちの目を見ようとしなかった、誰も対決しようとしなかった。彼らは目を閉じ、耳をふさぎ、口をつぐんでいた。彼らは廃墟の中にこもっていたが、それはあたかも責任回避の要塞に意図的に閉じこもっているかのようだった。彼らはまだ強く、憎悪や侮蔑をまた表に出すことができ、高慢と過ちの古い結び目にいまだにとらわれていた。

（Levi, 1965, pp.204–205、竹山訳、一九九八、二五〇―二五一頁より引用）

「誰もその目に私を見ない」――戦後長い間、レーヴィは化学会社で働いていましたが、出張のためにドイツを何度も訪れています。おおよそ一年に二回くらいは行っていたようでした。彼はインタビューアーに、ドイツ人は、私がイタリア人なのになぜドイツ語をそれほど流暢に話すのかと尋ねてくる――ドイツ語を話すイタリア人はそう多くないのでと、語っています。ああ、私はアウシュヴィッツで覚えたのですよと、彼は淡々と答えるのだと言います。誰もそのあとになんと言ってよいかわからないみたいだ、と彼は語ります。あるいは彼は、ドイツ人の家にゲストとして招かれたときに、その家の子どもに入れ墨のことを聞かれることがあるのだといいます。「子どもに話してもいいですか?」と、彼は両親に尋ねます。彼らは子どもたちに話したことがなかったのです。彼の理解では、個人としてのドイツ人も、ドイツ人一般も、西ドイツの大量殺戮産業(シーメンス社、バイエル社、クルップ社)が発展し続けていることを恥じることはありませんでした。

複合焼却炉自体もドイツの会社によって設計され、製造され、取り付けられ、テストされていた。それはヴィースバーデンのトプ社で、一九七五年ごろまで一貫して活動を続けていた(民生用の焼却炉を製造していたが、社名を変えることが適切だとは思っていなかった)。

(Levi, 1989, p.16、竹山訳、二〇一四、八頁より引用)

彼がインタビューの中で述べているように、戦後、世界全体でナチ時代から利益を得てきた会社が繁栄しました。それは、多くの人がヒトラーの車(フォルクスワーゲン)を購入し、バイエルのアスピリン錠を購入したからです。集団としてのドイツ人は、自分たちがしてきたことについて考える必要はなかったでしょう。しかし彼は簡単には諦めませんでした。ドイツ版『アウシュヴィッツは終わらない』の序言において、彼ははっきりと、ドイツ人たちに彼の理解を助けるために手紙を書いてほしいと呼び掛けています。最後の本の中では、ドイツ人からの手紙を受け取った彼は、欺瞞と記憶のすり替えに対する嫌悪感を覚えつつ、彼らの合理化と言い逃れについて考察しています。ロジャー・フリーは、この手紙のことにも触れています。

「ドイツ人の苦しみ」に関するフリーの最近の文献では、戦争以降の家族の会話が書き示されています。ドイツは公的にはその犯罪への罪悪感と責任を認めています。しかし現在でも、その会話の内容は深い無恥をさらけだしています。ドイツ人が死の行進によってアウシュヴィッツを捨てたあとにやってきたロシア人について、レーヴィはこう語ります。

> 彼は憐み以外に、訳の分からない慎しみにも押しつぶされているようだった。それが彼らの口をつぐませ、目を陰鬱な光景に釘付けにしていた。それは私たちがよく知っていたのと同じ恥辱だった。選別の後に、そして非道な行為を見たり、体験するたびに、私たちが落ち込んだ、あの恥辱感だった。それはドイツ人が知らない恥辱感だった。正しいものが、他人の犯した罪を前にして感じる恥辱感で、その存在自体が良心を責めさいなんだ。世界の事物の秩序の中にそれが取り返しのつかないかたちで持ち込まれ〔た〕
>
> (Levi, 1965, p.16　竹山訳、一九九八、四―五頁より引用)

> 私たちの中でまさに、他者が犯した悪行に対する自責や恥辱、苦しみを体験している。それは、彼ら自身が犯したものではないが、まるで自分自身が関与したように感じている。それは彼らが、自分の周りや面前で起こったことが取り返しのつかないことであることを知っており、人が、人という種である私たちが、簡単に言えば、無限の非道な痛みを構成する力を持っていることを知ってしまったからである。
>
> (Levi, 1986, p.66-67, trans. In Kleinberg-Levin, 2005, p.221)

それでもレーヴィは、この種の恥辱は重要で、不可欠のものでさえあると信じています。「私はあなた方へ［いくつかの言葉を］命令として与える。心に刻んでほしい……そして子供たちに話してやってほしい。……さもなくば、家は壊れ、病が体を麻痺させ、子供たちは顔をそむけるだろう」(Levi, 1984, p.5)（竹山訳、一九八〇をオレンジの非公式の翻訳に合わせて改変）と。この種の恥辱がなければ、私たちは報いを受けなければなりません。米国人の私たちは、広島や長崎、ドレスデン、奴隷制度、植民地での残虐行為の恥を感じる必要があります。プリーモ・レーヴィの言葉に含まれているように、私たちは世界に無限量の苦痛をもたらしてきたのです。私の国の市民がすべきように、日本人の皆さんもまたこの恥を必要とするのかどうかは、皆さんが自身に問いかけるべきことでしょう。

フリーが語る被害者の言説のテーマに戻りましょう。私たちは、この感覚を道徳的に優位な位置においたり、「自分たちの苦しみ」ばかりに注目したりします。それは、どのようにしてそれを引き起こした犯罪から区別されるのでしょうか。それは、どのようにして公式の罪の言説と共存し得るのでしょうか。公的な謝罪は、私たちの個人的な罪を知ることから私たちを解放するのでしょうか。それともそれは、未来によりよく行動することを奪うのでしょうか。ドイツは私たちにたくさんのことを教えてくれましたが、こうした問いは、私から見れば、ドイツだけに限ったものではありません。米国に住む私たちは、たとえばベトナムについて考えなければなりません。私たちは私たちが傷つけた人々に対して、公式にも個人的にも喪に服していないのです。

そして今、米国人は、恥知らずにも米国の南の国境に難民を入れないための壁を作ると言い出しています。私たちは、レーガン時代とその後、残虐性をサポートしてきたことと無関係なのでしょうか。彼らの子どもたちや親たちは、その残虐性から逃げてきた人たちです。私たちの奴隷の歴史、私たちの国にある底辺層に依存して成立している白人の優越性は、「彼ら」が根源的に不平等な経済や社会の中で苦闘し続けていることと関係ないのでしょうか。私たちがものを燃やし続けているこの星を助けるべきだと思い、貧困国は、私たちより先に二酸化炭素の使用量を減らすべきだと主張するとき、私たちは、自分たちが二酸化炭素の問題について他の国がしてきたことよりもずっと長く、よりたくさん二酸化炭素を作り出してきたことを忘れていないでしょうか。私たちの記憶はどこにあり、私たちに必要な恥辱はどこに行ったのでしょうか。確かに、人道に対する罪への恥辱につける薬はありません。ただ、恥辱はそれだけではありません。私たちが、これほどまで仲間から人間性を奪う力を持っている種族だということ自体、恥辱でしょう。私たちは残念ながら、自分がさらに非人間的になる恐れを持っていても、そこから目を背けることができてしまいます。

レーヴィはこう書いています。

暖かな家で
何ごともなく生きているきみたちよ
家に帰れば
熱い食事と友人の顔が見られるきみたちよ。

これが人間か、考えてほしい
泥にまみれて働き
平和を知らず
パンのかけらを争い
他人がうなずくだけで死に追いやられるものが。
これが女か、考えてほしい
髪は刈られ、名はなく
すべてを忘れ
目は虚ろ、体の芯は
冬の蛙のように冷え切っているものが。

考えてほしい、こうした事実があったことを。
これは命令だ。
心に刻んでほしい

家にいても、外に出ていても
目覚めていても、寝ていても。
そして子供たちに話してやってほしい。

さもなくば、家は壊れ
病が体を麻痺させ
子供たちは顔をそむけるだろう

（Levi, 1984、竹山訳、一九八〇より引用）

精神分析の倫理的転回

随分昔のことですが、ある若い女性が有名な精神分析家のところに相談に行きました。彼女は、自分ができる限りの力で、自分の身に起きたことについて話しました。彼女は、自分の愛する父親の友人である高齢の男に声をかけられ、たくさんの悲劇に苛まされました。自分は他の人よりも良くものを知っていると思っている分析家は、彼女をドラともお嬢さん（Fräulein）とも呼びませんでしたが、「ヒステリーのケース」と呼びました。彼は彼女を「ケース」として扱い、ヒステリーはその人が直接知りたいと思わない性的な願望を行動化した人だ、という彼の理論を裏付けようとしたのです。彼は、彼女の動機は病気になることだと考えました。彼は、彼女が何を言おうとも、それは真実とは違うものだと推測しました。彼は、彼女が語った二つの夢を、彼があらかじめ頭に描いていた理論を支持するものとして解釈しました。絶望の末、彼女は分析を去りました。

もちろん、現在の感性を持ってフロイトの革新的な初期の考えを評価するというのは、非常にアンフェアなことです。逆に私たちはフロイトのパイオニア的な臨床的観察眼への深い尊敬を維持するべきでしょう。患者の歴史の中にある「ギャップ」や結びつきへの彼の鋭いコメントは、今でも私たちを魅了し、驚かせてくれます。しかし、ポール・リクール（Paul Ricoeur）が「懐疑の解釈学（hermeneutics of suspicion）」と呼ぶような解釈的な考え方が、私たちが仕事をするうえでの基本的な態度として採用された場合、それがどのように働くのかを見てみる必要があるのではないでしょうか。解釈学は解釈の学問です。フロイトは、ドラのケースですでに、のちに「否定」の論文で述べることになる臨床的アプローチを示しています。

> 私たちの患者が精神分析の作業中に思い付いたことを明かす際の語り口は、若干の興味深い考察をするきっかけを与えてくれる。「あなたは今、私が何が侮蔑的なことを言おうとしているとお考えでしょうが、本当にそんなつもりはないのです」。これは浮かんだばかりの思い付きを投射によって却下しているのだ、と私たちは解釈する。あるいは、「あなたは夢に出てきたこの人は誰なのかとお尋ねですね。私の母ではありませんよ」。私たちは〔この発言を〕次のように訂正する、だからそれは母なのだ、と。私たちは解釈する際、〔「～ではない」という〕否定は度外視して、思い付きの中身だけを取り出す。それはちょうど、次のように患者が言ったに等しい、「確かに私はこの人物が母ではないかと思い付いたが、この思い付きの通りだと考えたくない」と。
>
> （Freud, 1925, p.235、石田訳、二〇一〇、三頁より引用。傍点は原文）

分析家は、このアプローチを使って、常に自分が患者よりも物事をよく知っているという立場を維持します。そして、患者の言葉、行動、動機を疑い続けます。

ここで、もう少し最近の文献を見てみましょう。フランク・ラックマン（Frank Lachmann, 2008）の記述です。もしかしたら皆さんの訓練の中でも、同じようなスーパーヴィジョングループや授業があったかもしれません。

一九五三年のことだった。私は心理学のインターンとしてニューヨークのベルビュー病院で実習をしていた。インターンとして、私はニューヨーク精神分析研究所から来た訓練分析家によるセミナーに参加することができた。セミナーの他のメンバーは、精神科レジデントや精神科医、あるいは既に精神分析の訓練を始めていた人たちだった。その分析家は、以下のような出来事を例に挙げて、セミナーの一つの回を開始した。「あなたが思っていることを話してみてください」と、彼はグループのメンバーに語りかけた。「先週私は、妻と研究所の同僚の他の何組かの夫婦と一緒にレストランに行きました。近くのテーブルに私の患者の一人が座っていました。私たちはアイコンタクトで挨拶を交わしました。その患者は、店を後にする際、私に会えてよかったと別れの挨拶をするために近づいてきました。友人と私がそこを出る準備ができ、会計を求めると、ウェイターから私たち全員の支払いはすでに済んでいると伝えられました。さっき出て行った男性が支払ってくれたから、と。さて、と分析家は私たちの方を向き、尋ねた。「これをあなたはどう考えますか？」

私は、この患者は随分この分析家のことが好きなんだなあ、と思っていた。黙っていたのは正解だった。次の瞬間、さまざまな言葉がさまざまな方向から飛び交った。この患者は、自己愛的、誇大的、競争的、操作的、屈辱的、攻撃的、破壊的、だと。患者は父親の男根に受動的に服従するとともに、父親に対する去勢的敵意を表現することによって、去勢不安を防衛しているのだ、と。彼らの理解はこうだった。自己愛と対象関係、自己‐中心性、そして他者とかかわる力の間で、患者の抑えの利かない誇大性と対象操作性――つまり彼の「自己愛」――は、他者について考える彼の能力を奪ってしまった。彼らは、患者の攻撃性は自由に解き放たれていて、それが食事の代金を払ってあげるという行動化をもたらしたが、それは彼が、自分を高め、彼の分析家を貶めるための方法に使われた、と主張した。

私は何も言わなくて本当に良かった。なぜなら私は、明らかに完全な落第者だったからである。私は自分に言い聞かせた。「これが精神分析というものなんだ」と。分析家は「本当の」動機を発見するために、患者の行動の下に隠れているものや裏側を見るのだ。行動が親切で、思いやりがあって、恐らく感謝やお礼の表現であったとしても、実際には攻撃的で自己愛的な、さもしい無意識の動機が隠されている、と。

皆さんはこう言うかもしれません。私たちはそんなことしないし、現代ではもうそのような考え方はしないよ、と。確かに、関係精神分析——自己心理学や間主観性システム理論を含む——が表れたことによって、患者を見下すようなトーンや言葉が減ったのは事実です。しかし私たちは、患者を「操作的な人だ」と話す分析家の姿を実に頻繁に見かけないでしょうか。懐疑の解釈学は、依然として、分析家も患者もともに魅了しているところはないでしょうか。プロセスに注目するスーパーヴァイザーが、分析家の「エナクトメント」を実に頻繁に暴き出しているにもかかわらず、です。心理的トラウマを真剣に考慮して、その理論を中心に据える分析家は、依然として軽蔑されるところはないでしょうか（Stolorow, 2007）。

ジュディス・ルイス・ハーマン（Judith Lewis Herman）は、暴力のサバイバーに精神分析的治療を行ってきたパイオニアです。まだ最近のことですが、二〇〇九年に彼女は、トラウマの主体は定期的に「嫌われ者」になり、私たちの学術的な語りから追いやられると書き記しています。さらに彼女は、「外傷後の障害を示す患者は尊重されケアされるべきなのか、さげすまれるべきものなのか、ほんとうに被害者であって苦しんでいるのか詐病なのか、彼女らの語るところが真実なのか真実でないのか、真実でないとしたら空想の産物なのか悪意によってでっちあげられたものなのか——という論争がいつも口角泡をとばして論じられている」（Herman, 1992, p.8、中井訳、一九九九、五—六頁より引用）と書いています。私からするとこれは、懐疑の解釈学が私たちの理解を蝕んでいくよい例です。私の見方では、私たちは、患者が患者にとっての真実を言おうと努力していることを可能な限り信頼するというリスクを取らなければなりません。これが、信頼の解釈学（Orange, 2011）

の態度です――これによって臨床家は、暴力と不公正の道徳的目撃証人になることができるわけです（Margalit, 2002）。しかしハーマンは、私たちがそのようなリスクを負うことに警告も発しています（Herman, 1992）。

> 外傷後の患者だけでなく、その研究者も、その発言の信憑性がくり返し疑いの目を持たれている。外傷を受けた患者にあまりに長時間、あまりに親切に耳を傾ける臨床家はしばしば同僚たちからいかがわしいという眼でみられる。〝接触感染〟を起こしているのではないかというのである。この分野に入り込んだあげくふつうだと思われている範囲をこえて深入りする調査者はしばしば専門家仲間から村八分にされる。
>
> （Herman, 1992, p.9、中井訳、一九九九、六頁より引用）

私たちの多くは、それほど勇敢ではありません。私たちの多くはむしろ平和に生きたいと願っています。恐らく私たちは、「懐疑の学派」に好まれる詳しく質問をしていく方法と、「信頼の解釈学」が大切に考える思いやりの情による実践と、その両方を持っているということができるでしょう。恐らく私たちは、反射的に被害者の肩を持つことを警戒するところがあり、誰かを曖昧なまま簡単に被害者だと決めてしまうことを避ける必要もあるのでしょう。そこで私たちは、懐疑の解釈学の一部を必要とするのです。それも確かに正しいでしょう。ここで問うべきは、批評や疑問がどこで投げかけられるのかということです。現代の関係理論家のルイス・アーロン（Lewis Aron）は、弁証法に含まれる二つの態度について述べています。

> 私たちは臨床的モーメントにおいて、即興的に自発的に行動するのに十分なだけ自分たちを信頼しなければならないが、それでも、私たちの動機づけや意図が、自分たちが思っているままだと当然のように考えるべきではない。私たちは、自分自身や患者への懐疑的態度と受容的態度を維持するパラドックスを抱えていなければならない……私たちは自分自身と患者を受容する必要がある。というのも、私たちや患者は患者のためにそこにいるからである。

私たちが自分自身に満足しておらず、自分自身と患者のためにより多くのものを望んでいるときでさえ、そうである。もし私たちが自分自身や彼らをありのままに受容しなかったとしたら、私たちも患者も、どちらも変化したり成長したりすることはない。パラドックスのパラドックスは、精神療法の根幹なのである。患者は変化を求めて私たちのところにやってくる。しかし、彼らは受容されることが必要である。彼らは信じてもらいたいと願い、信じてもらうことを必要としている。それでも彼らの最も深く抱かれた態度と信念には、疑問を投げかけられねばならない。

(Aron, 2002)

これは私の見方と近いものですが、ここではもう少し、根源的なテーマを掘り下げてみましょう。二人に必要とされる質問が生じるだけそこが安全になるには、私たちは信頼の解釈学を広範囲に用いなければならないということです。暴力と不公正（奴隷であろうと、植民地であろうと、アパルトヘイトであろうと、あるいは児童虐待でも）に向き合う私たちは、犠牲者と同じ立場でそれを考えたときにのみ、なぜ彼らがこの不当なシステムの中にいるのかと問うことができます。そうした場合でないときでも、私たち特権階級の治療者は、その不当なシステムの中でかかわりを持っています。臨床的解釈学の治療者は、最初に苦しむ他者の顔に応答する必要があります。その人自身が自分の苦しみを創りだしているのではないかと疑う前に、私たちは、まずそうしなければならないのです。もちろん、私たちはときどき疑いの質問もするでしょう。しかしそれは、助けようとする人をさらに破壊するようなものであってはなりません。

このテーマは二つの大切な考えを含んでいます。信頼の解釈学と「苦しむ異邦人（suffering stranger）」の倫理です。これらはそれぞれ、ハンス＝ゲオルク・ガダマー（Hans-Georg Gadamer）と、エマニュエル・レヴィナス（Emmanuel Levinas）という哲学者の考え方を背景としています。信頼の解釈学は、私たち（患者と治療者、あるいはその他の対話のパートナー）が、共通の人間世界に所属していて、その中で理解することを願っていることを前提としています。私たちは、お互いから学ぶことを望みます。他者はいつも私たちに何かを教えてくれるのです。私たちは共通の世界、伝統（同じものも違うものも）、歴史（外傷的な歴史も含めて）、対話または会話に所属しています。私たちが互いの誤解の中に自分たちの姿を見出すとき、私たちはお互いにその疑いから利益を得ることができるようになります。ガダマーの言葉です。

> 慣れ親しんだ共通の理解の援助を得ることによってのみ、異邦人（alien）の中に踏み込むことが可能になり、異邦人から何かを引きだし、私たち自身の世界の経験を広げ豊かにすることが可能になる。
>
> （Gadamer, 1976, p.13）

もちろん、信頼の解釈学は、患者が治療者や分析家を信頼することを前提とするわけでは**ありません**。しばしば患者を治療へと連れてくるのは、裏切りや暴力です。この解釈学は、私たちの仕事に対する一連の態度や価値観、私たちのところにやってくる苦しんだ異邦人に対する一連の態度や価値観に関するものです。これらの態度は、真剣なものであろうと遊びに満ちたものであろうと、他者から学ぼうとする持続的な意思に関するものです。他者は私たちに挑戦するのです。そこから私たちは、自分の理解をより包括的にすることができるのです。私たちは共有されたプロジェクトを理解し解釈しますが、専門家的権威を使いません。こうした態度によってはじめて、患者は、人間世界のいくつかの部分は彼らが学んできたものよりもずっと安心で、信頼できるようなものであることを知ります。その環境においてようやく彼らは、自分の世界の体験を信頼することができると――しばしば初めて――学ぶことができるのです。信頼の解釈学の感性を持った人は、失われ、阻害された異邦人を尊敬の心を持って扱い、ケアし、私たちの共有世界にすでに所属している人として扱うことができるのです。

多くの関係精神分析家がすでに、少なくともアーロンが主張する弁証法から見るという水準では、寛大さと信頼の解釈学の方向へ移動しているのは明らかなようです。それでは、なぜ私たちはより根源的な〔倫理的〕転回を考える必要があるのでしょうか。転回とは、エリザベス・コープト（Corpt, 2009）が「臨床的寛大さ」と呼ぶものを、自分の基本的な臨床的態度とすることです。ここでは、私たちが学んできた質問法や調査法、つまりポール・リクールが「懐疑の学派」と呼ぶ方法は、副次的な位置におかれることになります。最近、私はエマニュエル・レヴィナスの哲学をよく用いますが、それは、「倫理的転回」のいくつかの指標をそれが提供してくれるからです。それは広範囲に、私の臨床実践に影響を与え、それを越えた影響を与えています。

解釈学の議論においてエマニュエル・レヴィナスが出てくるのは少しおかしな話です。彼は、他者を「同じ」（カテゴリーや、知られている、あるいは、客観化されたもの）へと還元するようなハイデガー的理解を拒否しているからです。しかし彼は、すべての理解や解釈を捨て去ってしまったわけではありません。タルムード研究者として、彼は、最初の火を起こすために石炭を吹くように、人生に対する意味を持ち込んだのです。それは、のどの渇いた「未亡人や孤児、異邦人」に、つまり、意味のないものとして扱われてきた者に飲み物を提供することです。レヴィナスはまた、精神分析を信じないことを学びました。とくに還元主義的な説明と無意識の動機の理論を信じませんでした。それでも彼の研究は、解釈的な仕事について、一般的な臨床的考えとは随分異なるものを提供してくれます。それは貧困の他者の顔への応答と責任の倫理として私たちに訴えかけるものです。「顔」は、人が触ることができる何かではありません。それは、「汝、殺すなかれ」（Levinas, 1969）と語りかける何かです。私たちは、自分が何でも知っているのだとか、十分できているという感覚を持ちたがりますが、顔はそれを揺り動かします。信頼の解釈学の方向に軸足をおいて臨床的な仕事をしたいならば、彼の挑戦的な哲学が意味することを考える必要があります。

レヴィナスはマルティン・ハイデガー（Martin Heidegger）の学生で、ナチス強制労働収容所で五年間を生き抜いたユダヤ系リトアニア人です。彼は一九九五年に亡くなるまで、フランスで暮らし、働いていました。彼は一つの大きな哲学的考えを提唱しています。それは、「他者への無限の責任における根源的な非対称的関係」（Critchley & Bernasconi, 2002）がすべてに先立つという考えです。最初の大きな業績である『全体性と無限』において、彼は、彼自身が「全体化すること」と呼ぶもの——人を研究すべき、カテゴリー化すべき、理解すべき他者として扱うこと——を、他者の顔に対する応答性と比較しています。

　この他者は、つまり、私と似ているもう一人の私ではない存在は、レヴィナスがエトムント・フッサールやハイデガーから学んできた現象学の結びつきに突然入り込んできます。デイビッド・ロス・フライヤー（David Ross Fryer）が述べているように、「フッサールは、私のようなもう一人の自我として他者自我を発見したが、レヴィナスは私の知る能力や可知性を越えた根源的他者としてのもう一人の人を発見した」（Fryer, 2007, p.582）のです。この還元できない「顔」はいつも私たちの概念や表象、考えを超越します。この人間的他者は、私に保護とケアを無限に求めて私の前に現れます。それぞれの顔は言います。汝、殺すなかれ、と。汝、我を一人で死なせるな、と。

　レヴィナスは、他者の「上位性（height）」や超越性の感覚を、記述や分類、市民契約と対比させてこう語ります。

> 一切の約束——それが承認されるにせよ、破棄されるにせよ——に先だって、隣人は私と関わる。私は隣人に結びつけられている。が、隣人は何の予告もなく最初に到来する者、比較を絶した者である……とはいえそれは、私と同じ類に属するものとして、隣人がやがて承認されるからではない。隣人、それはまさに他人である。隣人と私との共同体は、隣人に対する私の責務のうちにその端緒を有している。隣人とは兄弟である。
>
> （Levinas, 1981, p.87、合田訳、一九九九、二〇八—二〇九頁より引用、傍点原文）

すべての還元——システム的であろうと、分類であろうと、指示であろうと（pointing）、あるいは記述であろうと——は、レヴィナスにとって、暴力、侵害、殺人の形態です。代わりに「私」は、隣人によって「すべてのミステリーの残滓や、すべての隠された動機、回避を許すすべての結び目の緩みを絶滅されるほど、赤々と燃え上がる太陽のもとにあるかのように、責任に召喚される」（Lévinas, 1996, p.104）のです。これに対する応答は「私はここ（*Me voici*）」でなければなりません。実際「私は弟の監視者」[4]なのであり、そこに逃げ道はないのです。

レヴィナスが所属することを強調したことは、ガダマーが共通世界や会話に所属することを強調したことに通じるものがあります。私たちはまた、精神分析的解釈学者の中にも同じ例を見つけることができます。たとえばそれは、フェレンツィ（Ferenczi）、ウィニコット（Winnicott）、コフート（Kohut）、ブランチャフ（Brandchaft）などに見られます。ハリー・スタック・サリバン（Harry Stack Sullivan）の基本的考えに見られるように、私たちはただ単純に人間だという以外はないのです。コミュニティに所属することは、隣人、兄弟、姉妹への義務を生み出すのです。

他者（*Autrui*）と関係することは、レヴィナスが「間主観的領域のひずみ（the curvature of intersubjective space）」と呼んだものを作りだします（Lévinas & Nemo, 1985, p.291）。これはどのような意味でしょうか。この倫理的関係は平等ではなく、根源的に非対称なのです。「この関係の中では、それが生じたところには、そのまさに瞬間に、あなたに対しては私以上に、私の平等性以上に、私に負うべき義務が与えられる」（Critchley, 2007, p.17）のです。私たちは、法律や公正、平等の倫理——倫理的関係に対するある種のサポートシステム——が必要なことも知っていますが、隣人との基本的な倫理的関係は、根源的に偏っていて、不可逆的で、どのように現象学的に記述しようとしたとしても、平等にはならないようなものです。

顔に対する私の応答は、単純に「私はここ（*Me voici*）」（*hineni*）ですが、一般的に翻訳されるように、「私はここにいます」ではいけません。ポール・リクールが指摘したようにそれは、「それはここにいる私です」（Ricœur, 1992）でなければならないのです。他者の顔は私に呼びかけ、私に要求し、私を人質にし、そして私を迫害します。応答は、他者の顔に対して、あるいは、他者の「役に立たない苦しみ」に対して、動かされないようにすること、無関心であろうとすることを拒絶することです（Bernasconi & Wood, 1988）。レヴィナスは、私は無関心になれるはずがなく、その意味で私は人質にとられているのだと暗に述べていますが、彼は多くの人が応答せず、応答しなかったことをよく知っていました。この「はずがない」は逃げられない倫理的要求を意味しています。私が何であるのか、私が何を必要とするのか、あるいは、他者に対して私がどのように感じるのかということは、レヴィナス的倫理にとっては、問われることさえありません。

レヴィナス的倫理のいくつかの側面は、よく指摘されるように、確かに極端な響きがあります。たとえば、「身代わりになる」などはそうです。彼は、私たちが最後のパンの一切れや、コメの一粒を人にあげる準備をして他者に生き残る機会を与えることや、自分の方へ銃殺隊を向けるように自ら志願する準備をしておくことを求めるところがありました。「身代わり」（Lévinas, Peperzak, Critchley, & Bernasconi, 1996）というタイトルの彼の論文の記述を見てみましょう。「世界に悲しみ、憐み、許し、近接さがありえるのは、人質であることの状態を通してである——それがたとえ少しであっても、それが単純な『どうぞおさきに』であってもである」（p.91）。他者への責任は、レヴィナスが言うところでは、「主体の本質的構造」（Lévinas & Nemo, 1985, p.95）です。言いかえれば、バーナスコーニ（R. Bernasconi, 2002）が述べるように、彼は犠牲になるようにと伝道していたのではなく、その可能性を説明しようとしたのです。サルトル（Sartre, 2001）や他の思想家が信じるように、もし私たちが本質的に私たち自身のために存在しているのであれば、レヴィナス的倫理は不可能だということになります。ヒーロー的行動も——レヴィナスの妻や娘を助けようと自分の生命を危険にさらした人たちの行動も――普段の「どうぞおさきに（après vous, monsieur）」的礼儀正しさも――可能ではなくなってしまいます。私たちは、すべてに大反対のホブソン的世界に、あるいは少なくとも、「それは、私と私の家族にとって何かいいことがあるのか」といった世界に住んでいるだけになってしまいます。

精神分析家と精神療法家は、しばしば、根源的倫理がマゾキズムにつながると警戒します。この問題については、私は以前詳しく書いたことがあります。ここで簡単にそれについて言うならば、マゾキズムは苦しみたいという**願望**について述べたものです。その動機も、自分が罪悪感を覚えていて、自分を清めたいというところから出ているとされます。倫理は他者の苦しみを和らげるためには苦しもうというものです。自分についてのことではありません。

レヴィナスの考えでは、主体性は変化しています。他者の苦しみの中にいて初めて、そして、私のそれに対する応答をもって初めて、私（自我ではなく、moi）は「ここにいる私」として存在しはじめます。それは、脆弱な顔によって存在することを呼び覚まされた「ここにいる私」です。「陽の当たる場所」を持った主権的自己の西洋的理想は、常により多くの日の当たる場所を求め、他者の窮状に無関心である倫理です。反対に、未亡人や孤児、そして異邦人を通して呼び覚まされる私は、ほとんど主体性が残されていない私です。レヴィナスとの出会いにおいて、リクールは、「自己維持の謙虚さ」（久米訳より引用、一九九六、二一七頁）について述べています（Ricœur, 1992, p.168）。彼は問い続けます。「一貫性はないが、**それでも**あなたが頼りにしてくれている私は誰か」（p.168）と。ベルナノス（Bernanos）の小説を思い出してください。田舎司祭は自身への信頼なく死に行く聴衆に語りかけます。「『平安のうちにあれ』と、わたしは夫人に言った。そして夫人はその平安を跪いて受けた。それを彼女が永遠に失わざらんことを！　それを彼女にあたえたのはこのわたしだった。何と不思議なことだろう、みずから所有もしてないものをこのように贈ることができるとは！　ああ、わたしたちの空っぽな手のここちよい奇蹟！　わたしの心のなかで死に瀕していた希望が彼女の心で花ひらき……」(Bernanos & Morris, 1937, p.180、『田舎司祭の日記』、渡辺訳、一九八八、一五三頁より引用)。「他者は折に触れて私から何かを奪う存在だと言われる。奪われるのは一つの行為ではなく、他者に向き合ったときに**私自身**の感覚を失う倫理的できごとである」(Critchley & Bernasconi, 2002, p.240) というわけです。他者のニードが表れた顔を前にして、私に何かが起こります。何かを与えるというのは、参加することです。そこで、私の背景の役割は習慣的なものになります。

ガダマーの対話的解釈学と、レヴィナスの倫理が、実際どのような意味で、私たちが精神分析における母性的な声、あるいは、沈黙した声を聴き、それを読むうえで、ぴったりくるのかを見てみましょう。批評と疑問、そして公正への関心を失うことなく、私たちは信頼のための場所を持ち、歓迎し、他者のニードと声を優先的に位置づけるように丁寧に耳を傾けます。

信頼の解釈学は、どんな意味で日々の臨床の中で出会う苦しみを持った他者の役に立つのでしょうか。たとえば、大学院生のドラがあなたの面接室にやってきたと仮定しましょう。彼女は大体同じストーリーを語り、怒り、泣き、解離しつつ、スマートフォンから取り出したメールや文章をあなたに読み聞かせます。あるいは彼女が（あなたも彼女もどちらも尊敬している）大学の有名な教授から声をかけられたと話したとしましょう。グループ・スーパーヴィジョンと、その中での会話をイメージしてみましょう。「彼女には、惚れこんでしまうものなんだ。彼女は誰でも誘惑するんだ。起こったことは**彼女の**ものの見方だ。教授が彼女にほれ込むことを望んでいたのは彼女だ。彼女の服装があんなだったから」などです。女性治療者の一人は、自分だってドラのように求められたかったのに、と願うかもしれません。男性治療者は、自分がそこにかかわれればよかったのにと思うかもしれません。治療者が実際に患者に何を言うかはともかくとして、懐疑の解釈学は、私たちの中にそうした多くの仮説を生み出し、私たちはすべての可能なステレオタイプにその患者を押し込めていくのです。私たちが、患者の近くにとどまろうと苦闘する中でもそのようなことが生じます。これが、信頼の解釈学が求める厳しい訓練なのです。信頼の解釈学を用いる治療者は、現代に登場したドラが真実と援助を求めていると信頼し、彼女がバラバラになっていると認識することで、まず彼女の安全に配慮するはずです。それが保障されれば、治療者は彼女に起こったことや、どんな救いを彼女が求めているのかを理解したいと思うでしょう。彼女の世界が、今も昔もそうやって破壊されてきたことを理解できるようになると、小さな信頼と安全の場所が生じ、彼女はそこから、現在の状況をいくつかの尊厳のかけらとともに示すようになるでしょう。

ラックマンのストーリーもまた、他の見方にふさわしいものです。レストランで食事代を払ってもらった分析家が、最初の面接で患者に暖かい感謝の言葉をかけたとしましょう。次のセッションで分析家は患者に対し、患者がなぜそのように親切な行為をしたのか話すように求めます。この質問は、偽装と防衛を明らかにすることを最も重視する実践家を喜ばせるような、動機づけの複雑性に関する議論によく用いられるものです。しかし私たちにとってその患者は、興味深く、魅力的な対話者、対話のパートナーです。彼の両親は、彼が自分たちに何かを与えることを決して許さない人でした。恐らく両親は、高い知性を持つ息子が、成功する姿を見ることが嫌だったのでしょう。あるいは彼は、自分の分析家を少し自己中心的だと思っていたので、彼を驚かせたいと思っていたのかもしれません。あるいは、それは分析家に対するただの感謝なのかもしれません。というのも、分析家はすでに彼を理解する努力を始めていたので、患者が以前の経験をもとに予測したものよりも、ずいぶん応答的だったのかもしれません。なによりもまず、感謝の態度に触れたときに、患者が心から「どういたしまして」という機会を与えられることが重要だったのかもしれません。信頼の対話の中でどのような意味が生じようと、それらはシェリー・ドクターズ（Shelly Doctors, 2009）が関係における解釈と呼ぶものと同じ種類のものです。それは、意味了解の共同作業とか、情緒的理解と私が呼んでいるプロセスの中で発達します。この出来事は、ダニエル・スターン（Daniel Stern）の言葉でいう「今のモーメント」となり、分析のターニングポイントとして重要な参照点となるでしょう。

ごく最近のことですが、ニューヨークで行われた精神分析の会合で、複雑な解離でひどい状態になった患者のストーリーが発表されたことがありました。それを聞いた年配の分析家は、報告された幼少期の虐待は本当なのかと尋ねました。たくさんの若い臨床家が、こうした「懐疑の学派」の基本的な態度に囲まれています。そうした臨床家が、信頼の解釈学が持つ臨床的寛大さとともに苦しみに応答する勇気を持てるようにするには、どうしたらよいのでしょうか。

私自身でいえば、公式的な精神分析から無視され、排除されてきた勇敢な反逆者たちの書いたものを読むことによってインスピレーションを得ることが多いようです。フェレンツィの「言葉の混乱」（Ferenczi, 1949）や「成人の精神分析における児童分析」（Ferenczi, 1931）、そして彼の『臨床日記』（Ferenczi & Dupont, 1988）を繰り返し読むのもよいでしょう。これはようやく最近になって読めるようになったものです。彼は患者を信頼したために、沈黙させられ、頭がおかしいと言われました。私たちは彼から、自分の患者の声を聞く方法を学ぶことができます。私たちの患者が、治療者は自分を見捨てたとか、自分を拷問にかけていると言うときでさえもです。私たちはまた、イアン・サティ（Suttie, 1935）から学ぶことができます。彼は精神分析の「優しさのタブー」[5]について書いています。彼の存在は、私たちの業界から長い間抹消されていました。フリーダ・フロム゠ライヒマン（Frieda Fromm-Reichmann）は、私を刺激してくれるもう一人のパイオニアですが、彼女は患者に――どれだけ彼らの外見がおかしかったとしても――「どうやってあなたを援助しましょうか」と尋ねました。ホーンスタイン（Hornstein）が記したフロム゠ライヒマンの伝記『一人の人を助けるのは、世界を助けることである（To Redeem One Person is to Redeem the World）』（Hornstein & Fromm-Reichmann, 2000）――そのタイトルは、フロム゠ライヒマンの友人のマルティン・ブーバーからもらったものです――は、私の励みになっています。

より最近のものもあります。ウィニコットは他の人たちが「無限の要求」と呼んだものを信じました。それは、その恐怖——破綻の恐怖——を認識できる献身的な分析家によって満たされる必要がある発達的なプロセスが表現されたものです。同様にハインツ・コフートは、横柄で怒りに満ちた「ナルシスト」を、注目してもらいたいニードを持った子どもと見たり、見捨てられた乳児と見たりすることで、エディプスの解釈を異なったかたちですることを教えてくれました。そういった人たちの信頼の解釈学は、まったく新しい臨床的ゲシュタルトを生み出し、私たちの大人の患者の中に住んでいる、苦しみの子どもに対する暖かい態度を忘れずに仕事に向かわせてくれます。フェレンツィの仕事がよい例です。

最後に、バーナード・ブランチャフとその他の人たちの仕事も見ておきましょう。彼らに共通しているのは、ブランチャフが記述するところの牢獄（incarceration）という概念です。彼の臨床的ストーリーは、自分自身になろうとする想いと、愛という名前のもとに彼らの魂を奪ってしまった人たちとの結びつきへ想いと、その二つの間にいる人たちの物語です。ブランチャフは、患者が自分自身のためになしたわけではないこの契約を、「病理的調節（pathological accommodation）」と呼びました。私たちが、患者は牢獄の中で彼らが生きる方法を見つけようと努力しているだけなのだと信頼し、私たちが彼らの看守になってしまわないように注意すると、私たちは彼らを疑うことをやめ、自由へのプロジェクトに参加できるようになります。

結論です。レヴィナス的精神で、私たちが患者の苦しみから影響を受けられるようになるということは、複雑な対話的プロセスの中で、患者が私たちを導いてくれると信じるようになることを意味します。これは、私たちが歩むことを予測していなかった道を歩ませてくれ、私たちを広く変えてくれるものです。ゲオルク・フリードリヒ・ヘンデル（G. F. Händel）の有名なアリアのバスの「ラッパが響いて……（コリント前書十五：五十二—五十四）」では、高らかに「私たちは変えられるのだ」[6]と宣言されます。精神分析において私たちは、神学の期待を奏でるトランペットの音色を聞くことはないでしょうが、私たちは、自分自身を間主観的複雑性にサレンダーさせたときに[7]広範囲に変わることができます。私たちの患者は私たちをその複雑性の中に招待し、その中で私たちに挑戦するのです。現代の間主観性理論家であるクリス・ジャニキー（Jaenicke, 2011）は、「私たちがこの挑戦に出会わない限り、この深いかかわりを受け入れないかぎり、精神療法は永続的効果を持たないだろう。変えるためには、私たちは自分を変えさせねばならない」（p.14）。患者が私たちに問うのは「私たちが彼らとそこまで行きたいかどうか」だと、彼は述べています。最終的にフェレンツィは、文字通りの相互分析は結局失敗するものであることを理解しました。それでも彼は、すべての完全に取り組まれた分析は、患者も治療者も変容させるという考えを維持し続けました。間主観性システムにおける「治療要因」や、関係性の言葉（Mitchell, 2000）を説明するために、私は治療者と患者の両者がフィールドに持ち込まれることについて論じてきました。私はまた、相互的影響と（レヴィナス的な）非対称的役割責任性のプロセスが、非常に複雑で、相互依存的であることを示してきました。このストーリーが示しているのは、治療者と患者は、互いによって、そして、彼らがともになしてきた作業／遊び／苦闘によって変えられるということです。次の時間に、満たされ、受け入れられるべきユニークなニードを持ってドアから現れるあなたは、私の暖かさを妨害し混乱させるどんな重荷を背負って来ようと、私を貶め、そして私を変えるでしょう。あまりにも巨大な悲しみのために、私の前で死にそうになって嘆いているあなたを見て、私は言葉もないまま変容します。簡単な問題を取り上げることで自分の絶望を無視しないようにと私に挑戦するあなたを見て、私は変わります。私の腐った恥辱を目覚めさせるようなあなたの明らかな豊かさや特権を目にして、私は変わります。共通した人間性を共有しているということで、私自身の傷つきを思い出させるあなたが体験した暴力や喪失の歴史を前にして、私に変化がやってきます。彼らのあなたへの憎しみと嫌悪を解き放ち、私の能力と穏やかさに保護されたいという願いを脅かすあなたの両親による魂の殺人を持ち込むあなたを前にして、私は謙虚になります。子どもとしても、大人としても、特異的に愛され、大事にされたいというあなたのニードや願望と、愛されたいというだけでなく、人を愛し大事にしたいという私の複雑なニードは、私に挑戦し私を変えます。私たちがただの個人として「患者の苦しみへ参加」（Jaenicke）することによって、「私たちは変えられる」（Händel）のです。このすべてを理解すると、私たちは患者とフェレンツィの仕事がいかに感謝に値するものなのかを知ることができるでしょう。

（翻訳：富樫公一　二〇一七年十一月二十六日　甲南大学）

文献

Aron, L. (2002). Affect & authenticity: Controversies in relational psychoanalysis. Paper presented at the National Institute for the Psychotherapies, New York, NY.

Bernanos, G., & Morris, P. (1937). *The Diary of a Country Priest.* New York,: The Macmillan Company.　渡辺一民訳（一九八八）．田舎司祭の日記．春秋社．

Bernasconi, R. (2002). What is the question to which 'substitution' is the answer? In S. Critchley & R. Bernasconi (Eds.), *The Cambridge Companion to Levinas* (pp.234–251). Cambridge, UK: Cambridge University Press.

Bernasconi, R., & Wood, D. (1988). *The Provocation of Levinas : Rethinking the Other.* New York: Routledge.

Corpt, E. (2009). The importance of analytic generosity in the treatment of intergenerational trauma. Paper presented at the Conference on Intergenerational Trauma, Dublin/London.

Critchley, S. (2007). *Infinitely Demanding: Ethics of Commitment, Politics of Resistance.* London: Verso.

Critchley, S., & Bernasconi, R. (2002). *The Cambridge Companion to Levinas.* Cambridge, UK: Cambridge University Press.

Doctors, S. (2009). Interpretation as a Relational Process. *International Journal of Psychoanalytic Self Psychology,* 4, 449–465.

Ferenczi, S. (1931). Child-analysis in the analysis of adults. *International Journal of Psycho-Analysis,* 12, 468–482.

Ferenczi, S. (1949). Confusion of the tongues between the adults and the child—(The language of tenderness and of passion). *International Journal of Psycho-Analysi,* 30, 225–230.

Ferenczi, S., & Dupont, J. (1988). *The Clinical Diary of Sándor Ferenczi.* Cambridge, MA: Harvard University Press.

Freud, S. (1925). Negation. *International Journal of Psycho-Analysis,* 6, 367–371.　石田雄一訳（二〇一〇）．否定．フロイト全集第十九巻．岩波書店．

Frie, R. (2016). *Not in My Family: German Memory and the Holocaust.* London: Oxford University Press.

Fryer, D. (2007). What Levinas and psychoanalysis can teach each other, or how to be a mensche without going meshugah. *Psychoanalytic Review*, 94, 577–594.

Gadamer, H.-G. (1976). *Philosophical Hermeneutics*. Berkeley: University of California Press.

Herman, J. L. (1992). *Trauma and Recovery*. New York, N.Y.: BasicBooks.　中井久夫訳（一九九九）．心的外傷と回復．みすず書房．

Hornstein, G. A., & Fromm-Reichmann, F. (2000). *To Redeem One Person is to Redeem the World: The Life of Frieda Fromm-Reichmann*. New York: Free Press.

Jaenicke, C. (2011). *Change in Psychoanalysis : An Analyst's Reflections on the Therapeutic Relationship*. New York: Routledge/Taylor & Francis Group.

Kleinberg-Levin, D. M. (2005). Persecution: the self at the heart of metaphysics. In E. Nelson, A. Kapust, & K. Still (Eds.), *Addressing Levinas* (pp.199–235). Evanston, IL: Northwestern University Press.

Kohut, T. A. (2012). *A German Generation: An Experiential History of the Twentieth Century*. New Haven Conn.: Yale University Press.

Lachmann, F. M. (2008). *Transforming Narcissism: Reflections on Empathy, Humor, and Expectations*. New York: Analytic Press.

Levi, P. (1965). *The Reawakening (La tregua): A Liberated Prisoner's Long March Home Through East Europe ([1st American ed.)*. Boston: Little.　竹山博英訳（一九九八）．休戦．朝日新聞社．

Levi, P. (1984). *Se questo è un uomo* (14a ed.). Torino: Einaudi.　竹山博英訳（一九八〇）．アウシュヴィッツは終わらない．朝日新聞社出版．

Levi, P. (1989). *The Drowned and the Saved (1st Vintage International ed.)*. New York: Vintage International.　竹山博英訳（二〇一四）．溺れるものと救われるもの．朝日新聞出版．

Levinas, E. (1969). *Totality and Infinity: An Essay on Exteriority*. Pittsburgh: Duquesne University Press.

Levinas, E. (1981). *Otherwise than Being: or, Beyond Essence*. Hague ; Boston.　合田正人訳（一九九九）．存在の彼方へ．講談社学術文庫．

Hingham, M. A: M. *Nijhoff : Distributors for the U.S. and Canada*. Kluwer Boston: Kluwer Academic.

Levinas, E. (1969). *Totality and Infinity: An Essay on Exteriority*. Pittsburgh,: Duquesne University Press.　熊野純彦訳（二〇〇五）．全体性と無限．岩波文庫．

Lévinas, E. (1996). *Proper Names*. Stanford, CA: Stanford University Press.

Lévinas, E., & Nemo, P. (1985). *Ethics and Infinity* (1st ed.). Pittsburgh: Duquesne University Press.

Lévinas, E., Peperzak, A. T., Critchley, S., & Bernasconi, R. (1996). *Emmanuel Levinas: Basic Pilosophical Witings.* Bloomington: Indiana University Press.
Lévinas, E., & Robbins, J. (2001). *Is IT Righteous to Be?: Interviews with Emmanuel Lévinas.* Stanford, CA: Stanford University Press.
Margalit, A. (2002). *The Ethics of Memory.* Cambridge, MA: Harvard University Press.
Mitchell, S. A. (2000). *Relationality: From Attachment to Intersubjectivity.* Hillsdale, NJ: Analytic Press.
Orange, D. M. (2011). *The Suffering Stranger: Hermeneutics for Everyday Clinical Practice.* New York: Routledge/Taylor & Francis Group.
Ricœur, P. (1992). *Oneself as Another.* Chicago: University of Chicago Press.
Sartre, J.-P. (2001). *Being and Nothingness.* New York, NY: Citadel Press.
Stolorow, R. D. (2007). *Trauma and Human Existence: Autobiographical, Psychoanalytic, and Philosophical Reflections.* New York: Analytic Press.
Suttie, I. D. (1935). *The Origins of Love and Hate.* London: K. Paul, Trench, Trubner.
Vinokur, V. (2008). *The Trace of Judaism : Dostoevsky, Babel, Mandelstam, Levinas.* Evanston, IL: Northwestern University Press.

注

1 〔訳注〕『エコノミスト』（二〇一五年十二月）によれば、ドイツ人の世代を分ける二つの言葉がある。一つは「Kriegskinderクリークスキンダー（戦争の子どもたち）」（一九二八年から一九四七年頃までに生まれた世代）で、「決して悲しむことを許されなかった」世代、幼い頃の古いトラウマがよみがえる世代である。もう一つは、「Kriegsenkelクリークセンケル（戦争の孫たち）」（一九五五年から一九七〇年頃に生まれた世代）で、彼らが成長する間ずっと、感情が凍りついていた親の世代のトラウマを受け継いでしまった世代・親の焼夷弾爆撃の悪夢を見た世代である。

2 〔原注〕これは、トマス・コフートの素晴らしい書籍の中に語られている（Kohut, 2012, Levi, 1965, 1989）。

3 〔原注〕Roger Frie（2016）は、実際彼らはそうだったと述べている。

4 〔訳注〕ヘブル語聖書の律法（トーラー）の節の最初の言葉。申命記六章四節と民数記十五章三十七節―四十一節に基づく最初の節「聞け、おお、イスラエルよ、主は私たちの神、主はただ一人」。

5 〔訳注〕ユダヤ人の解釈方法に基づき、聖書の原文に添付されるユダヤ教聖典への古代の注釈。

6 〔訳注〕アベルを殺したカインが責任逃れで発した質問。

7 〔訳注〕富樫公一（二〇一六）『不確かさの精神分析――リアリティ、トラウマ、他者をめぐって』（誠信書房）参照。

第十章　記憶の闇――歴史的トラウマの被害者を特定すること

ドナ・オレンジ

はじめは、多くのことが明白です。拷問、殺人、全体主義独裁者、子どもたちをコントロールするために筆舌に尽くしがたい数えきれない種類の暴力をふるう親――そこにいるのは、加害者、罪深い実行者(perpetrator)、犯罪者です。拷問され、殺害され、非人道的に扱われ、近親相姦され、辱められた子どもたち――そこにいるのは、被害者です。多くの場合彼らは、完全に罪のない者たちです。しかし、ほんの数歩退いてものを見てみると、つまり世代を俯瞰して見てみると、私たちはプリーモ・レーヴィ(Primo Levi)の「灰色の領域」(Levi, 1988)[1]に入っていきます。彼は晩年、つまりアウシュヴィッツから解放されたのちの数十年をかけて、アウシュヴィッツの道徳的世界のことを書き記しました。それは、ナチス政権の被害者以外の何者でもない多くの囚人たちが、程度の差はあるにしても、加害者へと変わっていった世界でした。彼らは、ガス室で「ナチスの」手助けをしたり、互いの食べ物を盗んだりするなど、程度の違いはあっても加害者だったのです。レーヴィは、質の違いはあっても、被害者も加害者としてとらえられることをはっきりさせたのです。レーヴィは、自分の家の近くに強制収容所があることに気がつかないふりをしたまま、毎日たっぷりと栄養を取って暮らしていたドイツ人やオーストリア人も知っていましたが、囚人たちの多くは、そんなドイツ人やオーストリア人たちよりもずっと残酷でした。そうしたドイツ人やオーストリア人たちは、被害者を装ってきた人たちです。自分たちは、彼らの名前を使って罪を犯したとんでもない（しかし実は彼ら自身が歓喜に満ちて支持してきた）政府の被害者だというわけです。彼らは、自分には罪がないと主張しました。

しかし私がここで直接皆さんと話し合いたいのは、道徳の多義性や責任の半意識的（semi-conscious）回避のことではありません。もちろん、そのような問いは、最終的にどこかで扱われなければならないものだとは思います。ただ、ここではむしろ、私たち精神分析家は、どのような無意識的プロセスが記憶の霧を導き、被害者意識と加害者意識の混乱を生み出すのかといったことについて考えなければなりません。それは、関係論の分析家のジェシカ・ベンジャミン（Jessica Benjamin, 2004）が述べるような「やるかやられるか（doer and done-to）」の関係でもあります。ワーレン・ポーランド（Warren Poland, 2006）が教えてくれたように、精神分析は、それ自体がまさにそのような問いによって定義されるような営みです。彼はこう書きます。

> その態度を精神分析らしいものにするのは、無意識の力の大きさに関心を向けることである。患者を援助する作業における分析家の仕事は、恥や罪によって拘束されない非情なまでの率直さに満ちた自分の心を必要とする。
>
> (Poland, pp.223–224)

もし精神分析が、私たち自身や私たちの患者が、歴史的被害や加害について率直になることを無意識に妨げているものを認識させられないならば、私たちがこれまで学んできたものは何だったのでしょうか。簡単にいえば、何故私たちはそれを知りたいと思わないのでしょうか。世代を超えた沈黙の雲によって、注意深く守られている霧を維持しているものは何でしょうか。いくつかの文化では、家族の名誉のために、それを知りたがらないということもあるでしょう。そうした思いはもちろん、適切な精神分析的防衛の一つとして挙げられます。しかし、皆さんのうちの何人かは、『うちの家族に限ってはない――ドイツの記憶とホロコースト（Not in My Family: German Memory and the Holocaust』（2016）の著者であるドイツ系カナダ人の精神分析家・歴史家ロジャー・フリー（Roger Frie）の業績を知っているでしょう。彼は、自分の人生の中にいつも漂っていたよくわからない何かに向き合おうとする勇気ある旅について詳しく語りました。それは、彼の愛する祖父がナチス党員で、積極的なナチの活動家であったことです。彼の本には、ナチスのバイククラブの制服に身を包んだ祖父の写真も掲載されていますが、それは、それを目にした孫がショックを受けるのに十分なものでした。その本には、フリーがやがて、戦時中に祖父がしていた実際の仕事を発見するプロセスも書かれてあります。それは、主にロンドンを標的とした恐るべきV２ロケットの製造でしたが、連合軍が発射台のある場所を空爆するまで祖父の仕事は続きました。フリーは、祖父との愛着を守らなければならなかったでしょう。それは、ポーランドが述べているような、率直さに逆らう強い無意識的な動機そのものです。しかし彼は、もっと重要でより難しい問いに向かって戦いを挑んでいかなければなりませんでした。つまりそれは、罪深いことと罪のないこと、加害者と被害者の間にある曖昧な境界に関する問いです。それは、戦後生れのすべての思慮深いドイツ人やオーストリア人が向き合うことになった問いでもあります。

最初にいくつかの非公式な作業的定義を提示させてください。それは不完全な定義ですが、おそらく、わかりやすいものです。とりあえず、「**被害者**」とは、不公正に苦しむ誰かのことを意味すると定義してみましょう。それは、事故によって傷ついた人だけではなく、不義（unjust）の差別や暴力によって苦しむ人たちも含みます。その意味では、それは、洪水の被害者のことではなく（人間ではない力によって被害を受けたと感じるのは簡単ではありますが）、不義の人種的、経済的システムによる被害者ということになるでしょう。たとえば、差別や性的暴力によって傷つけられた人がそれに当たるでしょう。「被害者」という言葉がさまざまな方法で用いられるのは言うまでもありませんが、ここでの目的における被害者の定義に必要不可欠なものは、不公正（injustice）の現実と感覚です。

第二に、加害者（perpetrator）は、他の人間存在に対する不公正を作り出したり、押し付けたりする者です。この不公正がどのようなかたちをとるにせよ、加害者は決して、治療を受ける側になることはありません。治療を押し付けられるのは被害者や犠牲者たちのほうです。もし「やる側」が、自分がしたこととまったく同じ方法で「やられる側」になろうという意思を持っていたとしていたら、それは〔適切な〕ルールの中で行われるゲームです。不公正と加害性の定義の必要十分条件は、相互性の拒絶です。哲学の文献でこの問題の関連内容について論じているものは非常に多くありますが、今のところ私たちは、作業的な定義についてだけ言及しています。それによって私たちは、精神分析にとっての記憶の霧の現象学を見出すことができるからです。

では、私たちは「歴史的トラウマ」をどのように定義することができるのでしょうか。集合的には、私たちは、トラウマとは、戦争――勝者・敗者に関係なく――やジェノサイド、あるいは、全体主義的政権によるすべての暴力だと述べることができるでしょう。しかしこうした集合的な歴史的トラウマは、精神分析を求めません。大部分の人にとってそれは、直接的に加害者であったり、独裁者であったり、拷問者であったり、殺人者であったりするわけではないからです。したがって、ここで私たちが関心を持っている「歴史的トラウマ」とは、私たちがすでに話のついでに述べた無意識的プロセスによって沈黙させられてきたもののことです。その多くは、それが暴かれるまでは、標準化されたマスクの下に隠されています。ナチス党員の孫、広島の被爆者の孫娘、ヨーロッパの強制収容所の生き残りの孫は、彼らの症状や夢を通して、日々の報告よりも多くのことに耳を傾ける準備ができている精神分析家に語ります。そういった子どもや孫たちは、彼らが解釈できない不安や気配とともに育ちます。再び突然引っ越さねばならなくなるかもしれないという思いから、米国で必要なものを決して購入しようとしない両親、理由も言わないまま誰のことも信用しないようにと子どもや孫たちを教育する祖父母、子どもたちが部屋に入ってきたとき話を突然やめる両親、悲しみを隠すために戦う両親は、皆そうです。冷静で、仕事熱心な両親には、彼らの人生の中に失われた数年があるわけです。場合によっては、不可解なことに（家族の）何人かは実際にいなくなっていて、子どもたちに疑問だけを残します。その中で子どもは、しばしば、なぜ、自分は親のそういった部分に何も影響も与えることができないのだろうと不思議に思い始めます。両親は、子どもが悪いことをしていようがしていなかろうが、突然沈黙したり、怒りを爆発させたりするのです。その心理的な穴は、分析家がその理由に関する歴史の無意識的な力に調律するまで、彼らの苦悩を、ほとんど自動的に、次の世代また次の世代へと伝え続けるのです。

したがって私たちは、歴史的トラウマは、もともとは拷問され、殺され、財産を没収され、追放された人たちのものだったとしても、次の世代にしばしば伝えられるものだと述べることができます。そしてそれは、文化の中に根づく〔防衛的な〕方法をさまざまに用いることで、警戒して暮らすようにと伝えるのです。北米では、ＰＴＳＤや薬物依存、定型・非定型の抑うつといった表現や方法がよく用いられるかもしれません。私たちは、奴隷や植民地の歴史的トラウマを作り出した政治的形態に立ち戻ることを求められるかもしれません。フランスでは、フランソワーズ・ダヴォワンヌ（Françoise Davoine）[2]が、さまざまな狂気の形態で表現される歴史的トラウマに耳を澄ませる方法を教えてくれました。皆さんはこの国で、また別のかたちの歴史的トラウマを見てきたかもしれません。しかし、こうした戦争や暴力の世界に私たちが生きている限り、すべての臨床家は、そうした歴史的トラウマのちょっとした表現をとり上げ、それに耳を傾ける方法を学ばなければなりません。それも、まずは自分に対して、やがては患者に対して、です。私はニューヨークで臨床実践をしているとき、両親の暴力や抑うつの中に監禁された人生を送る患者とともに、彼らがそこから自由になる方法を探索することがありました。私はそうしたとき、一度ならず、自分がヨーロッパの強制収容所にいる夢を見ることがありましたが、同じときに、患者も同様の夢を見ていたということがありました。どの例においても、患者はのちに、家族の中にホロコーストの歴史があることを発見しました。そうです。私たちは夜でさえ、他者のために働いているのです。

今日皆さんにも、半分くらいの時間は言葉に注目してもらう必要があります。しかし、最小限の定義にとどめますが、今日のお話で私たちにとって最も重要な言葉は、私たちのタイトルにある「霧」です。視覚的には、霧は、非常に近くにある危険な何かを見えなくさせる不鮮明な状況を作り出します。聴覚的には、「非情なまでの率直さ」へと向かう音や声を隠す雑音やノイズのようなものです。霧があると、私たちは、知りたくないことを知らないでいることができます。知りたくないことは、あまりにも強い痛みを伴い、あまりにも深い罪悪感を引き起こすものです。歴史的トラウマの文脈では、この霧や雑音は、歴史的犯罪を隠してしまうかもしれません。たとえばそれは、ロジャー・フリーの家族やその他の人たちの例にみられるようなものです。あるオーストリアの同僚は、初期の場合も後になってからの場合もありますが、すべての精神療法において、第二次世界大戦中に家族のメンバーがどこにいたのかを患者に尋ねることにしていると言います。今の人たちは、ナチス時代の人たちの孫にあたります。かつての家族は、ドイツ国防軍（ロシア戦線で戦ったり死んだりした場合が多い）にいたかもしれませんし、ナチス親衛隊（非常に多くのオーストリア人が含まれるグループで、ハインリッヒ・ヒムラー（Heinrich Himmler）のもとで強制収容所の管理をしていたことが多い）だったかもしれませんし、あるいは、レジスタンス（数は少なく、隠れて暮らしている）だったかもしれません。その他の場合もあるでしょう。どこにも入らない人はいません。ただ、およそ九十人のオーストリア人だけが、ユダヤ人を匿ったり、彼らが逃亡するのを手伝ったりしたことはわかっています。オーストリアにおいては、記憶の霧は、「オーストリア人はヒトラーの第一の犠牲者たちである」という転換を行うことで形成されてきました。それは、加害・被害の言説が強い可鍛性を持ったものであることを示しています。彼らは簡単に忘れます。連合軍は戦後の冷戦下において、オーストリアを西欧連合に入れることでこの忘却の手助けをしてきました。彼らがいかに熱狂的にナチスを受け入れ、ユダヤ人を糾弾して絶滅させようとしたのかは忘れ去られるのです。私は、ジークムント・フロイト（Sigmund Freud）の精神分析の生誕の地にしばらくいました。そこで私は「ユダヤ人精神分析家たちはどこにいたのか」という質問を何度かしましたが、霧が立ち込める中で私がしたその質問は、彼らを困惑顔にさせるだけでした。彼らは「今のウィーンではたぶん、ユダヤ人の分析家は二、三人残っているくらいかな。よく知りませんが」と答える程度です。同様に米国では、人種問題についての私たちの政治的言説は、しばしば、私たち白人が人間存在を数百年にわたって奴隷として扱ったことを忘れるように作られています。私たち白人は、奴隷たちが自分の人間的尊厳を求めて逃げようとしたときや、文字を読むことを学ぼうとしたとき、彼らにひどい罰を与えたのです。

もちろん霧は、それほどみじめではないかたちで作られる場合もあります。それは、自然で必要な結びつきを保護しようとする場合です。私たちは、小さな子どもが通常ではないこぶやあざを作って学校に到着したようなときに、その例を見ることができます。スクールカウンセラーに送られて、何かあったのかと尋ねられた子どもは、自転車で転んだだけだと説明するでしょう。しかしそのあざは、子どもが語る話にフィットしません。そして私たちは、その子はおそらく真実を言うことを怖がっているのだと理解します。真実を述べると、彼らは再び殴られるからです。子どものソーシャルワーカーがやってきて、子どもを家族から引き離します。そうでない場合、大人が考えもつかないような「邪悪」が表れます。子どもはわざわざ自分で自転車から落ちるのです。あるいは、子どもは、お前が悪いと私を殴るのです。私はそれ以上何もできません。被害者は自分を、問題を作り出す者に変えるのです。最も単純な例は、フェアバーン（Fairbairn）が「道徳的防衛」と呼んだようなものが自動的な形態となったものです。私たちは両親に質問をすることを許されません（夜中に何をしていましたか。戦争中何をしていましたか）。なぜならば、私たちは彼らを守らないといけないと感じてしまうからです。私たちは、加害者が自分の犯罪について話さないように手助けするのです。彼らに対する私たちの愛と尊敬を利用して、彼らは、自分たちは罪のない被害者だとますます感じるようになるでしょう。結局、彼らは、自分たちは子どもたちのためにこうしたのだというのです。その世代でも、その孫たちの世代でも、霧に包まれた無意識性から「恥や罪悪感から解放された非情なまでの率直さ」を生み出すことは、ますます難しくなっていくのです。しかし、個人的な症状においても、家族や社会的混乱においても、霧の中にいるままでいると結局は高くつくのです。

もう一つのバージョンでは、家族の暴力が霧の中に消され、子どもたちから現実が隠され、フェレンツィ（Ferenczi）が「言葉の混乱」（Ferenczi, 1949）と名づけたようなかたちを作り出すかもしれません。そこでは親は、近親姦や暴力、すべてのかたちの辱めや搾取、ネグレクトの罪を子どもに負わせるのです。子どもたちは自分が親になり、自分がその子どもにかかわる方法を見て、自分が混乱していることを発見します。そこで初めて彼らは、分析家や大人のきょうだいに助けを求めるかもしれません。最悪の虐待の多くを思い出すことすらできない分析家の私たちも、自分の分析を通して、自分がより深い自己‐非難の中にいることを知ります。私たちが幸運ならば、私たちは自分に質問をしたり、彼らが記憶していることを話してくれるようなきょうだいの話を聞いたりして、自分たちがどのようにされてきたのかを発見することができます。目撃証人は、私たちがそれまで常に受け入れてきた意味を再編集する手助けをしてくれるかもしれません――おそらく私は役立たずものではない。たぶん私は、自分が期待に応えられなかったときに、言語的にばかにされ、非言語的に攻撃され、ときには、ナイフをちらつかされて無慈悲に搾取されていたのだ。次に殴られるのは自分だと弟がいつも恐れていたので、自分が彼を守ろうとしてきたことを彼は覚えている――しかし、私は覚えていない。私たちは、生き残るためだけに記憶の霧を必要としてきたかもしれません。私たちは自分たちの人生が危険であったことを信じようとしないかもしれません。大人として、私たちは霧の中でお互いに助け合ってしまうのです。

もう一つの無意識的な霧の源泉は、精神分析家たちが現在トラウマの世代間伝達と呼ぶようなものです。両親は一時的に両親がいなくなることがあった家族の出身かもしれません。ただ、その人たちが一瞬いなかったときの背景にある歴史的環境を尋ねるものは誰もいません。あるいは、同居者が暴力的であったり、憎しみに満ちた人であったりしたかもしれません。そのような両親は、ほどよい養育の感覚を持っていない場合があります。今は大人になった彼らの子どもたちは、多かれ少なかれ彼らよりも生きていることを喜んでいますが、同じ両親が子どもたちにしたことを知ります。彼らはそれまでそのことを知りませんでした。自分の両親がより加害者であり、より犯罪者的であったかどうかを知ることは、暴力的に打ちのめされてきた人にとって、簡単ではないのです。私たちは簡単に、このカテゴリーに所属するわかりやすい例を提供することができます。しかし、今私たちは、プリーモ・レーヴィが書き残したように、問い続けなければなりません。これは防衛的な霧なのか。あるいはこれは、このカテゴリーに所属する何か悪いものなのか——と。

ここで私は、自分が極端なポストモダン主義者ではないことをはっきりさせておきたいと思います。真実は一つではなく、ある出来事についての真実の説明はたくさんあるとしても（羅生門）[3]、それでも真実はあり、嘘もあります。そこには公正というものもありますし、不公正というものもあります。たとえ私たちが、確実にそれを特定できなかったとしても、です。私たちは、現実的な罪悪感や神経症的な罪悪感から、有用な恥や破壊的恥から、自分自身に対する「非情なまでの率直さ」へと、どのようにして向かうことができるのでしょうか。「トーキングキュア（お話療法）」と呼ばれるものを作り出した精神分析は、注意深く、話をよく聞く態度を持ち込みました。それは、他者の苦しみに寄り添い続け、無意識のデーモンに向き合おうとする準備がすっかりできている態度です。無意識のデーモンとは、歴史的トラウマやそれに対する私たち自身の共犯性のことかもしれません。あるいは、私たちが愛する誰かが私たちや他者にしてきたひどいことのことかもしれません。精神分析は、私たちが互いを必要としていることを知っています。他者へと向かおうとする中で、私たちは悲しみに満ちた歌を歌うかもしれません。そこで初めて私は、はっきりとものを見ることができます。そうして霧は去るのです。

（翻訳：富樫公一　二〇一八年十二月一日　台湾自己心理学グループ）

文献

Benjamin, J. (2004). Beyond doer and done to: An intersubjective view of thirdness. *Psychoanalytic Quarterly*, 73, 5–46.

Ferenczi, S. (1949). Confusion of the tongues between the adults and the child—(The language of tenderness and of passion). *International Journal of Psycho-Analysis*, 30, 225–230.

Frie, R. (2016). *Not in My Family: German Memory and the Holocaust*. Oxford University Press.

Levi, P. (1988). *The Drowned and the Saved*. New York: Summit Books.

Poland, W. (2006). Struggling to hear. *American Imago*, 63, 223–226.

注

1　〔訳注〕プリーモ・レーヴィ『溺れるものと救われるもの』（朝日選書）。

2　〔訳注〕Françoise Davoine（2004）「History Beyond Trauma」Other Press.

3　〔訳注〕複数の矛盾がある出来事を英語で「Rashomon」と表現する。映画『羅生門』が語源。

第十一章　トラウマ、沈黙、そして解離

ドナ・M・オレンジ

はじめに

こうして多くの日本の精神分析家と精神分析家的精神療法家の先生方に話す機会をいただけたことは、大変光栄なことです。おそらくフロイト（Freud）は、日本で自分の仕事がこれほどよく知られ、愛されるようになり、そしてこれほど有効に使ってもらえるようになるとは思ってもいなかったでしょう。もちろん彼は、今日ここでこうして私たちが一緒にいることを喜んでいるはずです。日本精神分析協会のウェブサイトはこう言っています。「本精神分析協会は、ウィーンにてフロイト、フェダーン、ステルバらの精神分析家に学び、その後わが国でただひとり精神分析臨床を実践していた精神科医古澤平作を初代会長として一九五五年十月に一九五五年十月に結成されました」と。私は、皆さんの何人かが米国で精神分析を学び、それを日本に輸入して根付かせた努力について書かれたものを読むと、いつも深い感銘を受けます。それを読むと私は、私たち西洋人も、皆さんから人間的であるための方法を学ばなければならないと感じます。私を招待してくれたこと、そして、時代を超えて崇高さを伝えるみなさんの文化に私を触れさせてくれたことに、心から感謝をしたいと思います。文化や言語の違いから私が間違った理解をしていることもあると思いますが、それはどうかお許し

ください。私が読んでいるこの文章は、精神分析発祥の家で書かれたものです。[1] つまり、四十七年間ジークムント・フロイト（Sigmund Freud）が住み、仕事をしていたオーストリアのウィーン、ベルクガッセ十九番の家です。彼は子どもたちが遊んでいるのを、この同じ窓から眺めていたことでしょう。古澤先生もこの家を訪れたに違いありません。今日、私たちはウィーンから米国を経由し、皆さん全員のもとへとつながる橋を架けます。皆さんの大会のテーマであるトラウマと精神分析を考えることを通してです。

ウィーンの哲学者ルートヴィヒ・ウィトゲンシュタイン（Ludwig Wittgenstein）は、「話をするのが不可能なことについては、人は沈黙せねばならない」（Wittgenstein, 1994、奥訳、一九七五、一二〇頁より引用）と書いています。彼は、初期の著作である『論理哲学論考』を、その言葉で締めくっているのです。その西洋哲学史の教科書は、間違いなく最もよく読まれたものでありながら、ほとんど理解されていないものの一つでしょう。科学的論理実証主義をかかげるウィーン学団が彼との議論を望んだとき、伝えられるところによれば（Janik & Toulmin, 1996; Monk, 1990）、彼はラビンドラナート・タゴール（Rabindrinath Tagore）[2] を読みながら隅に座っていたと言います。それにしても彼のいう沈黙とは、どのようなものなのでしょうか。

ほとんどの専門家は、ウィトゲンシュタインはおそらく、二十世紀の西洋哲学者の中で最も重要な二人のうちの一人だと考えるでしょう。彼は、私たちは明白なことのみ述べるべきであって、倫理や宗教については、私たちは語ることができるはずはないし、少なくとも、語ろうと試みるべきではないと主張していました。「幻想の未来」（Freud, Robson-Scott, & Strachey, 1962）の中で、フロイトが宗教を私たちの幼児的な切望と見なしたように、彼もまたその領域を軽視しているとみなす批評家もおります（皆さんの土居健郎博士は、甘えは成人期までに捨て去らねばならないものではなく、大事にしてよいものだと教えてくれましたが、その甘えも、そのような考えのもとでは、同じように語るべきではない切望になってしまうでしょう）。しかしウィトゲンシュタインは、最初の本を出版するにあたり、出版してくれる可能性のある出版社に対して、これは、本当は二つの作品のようなもので、一つは言葉に書き起こしたが、もう一つは言葉にして書いていない、と手紙を書き送っています。書いていないものの方がむしろ重要だ、と。出版社が彼の原稿の出版を断ったのは驚くに値しません。沈黙は興味を掻き立てる読み物にはなりませんし、出版社に十分な収入ももたらさないからです。

ウィトゲンシュタインは常に哲学的対話を求めていた人でしたが、明らかに、フロイトが好んだ「トーキングキュア（お話療法）」の考えを共有していた人ではないことを、私たちは知っています。彼は語られないことを語ることは不適切だと信じていて、無駄話を受け入れるような人ではありませんでした。それでもなお、三人の兄を自殺でなくし、自身も真剣に自殺を考えた苦しみに満ちた哲学者は、個人的告白をしなければならないという繰り返される欲求と、「人は沈黙せねばならない」という主張との間に引き裂かれていました。

私たちは何について沈黙しなければならないのでしょうか。私たちは何について語ることができないのでしょうか。私たちが、善や甘え、聖なるものを語る能力の限界に達したときだけでなく、名づけることができないほどの悲惨さに苦しむときにそうなるのと同様に、彼もそこで沈黙することを学びました。ウィトゲンシュタインの家族は、ウィーンの宮殿の中にある家に住んでいました。そこは、著名な作曲家たちが弾いた一ダース近くのグランドピアノがころがっているような家でしたが、情緒的な牢屋のようなところで、子どもたちは、厳しい要求を突きつける父親が営んでいた製鉄業を継ぐこと以外考えることを許されませんでした。芸術や他の関心に傾く子どもたちは、〔父親の〕カール・ウィトゲンシュタイン（Karl Wittgenstein）に逆らうことも、従うこともできず、次々と死んでいきます。家族は死んだ子どものことはもう口にしないようにと要求されました。旅立った者たちについての家族の心の内は語ることを許されなかったのです。そのプロセスは、間主観性理論の恩師でもあるバーナード・ブランチャフ（Bernard Brandchaft）の言葉で言えば、「病理的調節（pathlogical accomodation）」（Brandchaft, Doctors, & Sorter, 2010）と呼ばれるようなものです。それは、私たちが、自分たちが求める人との結びつきを維持するために、私たち自身の真実や自己体験を犠牲にすることを意味しています。つまり、レオナード・シェンゴールド（Leonard Shengold）のいう「魂の殺害」（Shengold, 1989）です。この外傷的で有害な自己愛のシステム（Shaw, 2014; Turco, 2014）から逃れることは不可能でした。哲学者ルードヴィヒは、イギリスに移住しましたが、父親が亡くなった後に自分を一族から切り離すことを第一の目的として帰国し、巨額の財産の相続権をすべて放棄しました（Monk, 1990）。しかし彼は、彼自身の苦しみについては何も語らず、沈黙を貫きました。

沈黙と解離

フロイトはこのテーマを避けていましたが、私たち精神分析家は、さまざまなタイプの解離があることをよく知っています。私たちが以前は明らかに知っていたり、意図していたりしたこと――たとえば、歯科の予約をすること――を「忘れて」しまうような最もマイルドなタイプから、殺人やレイプ、拷問などのような外傷的なショックの後の完全な健忘（amnesia）まで、そこには、広くさまざまなタイプがあります。私たちは公けに多重人格と呼ばれるような種類の現象も知っています。幼少期にひどい拷問を受けていた患者がいるとしましょう。その患者は腰を下ろすと、これまで聞いたことがないような声で、明らかに分析家に向けてというわけではない態度で、「そんなことをするな。お前は本当にそうすべきではない。ひどい目にあうぞ……それだけじゃすまないぞ」と言うわけです。驚いた分析家は、自分がそこで会ったのはそれまでの患者とは違う部分だったのだと、あとになって認識するでしょう。スーパーヴァイザーは、これは分析家や治療にとって本当に最高の贈り物だと説明するかもしれません。分析家は、初めて、その内的な会話、つまり、外傷的ショックから生じた分断の部分に直接触れ、それを耳にすることになります。今まさに、このモーメントを可能にし、それを利用可能にする十分な間主観的な安全性が患者と分析家の間に生じたわけです。別の患者は、自分は大学の授業に行かなかったのに、誰かが大学の授業に出て、自分と同じ筆跡でノートをとっているみたいだと言います。自分の名前においてなされたことすべてに責任があると思う彼女は、助けを求めます（私は長い間その患者の精神分析療法をしていましたが、驚くような話をたくさん聞きました）。そういった患者たちが必要としているのは、私があとでお話しようと思っている倫理的な目撃証人のようなものです。

私たちが毎日触れているたくさんの臨床経験は、解離とトラウマの合間にあります。それは、患者の話や治療の中に何かが抜けているのではないかという内に秘めた感覚がなければ、認識することが難しいものです。かつてフロイトは、患者の意識的なストーリーの中に見られるちょっとしたすき間（gap）に耳を傾けるようにと、私たちに勧めました。それが、無意識の証拠だというわけです。実際彼は、無意識的な心的生活があることの最も基本的な証拠として、そのようなすき間を挙げました。

> 無意識の心というものを仮定し、その仮定の下に科学的に仕事を進めるということに関しては、各方面からわれわれに異論が唱えられてきた。これに対してわれわれは、無意識というわれわれの仮定は必要かつ正統であり、無意識の存在について幾重もの証拠を捉えていると申し述べることができる。意識の所与は、甚だしく隙間（gap）の多いものであるから、この仮定は必要である。健康な人たちにおいても病気の人たちにおいても、次のような心的行為がしばしば現れる。その行為を説明するには、別の行為が前提されなければならないが、その行為に対しては意識は証言を与えることができないのである。
>
> （Freud, Strachey, Tyson, Strachey, & Freud, 1915, p.166、新宮訳、二〇一〇、二一二頁より引用、傍点原文、英語挿入訳者による）

当初フロイトは、力動的無意識によって局所論的（topographically）に組織された心というものを描いていました。その力動的無意識は、知ることにあまりにも痛みを感じたり、不安が掻き立てられたりするといった理由で、気づきから検閲排除された内容を含むものです。症状や夢、失策行為を生み出すエディプス的願望や去勢不安というのが、その最大の例でしょう。のちの構造論では、超自我や外的世界が求めるものとの葛藤が、無意識性を生み出すとされました。しかし彼は、外傷的体験が無意識の理由となるという考えを認めませんでした。フェレンツィ（Ferenczi）は追放され、解離という概念も認められませんでした。事後性（後で意味が生成されること）や反復強迫のようなフロイトの最良の考えの多くは、世紀半ばの戦争のワーキングスルーや、創始者フロイトの死を待たねばなりませんでした。私はこの言葉を彼のウィーンの家で書いています。私たちは、彼が紹介したものの十分に発展させられなかった考えをより理解し、彼が追放したいくつかの考えを再統合することで、彼の中核的な考えを、私たちの現代の間主観的理解に持ち込んでいます。こうした方法を用いることで、私たちはフロイトをまさに讃えているのだと、私はそう信じています。

たとえば、過去四十年の間に、精神分析は、フロイトが一緒に旅行を楽しんだ愛すべき同伴者であり、追放された反逆者でもあるシャーンドル・フェレンツィ（Sandor Ferenczi）[3]を復権させ、外傷的に引き起こされたたくさんの種類の解離に注目することを学びました。あるタイプは、米国でよくあるようなものです。患者はただ「ひどく気分が悪い」と思っていて、職場や家庭でうまくいかないと感じたり、医師に勧められたりしてセラピーを始めます。患者はなにが問題なのか説明することができず、自分が育った家族は本当にごく普通だったと主張します。「私がただ頭がおかしい（crazy）だけなのだと思います」と。ときにその解離は、スプリットだったり、あるいは、無感覚（blank）であったりしますが、穏やかで丁寧な質問に沿って話すうちに、患者は、私たちが「背景の話（backstory）」と呼ぶ何かが問題を作り出していることを理解するようになり、その分析的作業が進んでいきます。しばしばそれは、家族の中の他のきょうだいもまた、問題を抱えていることを見つけ出すことになります。もしそこに何らかのトラウマがあるならば、すでに私たちは、そこで、解離の領域に入り込んでいます。それは、一度意識されたものが個人内界的な葛藤のために検閲排除されるといった古典的な抑圧の領域ではなく、フェアバーン（Fairbairn）によって記述されたスプリットされた心のようなものです。皆さんも、こうした類の臨床状況をよく知っているでしょう。もしかしたらそれは、文化的に少し異なった形で表現されたものかもしれないと、私は想像しています。

しかし、そう簡単なときばかりではありません。より複雑な解離のプロセスがみられる場合には、患者と分析家の両方によって寄与された無意識的プロセスを考えるための間主観的感性を必要とするでしょう。望まれず、喪失を感じている患者を思い浮かべてみましょう。子どものころ、患者はほとんど無視されていて、学校で必要なことをどのように求めたらよいのかさえ学ぶことができませんでした。トイレに行く許可を求める方法も、鉛筆をなくしたときに代わりを貸してもらう方法も教えてもらえませんでした。肯定してもらうことも、認めてもらうことも、支えてもらうことも考えられません。そこでは、どんな人間存在にとってももっともで当たり前だと患者が感じていることと、彼が自分のために求めることを許されていると思っていることとの間に深い解離があるわけです。そのすき間は理解されることを求めていますが、患者も分析家もその結びつきを知ることができません。分析家から肯定されたり支えられたりしても、それは何の助けにもなりません。そのすき間はあまりにも深いのです。二人はどちらも、希望がないように感じ始めます。

しかしある日、分析家はイタリア人が「夢うつつ（*dormiveglia*）」と呼ぶような状態で目を覚まします。それは、覚醒と睡眠との間のような状態です。そこで分析家は、患者がより若いときの自分を思い出させてくれたことを何となく認識します。分析家はどのようにして、中核的な何かを奪われてきたのでしょうか。戦争から帰ってきた彼女の父親は、彼が見たものやそこでしてきたことを決して語ったことがありませんでした。彼女が大きくなってからでさえ、彼女はそれについて尋ねることを許されませんでした。精神分析を教えている今でも、彼女は自分の父親の歴史や、なぜ彼女がそこまで子どものころに控えめでいることを求められたのかについて、何も知らないと言ってもよい状態であることを知りました。彼女はよい子でなければなりませんんでした。彼女は賞賛を願ってはならず、そして何かを諦めなければなりませんでしたが、彼女はそれが何かを知りませんでした。

次のセッションで、彼女は患者に対し、両親か祖父母が戦争を体験しているのか知っているか、と尋ねました。戦争にかかわっていたと思われる人の年齢を考えると、ファシストや戦争犯罪人、レジスタンスの闘士、亡命者、防空壕で生まれた子どもが、家族の中にいるかもしれないし、あるいはそのすべてがいたかもしれません。彼は個人史を掘り起こし、それを自分のものとし始め、そのままでは身の毛のよだつようなものを自分で納得していきます。あるオーストリアの精神療法家が最近私に話してくれことがあります。どんな治療であっても、彼女は比較的早い段階で、戦争中に両親や祖父母がしていたことを患者に尋ねるというのです。それは、彼女の国に住むすべての人が、戦争の歴史を今でも抱え、今日までそれを引きずっているからだといいます。彼女は、自分自身の家族の歴史がすべての分析にかかわってくることをよく知っていますが、それでも、それがどのようにして活性化されることになるのか、前もって知っているわけではありません。七十五年後であっても、患者は意識的には、家族がかかわった残虐行為やレジスタンス、犯罪的政治体制の支持者や傍観者の歴史、あるいは、家族がそこにいかにして関与してきたのかを知らないことがあるのです。しかし、この歴史のすべては家の中や家族関係の中に生きていて、その歴史をよみがえらせず、会話の中に持ち込んだりすることなく、セラピーを進めることは不可能なのです。『うちに限ってそんなことはない』というタブーへの（**Frei, 2017**）挑戦は、国や家族のすべてについて疑問を持つことを意味しています。その国や家族は、今はとても普通に見えますが、そこには、ほとんど語られていないものがあるのです。

私たち自身が自分の外傷的歴史を避けることは、私たちが患者の解離の分析作業を行うことの妨げになるのです――それが、私が間主観的な視座から強調したいことです。私たちの多くは、患者も分析家もどちらも、どんな精神分析のプロセスにも持ちこまれるような無意識的で解離された傷を持っています。患者も分析家も文化的、歴史的文脈の中に組み込まれていますが、それは、私たちの目には見えないことも少なくありません。トラウマの世代間伝達の文献が私たちに対して、いかに分析家が自分たちの歴史——家族的、文化的歴史——を知ることなく、分析的な仕事をすることが危険かということを教えてくれたのは、ごく最近のことです。皆さんがすべて、理論的な立場として関係論者や間主観性理論家になる必要はありませんが、それでも、これは私たちの役に立つのです！　私自身のことでいえば、私の母方は、三世代にわたってたくさんの自殺者を出しています。自分がそういった家族の娘であることを知ることは、私自身や私の患者、そして私のスーパーヴァイジーに何らかの影響を与えます。それを知らないことは悲劇を招くか、少なくとも、人々を悲惨な孤独や無理解の中に置いてきてしまうのです。

私たちははっきりと言わなければなりません。トラウマや解離、沈黙の分析作業をするということは、あらゆる精神分析的な意味での無意識性の分析作業をすることを意味しています。精神分析とは、米国のフロイト派のワーレン・ポーランド（Warren Poland）が書いているように、私たちが私たち自身について知りたくないことを知ろうとすることを意味するものです。私たちは抑圧のために知らないのかもしれません。私たちは、不安や罪悪感のために知りたいと思わないのかもしれません。分析家ならば誰でもそれを認めなければならないと教えられてきた防衛をオーガナイズするのは、その不安や罪悪感です。私たちはまた、解離のために知らないのかもしれません。私たちは耐えがたいトラウマを再び体験することを望まないのかもしれません。あるいは私たちは、自分が愛する人が、言語に絶するひどいことを自分たちの名前[4]でしてきた事実を知りたくないのかもしれません。どのような「知らないこと」であっても、私たちは精神分析的に無意識性を扱うのです。

精神分析における自己開示は、関係精神分析における大きなテーマです。私にとって、「逆転移の自己開示」と呼ばれるもの——つまり私が患者についてどのように感じているのかを患者に直接話すこと——は、めったに必要とされるものではありませんし、あまり勧められるものではありません。ただ、一方でそれは、避けることができないものでもあります。どんな患者に対してでも私たちの振る舞いは何かを表現していて、ときにそれは、明確にされる必要があります。分析家は、個人史も逆転移反応も含め、患者の体験と精神分析的プロセスのすべてのモーメントに関与していて、無関心（indifferent）という意味での中立的な態度になることはできません。中立性ではなく臨床的常識が私たちに教えてくれるのは、より多く話すことではなく、より少なく話すということです。それでもなお、私たちは、本当の意味で自分の患者から身を隠すことはできません。そうしようとしてみたところで、結局私たちは、自分をそうさせることになった間主観的傷つきや混乱を繰り返すことになるだけです。したがって、オープンな誠実さ（open sincerity）のようなものが重要だと思われるのです。患者が私に直接的な質問をしてきたときでも、私はいきなり、その質問の背後にある動機を分析しようとはしないでしょう。どちらにしてもそれらは、たいていはやがて現れてくるものだからです。むしろ私は、患者が本当に知りたいことを見つけ出そうとするでしょうし、そういった意味で、私は多くを語らず、患者が本当に聞きたいわけではない質問に答えるようなことはしないでしょう。ただ私は、同じ人間存在への敬意から、自分はできる限り多くの質問に答えるつもりだとはっきりと説明します。ポール・ワッツラウィック（Paul Watzlawick）がしばしば言ったように、「人は、答えないということをできるはずがない」のです。答えを拒むことは、質問者の人間的尊厳と人間的価値に対して私たちがどのように考えているのかを結局は伝えてしまうことになるのです。私たちは、私たちの答えがそういった敬意を示すものであることを知っておく必要があります。ここで問われるのは、自己開示は誰のニードのためのものか、ということです。つまり、患者のニードのためなのか、分析家のニードのためなのか、ということです。どちらかを明確にすることは簡単ではありませんが、私たちは常にその問いを頭に置いておくことで、道を誤らないでいることができるでしょう。

もう一つの種類の自己開示は、非常に微妙なものかもしれません。いくつかの状況では、「私たち」という言葉を用いるだけでも、私たちが細かなことに立ち入らずとも、患者が述べている体験をそれと分かっていると示すことになります。戦争の歴史について尋ねる治療者は、彼女の家族もまた、ナチス時代に生きていた人たちであることを暗に示しています。私は、今日の日本に生きているすべての治療者と患者が、何らかのかたちで第二次世界大戦に今でも関係していると想像しています。ときにこの単純な質問は、私たちがどちらも同じ人間コミュニティに所属する存在であると、相手を安心させることになるでしょう。患者が恥の気持ちでいっぱいだというとき、私たちは、それが決して小さなことではないことを知っているのです。「そうやって誰かに辱められるようなとき、私たちは本当に消えてしまいたくなります」という声がどんなものか、私たちは知っています。そうです。私たち人間は誰もがこうした経験を持っています。そうなると、それはもはや、解離されたり、否認されたりする必要がないのです。

体験どうしの間、そして人間どうしの間のこの結びつきは、身体的・心理的暴力が関与するときに特に重要です。暴力——殴打、拷問、レイプ、心理的洗脳などなど——は、根本的人間性、他者への信頼、自身への信頼、世界への信頼に対する攻撃です。南アフリカの哲学者ブルース・ジャンツ（Bruce Janz, 2011）が書いているように、恥は私たちを脱主体化させます。ジョルジョ・アガンベン（Georgio Agamben, 1999）やプリーモ・レーヴィ（Primo Levi, 1988）のように、彼は、いくつかの人間の破壊は取り返しのつかないもので、破壊された人たちは〔恥のために〕自ら語ることができず、他の誰かしか彼らのことを語れなくなることがあることを認めていました。しかし彼は、『倫理的な孤独』の著者であるジル・ストーファー（Jill Stauffer, 2015）が述べるように、たとえ不公正や恐怖に対する沈黙の目撃証人であっても、目撃証人になることは「話をする新たな能力へと向かうためのモーメント」（p.469）であると信じています。それはつまり、新たな主体状況（subject status）と主体体験（subject experience）へと向かうモーメントです。彼女は「私たちは、本当の恥と生の人生を感じられるようになって初めて、生じた真実に対する証言者となることができ、私たちや他の誰かが自分のイデオロギーのために今後行うことの目撃証人として真実を語ることができるようになる」（p.469）

と述べています。

暴　力

いくつかの種類の暴力は、闇の中でのみ進行するでしょう。沈黙は加害者を守り、犠牲者を恥じ入らせます。彼らは基本的人間性において既に傷つきを持っていますが、傷ついた人たちは――ときに犯罪者たちもまた――目撃証人を見つけられず、救済を見つけることができません。次第にそれらは、記憶から切り離され、そのストーリーを語る力や彼らの人生を意味づける力を失っていきます。この切断は、両親や祖父母が、彼らの戦争体験を子どもたちに語ることを恐れたり、拒否したりすることによって、次の世代へと引き継がれます。たとえそこに罪悪がなく、恐怖だけだったとしても、沈黙がそこを支配するかもしれません。

東ヨーロッパの捕虜収容所から逃げだした夫をかくまい続けたあるおばあさんは、第二次世界大戦の後になっても、長い間、その時のことを語ることを拒否してきました。ナチスがまだ、彼女の後を追ってくることを恐れたのです。大人になった孫たちにとって、戦争の時間は夢や穴（blank）のようなもので、おばあさんが語るような悪夢ではありません。

私は一九四〇年代の中国で戦ったあるおじいさんについての同じような話を聞きました。精神分析家になった孫は、何かがおかしいという感覚を強くしていきましたが、誰もそれについて語ることはなく、彼もそれを尋ねることを許されませんでした。

私の国における語るに堪えがたい犯罪は、殖民植民地主義（白人が土地を「所有」するための先住民の撲滅主義）と、奴隷制度（人間存在が買われ、売られ、相続され、学問を禁止され、暴力で服従させられる制度）です。学校では私たちは、こうしたことが起こったということは教えられますが、誰が実際にそれをしたのかについては決して教えられません。そのような暴力は、加害者も被害者もいない犯罪のように私たちの国にしばしば取り付いていますが、ただそれは、自由に漂う恥や悪夢、反復、混乱として現れるだけです。[5]

ジュディス・L・ハーマン（Judith Lewis Herman, 2009）は、「犯罪者の心の中、加害者の心の中、そして傍観者の心の中で」（p.127）犯罪の記憶がどうなったのかを探求しました。彼女は、大人になったナチスの戦争犯罪人の子どもたちにインタビューしたダン・バー＝オン（Daniel Bar-On, 1989）の答えを要約しています。「父親たちは語りたがらなかった。子どもたちは知りたがらなかった」（p.129）と。真実は語ることができなくなり、そしてすべてはストーファーのいう「倫理的な孤独」の中に取り残され、聞かれることがありません。それは、「ひどい出来事についての真実を思い出し、語ることは、本質的な課題である」とハーマンは書きます。それは、「被害者や加害者個々人、そして家族たちの癒しのためだけでなく、社会秩序の修復のためにも本質的な課題である」（p.129）と。

私は今、皆さんに対して暴力や沈黙、そして解離についての話をしていますが、ゲストとしては、やはり注意深く話をしたいところです。そのために一番良いのは、私の国が皆さんの国に対して行った暴力から始めることでしょう。昨年の十一月、広島銀行で日本円をドルに両替したとき、私は、窓口の銀行員に広島に来た理由を尋ねられました。「私の国の人たちがここにいるあなたたちにひどいことをしたので、私はそれを見なければならないと思ったからです」と私が言うと、彼女は「そうなんですか。私の祖母は……」と両手で大きなジャスチャーを作り、「原爆」と言ってくれました。私にできたことは、悲しみの中で深く頭を下げることだけでした。私たち加害者は話す必要があるのです。そうすることで、私たちが破壊し、傷つけた人たちは語ることができるのです。

去年の日本での旅のもう一つの体験では――あれは神戸でのことですので、ここにいる皆さんの中の何人かはそれを覚えているでしょう――、私たちは、そこでもまた、ヨーロッパの外傷的体験と、被害者、加害者、傍観者の子どもたちがそれを知ることの必要性、そして、私たちがひどい犯罪を繰り返さないことの重要性について語らいました。昼食のとき、私たちはとても綺麗なお弁当箱を囲みながら話をしていましたが、私が何も質問をしなくても、彼らは一人また一人と自分のことを語り始めました。そのうちの一人は、家族の誰かが一九四〇年代に中国戦線にいたけれども、誰もそれについて話したことはなかったということを語りました。それは、深い暗雲としてのみ今も残っているけれども、日々の生活からは切り離されたものでした。私たちはこれを沈黙によって招かれた外傷的解離と呼びます。その孫たち、おそらく今精神分析家となった孫たちの代になって、両親や祖父母が亡くなった後になって、その疑問が問われ始めました。近年のトラウマの世代間伝達の研究は、忌むべき真実は、無意識的な幽霊のように私たちのもとに現れ続けるということを教えてくれます。

では、起こったことを知っている人たちが亡くなり、自分たちが知っていることを子どもたちに伝えたくないと思っている人たちがいる中で、私たちは今、何をすべきなのでしょうか。一つの方法は、私たち自身や私たちの子どもたちが歴史を細かく読む勇気を持つことです。それは、グループで行ってもよいかもしれません。それはある種の一つの治療的プロジェクトのようなものともいえるでしょう。たとえば、私たちの国には二五〇年前にアフリカから来た人たちがいますが、今やもう、その奴隷の歴史を覚えている人たちはいません。しかし私たちは、それについて詳しく学び、そして奴隷の子孫の人たちにこの歴史とその影響について教えてもらうのです。もちろんそれは、私たちを貶めるものになるかもしれません。学べば学ぶほど、私たちはたくさん問題意識を持つことになるでしょうし、自分たちは関係ないと感じることはなくなるでしょう。これこそが私にとって、無意識を意識化することであり、解離を解きほぐす方法です。

このような歴史読みが日本においても助けになるかどうかは、皆さんに考えてもらいたいと思っています。私たちが自分の家族から学ぶことができなかったものは、やがて自分のところに現れ、幽霊に苦しめられる患者の話に耳を傾けることを可能にしてくれます。患者たちは、彼らに取り付いているものが何かを知らないかもしれませんが、私たちが丁寧に質問をしていけば、彼らは何かを認識するかもしれません。この仕事はすべて、無意識を意識化することで、患者が解離と他の防衛を十分に理解することを支えるものです。トラウマ化された社会では、その記憶が犯罪を含んでいようと、語るに堪えがたい喪失を含んでいようと、あるいは、苦悩や混乱、そのすべてを含んでいようと、記憶を支えることに取り組むのが精神分析です。私たち精神分析家は、人がひとりでそれを知り、それを語るには、あまりにも悲惨で難しいことがたくさんあることを知っています。しかし、同時に私たちは、誰かに立ち会ってもらったり、誰かに支えてもらえたりすることで、たとえ彼らが、文字通りすでに亡くなった者だったとしても、沈黙した者たちが何かを語り始めることを知っています。そして私たちは、その子どもたち、孫たち、私たちの患者たちや私たち自身が、コミュニティの中によみがえり始めることを知っているわけです。

　このひとりのよそ者に、皆さんとともにこうしたことを考える機会を与えてくれたことを感謝いたします。

精神分析の文献を最も特徴づけているのは、物事に名前を付けようという衝動だ。新しい用語、ビビッドなイメージ、使い勝手の良いフレーズ——これらはみな、分析家全員が切望し、発展とみなすようなものたちである。

——L. Friedman: 2014, p.14

（翻訳：富樫公一　監訳：岡野憲一郎　二〇一八年十一月　日本精神分析学会）

文献

Agamben, G. (1999). *Remnants of Auschwitz: The Witness and the Archive.* New York: Zone Books.

Bar-On, D. (1989). Holocaust Perpetrators and their Children: A Paradoxical Morality. *Journal for Humanistic Psychology*, 29, 424–443.

Brandchaft, B., Doctors, S., & Sorter, D. (2010). *Toward an Eemancipatory Psychoanalysis: Brandchaft's Intersubjective Vision.* New York: Routledge.

Freud, S., Robson-Scott, W. D., & Strachey, J. (1962). *The Future of an Illusion* (Rev. ed.). London: Hogarth Press : Institute of Psycho-analysis.

Freud, S., Schröter, M., & Eitingon, M. (2004). *Briefwechsel 1906–1939.* Tübingen: Edition Diskord.

Freud, S., Strachey, A., Tyson, A., Strachey, J., & Freud, A. (1915). The Unconscious. In *The Standard Edition of the Complete Psychological Works of Sigmund Freud,* : On the History of the Psycho-Analytic Movement, Papers on Metapsychology and Other Works (Vol. 14, pp.159–215). 新宮一成訳（二〇一〇）．無意識．フロイト全集第十四巻．岩波書店．

Frie, R. (2017). *Not in My Family: German Memory and Responsibility after the Holocaust.* New York, NY: Oxford University Press.

Herman, J. (2009). Crime and Memory. In K. Golden & B. Bergo (Eds.), *The Trauma Controversy: Philosophical and Interdisciplinary Dialogues* (pp.127–141). Albany: SUNY Press.

Janik, A., & Toulmin, S. (1996). *Wittgenstein's Vienna* (1st Elephant pbk. ed.). Chicago: I.R. Dee.

Janz, B. B. (2011). Shame and silence. *South African Journal of Philosophy,* 30, 462–471.

Levi, P. (1988). *The Drowned and the Saved.* New York: Summit Books.

Monk, R. (1990). *Ludwig Wittgenstein: The Duty of Genius* (1st American ed.). New York: Free Press : Maxwell Macmillan International.

Shaw, D. (2014). *Traumatic Narcissism: Relational Systems of Subjugation.* New York: Routledge, Taylor & Francis Group.

Shengold, L. (1989). *Soul Murder: The Effects of Childhood Abuse and Deprivation.* New Haven: Yale University Press.

Stauffer, J. (2015). *Ethical Loneliness: The Injustice of Not Being Heard.* New York: Columbia University Press.

Turco, R. N. (2014). *Traumatic Narcissism: Relational Systems of Subjugation, by Daniel Shaw.* New York: Routledge.

Wittgenstein, L. (1994). *Tractatus Logico-Philosophicus.* New York: Routledge.

注

1　〔訳注〕オレンジ氏は、ウィーンのフロイト博物館の中に五カ月間デスクを借りて、そこで執筆活動を行った。

2　〔訳注〕インドの詩人・思想家・音楽家。その神秘思想は論理実証主義とは対極のところにある。学団の関心が「話をするのが可能なこと」に向いていたのに対して、ウィトゲンシュタインの関心が「話をするのが不可能なこと」に向いていたことを示す記述として興味深い。

3　〔原注〕フロイトはアンナにこう書き送っている。「彼は、私がかつて信じていたものの三十五年前にとうに放棄した病因論的見方に完全に退行している。それは、神経症の通常の原因は幼少期の大きな性的トラウマにあるというものだ……患者の敵意に注目し、彼らの批判を受けいれ、彼らが私たちが犯したとする失敗を認めることの必要性に目を向けるということを考えてみても……すべてのことはあまりにもばかげている［最初の省略はSchöter による］（Freud, Schröter, & Eitingon, 2004, II, p.829より引用）。この記述を教えてくれたPeter Rudnytskyに感謝します。

4　〔訳注〕たとえば、政府が「アメリカ合衆国」や「日本国」の名前のもとにひどいことをしたときに、私たちが感じる後ろめたさのこと。

5　〔原注〕これはロジャー・フリーが「Not in My Family: German Memory and the Holocaust (Frie, 2017)」の中で記述している解離を思い起こさせる。

第十二章　認識論的トラウマ・他者・偶然性
――脱・ポスト植民地主義からの考察[1]

富樫公一

精神分析では、長い間「トラウマ」はいわばタブーでした。しかし一九八〇年代以降、精神分析内部で精神分析理論の再検証が行われるのに伴って、トラウマをそれぞれの精神分析モデルの中に位置づけようとする動きが活発になっています。中でも、精神分析家が扱う患者の諸問題を患者の心の中の病理にだけ還元しないという姿勢を持つ間主観性システム理論や関係論は、トラウマに親和的でした（Stolorow, 2007; Brothers, 2008; Atwood, 2011; Fire, 2017）。そこには、患者を取り巻くさまざまな状況や文脈の中に患者の問題を見るという考えがあるからです。間主観性システム理論は特に、トラウマを歴史的、文化的、社会的文脈の中に明確に位置づけることによって、精神分析的臨床実践に新たな視座を導入しました。今日は、間主観性システム理論におけるトラウマの理解についてお話してみたいと思います。

最初にお伝えしておきたいのは、私の今日の話は、脱・ポスト植民地主義（Bhabha, 1994; Spivak, 1990; Bhatia, 2018; Togashi, in press）という立場からのものであることです。私たちが理想化している精神分析理論は、クライン派の理論であろうと、間主観性システム理論や関係精神分析理論であろうと、いずれも西欧の文化の中で誕生し発展したものです。第六章と第七章で友人であり同僚でもあるロジャー・フリーが述べているように、その考え方はどのようなものであっても、いつもすでに、西欧文化の文脈の中に組み込まれています。そのようにして構築された理論は、その理論がどれだけ、西欧権威主義的モデルとしての精神分析に批判的であったとしても、西欧権威主義から抜け出すことはできません。そのモデルには、不可避的にそれ以外の視座は組み込まれにくいのです。そのような視座から従来の理論モデルを検証するのが脱・ポスト植民地主義です。そこで今日は、まずは米国の間主観性システム理論家たちが考えるトラウマモデルについてお話ししたのち、脱・ポスト植民地主義の立場から、現在私が考えている間主観性システム理論のトラウマモデルについてお話ししたいと思います。

西洋的視座から見た間主観性システム理論におけるトラウマ

まずは、私の体験からお話ししましょう。私がニューヨークで精神分析のトレーニングを受けたのは、二〇〇一年から二〇〇六年までの五年間です。米国に入国したのは、二〇〇一年七月三〇日です。その約一カ月半後、二機の飛行機がロウワーマンハッタンにあるワールドトレードセンターに突っ込みました。私は日本の精神科病院で臨床経験を積んだのち、紆余曲折を経て、まずはセオドール・ライクが設立したＮＰＡＰ精神分析研究所に入学しました。二年後、私はＴＲＩＳＰ自己心理学研究所に移籍します。五年間の精神分析訓練の最初の経験が、世界貿易センタービルへのテロ攻撃でした。

九月十一日の朝、私はミッドタウン四十六丁目五番街と六番街の間にある自宅アパートにいました。早朝から患者とセッションをしていた私は、日本からの電話でテロ攻撃を知りました。テレビで状況を確認した私は、そのまま急いで駆け下り、六番街に出てダウンタウンを眺めました。天気の良い日にうっすらと見えていたツインタワーはなく、もくもくとした煙が立ち込めていました。よくわからないまま、私はなぜかそれを撮影しなければならないと思い、カメラを取りに戻って、数枚ダウンタウンの様子を撮影しました。しばらくしてから急に現実感が沸いてきたことを覚えています。私は、急いで近くのデリに駆け込み、食糧と水を数日分買い込みました。その日、私は一日家にいましたが、数回外に出て、街の様子を確認しました。しかし、そこで自分が見たものの記憶はありません。ストロジャーが分類した「悲しみのゾーン」（Strozier, 2014）で言えば、私はゾーン3に属していました（第一章参照）。しばらくすると、マンハッタンのすべての橋が閉鎖され、マシンガンを持った州兵が車でやってきました。やがて、上空を戦闘機が飛び始めました。そのあたりになって私は、ようやく自分は守られているのだと、急に力が抜けたことを覚えています。この体験には自分でも驚きました。日本で戦後教育を受けた私は、どこかで、軍隊というのは悪辣なもので、自国民を破壊するといった印象を持っていたのだと思います。

私は実は、テロ攻撃の後に生じたニューヨークの変化にある意味で助けられました。私にとってニューヨークはなじみの地域でした。私は留学前に数度米国に数週間滞在したことがありましたし、米国人の友人や先生も数多く知っていました。米国人分析家とは、渡米前から数年間毎週電話でスーパーヴィジョンをしていました。しかし、仕事も何もかも捨てて実際に米国に居住するのは特別な体験でした。最初の一カ月半はひどいカルチャーショックのために、躁鬱を繰り返し、極度の疲労感や孤立感に圧倒されました。しかし、テロ攻撃の後、ニューヨークの人たちは「あの日マンハッタンにいた人」あるいは「米国で攻撃を受けた人」というグループとしてまとまり、多くの人たちが一致団結する空気を感じました――もちろんその団結は、イスラム教徒たちを排除して作られたものです。私はその波に乗ることで、自分は同じ体験をしたグループの中にいるのだと、人々と結びついている体験を持つことができたのです。

しかし、共有されたように見えた体験は、一時的なものでした。その後、時間の経過とともに私が体験したのは、この件については自分が孤立していることと、その件に関する時間が止まってしまったことでした。誰と話をしても、私はこの体験を共有できないと感じたのです。日本の人たちとはまったく話になりませんでした。彼らがマスコミを通じて見ているニューヨークと自分が生きているニューヨークとの間には、あまりにも大きな違いがあったのです。ニューヨークの友人たちとも、この体験を共有できないと感じました。私より長い間住んでいた彼らは、実際に友人を亡くしたり、職場を失ったりしていました。何より彼らは「アメリカ人」であり、私はそうではないと体験していました。私はその後、精神分析の訓練が本格化するにつれて、テロ攻撃について語ることはほとんどなくなり、何もなかったかのようにふるまい、テレビで特集が組まれても一切それを見ようとしなくなりました。五年間ニューヨークに住んでいたにもかかわらず、ワールドトレードセンターのあった場所にも行きませんでした。

私は二〇一四年になって、米国人研究者とともに9・11のサバイバーの人たちのインタビュー調査を行うことになりますが（Togashi & Brothers, 2015）、私がこの問題に本格的に触れるようになったのは、その準備のために二〇一二年にワールドトレードセンター跡地に行き、多くの資料に触れた時です。つまり私は、十年以上その問題にほとんど触れなかったのです。トラウマは、時間が経過することがないのです。それは氷づけにされたまま、いつでもそこに同じようなかたちのままあり続けるのです（Stolorow, 2007）。トラウマは人を本質的な孤立の体験に追い込みます。トラウマには時間がありません。トラウマとは何なのでしょうか。この体験は、いったい何ものなのでしょうか。

トラウマとは何か――認識論的トラウマ

精神分析の歴史において、トラウマが歓迎されるものでなかったことは広く知られています。当初神経症は幼少期のトラウマから生じると理論化したフロイト（Freud, 1895）は、精神分析論を発展させる中で、その強調点を、禁止された空想へと移していきました（Freud, 1905）。彼は、ヒステリーの患者たちがオフィスに持ち込むトラウマのエピソードは実際に起こったことではなく、性的空想と道徳的禁止との間で妥協的に形成されたものだと考えるようになったのです。そのような形成期のころから、精神分析は患者の内的空想を分析することを重視し、患者の心理的問題を外的外傷に還元することを適切だとは考えなかったのです。フェレンツィ（Ferenczi）は、精神分析の世界から追放されましたが、その理由の一つは、彼が、トラウマが精神病理の形成に重要な役割を果たしていると主張したことにあります。

一方で戦争神経症や現実神経症などにも注目していたフロイトは、決してトラウマを否定していたわけではありません。彼はトラウマを「短期の間に心の生活に莫大な刺激増加をもたらし、そのため、刺激の処理や片付けが健常の習慣的なやり方ではできなくなって、エネルギー経営に持続的な障害が出来せざるを得なくなる、そのような体験のこと」（Freud, 1916–17, p.275、高田他訳、二〇一二、三三六頁より引用）と定義し、過剰な刺激によって心理的システムが破壊される現象として描き出しました。しかしこの考えには、幼少期に性的刺激にさらされたとしても、その最初の体験は子どもが意味を認識できないためにトラウマとはならず、思春期以降にその意味を知って**事後的**にトラウマになるという発想が含まれています。その意味では、彼はトラウマを重視したかと思えば、軽視したりするなど、その考えは揺れていたということができるでしょう。

ハーマン（Herman, 1992）が述べるように、トラウマという概念を重視したり、軽視したりする傾向は、精神分析に限らず、精神医学や臨床心理学全般に見られる傾向です。その揺れは、戦争神経症の理解や、性暴力や児童虐待に関する理解において特に顕著でした。前者は、戦争というひどい状況におかれるといかなる人間も精神的な崩壊を示すのか、ひどい状況でも個人の資質によって精神的な崩壊の程度が違うのか、といった議論です。後者は、被害者にも問題を作り出した責任の一端があるのではないかという根強い先入見に基づく議論で、それは、私たちの文化に流れるマイノリティへの基本的な差別意識と「言葉の混乱」（Ferenczi, 1933）によって強められました。そのような揺れの中で、精神分析も精神医学もトラウマに注目するようになります。

しかし、彼らの議論はそうした病因論に決着をつけないまま進み、心的外傷後ストレス障害（ＰＴＳＤ）の記述的診断へと展開していきます（たとえばＡＰＡ、二〇一三年参照）。そして、「侵入症状」「持続的回避」「認知と気分の陰性の変化」そして「覚醒度と反応性の著しい変化」といったＰＴＳＤの状態像の理解は、トラウマの処理、記憶の再構成、心的機能の修復、対象関係の変容などを中核的概念としたさまざまな治療論を生み出しました（Huppertz, 2018）。

こうしたトラウマ治療論は、それまで注目されなかったトラウマの在り方を認め、そこにいる人を被害者として位置づけることで、彼らを単純に「病者」としないという意味で大きな貢献をしました。しかし、この見方には落とし穴がありました。個人の機能不全や記憶や情報処理の不具合といったかたちでトラウマをとらえることは、個人の心を独立したものととらえ、正常な機能を失った状態を想定することです。これは突き詰めていくと、結局は、トラウマを個人の心の問題に還元する姿勢になります。その議論はやがて、個人の心の脆弱性や、トラウマを誘発する個人の心の傾向といった考え方に戻っていくのです。それは結局、「個人の脆弱性」や「個人のトラウマ状況への責任」といった、私たちが棚上げにしてきた問題を再燃させるだけになってしまうのです。

間主観性システム理論は、トラウマの議論に含まれるこうした問題にもともと敏感でした。それは、間主観性システム理論が、人の心を、一つの実体としても、他者や環境の文脈から切り離された孤立したものとも考えないからです。間主観性システム理論は、心を考えるうえで、外的・内的という二分法も用いません。人は常に文脈の中に存在すると考えます。そのような考えに基づくならば、トラウマもＰＴＳＤもすべて、常に歴史的、文化的、社会的文脈の中にあることになります。９・11について一切語らないという私の「回避症状」は、私が９・11の一カ月半前に渡米したばかりであり、のちに述べるように私が戦争やテロに対して特異的な想いを持っている人間であり、そして、精神分析の訓練を受けるために米国に住んだ日本人である、という文脈を考えることなく、理解することはできません。私が第二次世界大戦の戦勝国である米国の市民で、ニューヨークに長い間住む人間で、友人の一人を失っていたならば、その「回避症状」はまったく異なった顔を見せ、異なった意味を持っていたに違いありません。

間主観性システム理論におけるトラウマの現象学は、歴史的、文化的、社会的文脈の中にある個人のトラウマを描き出します。アトウッド（Atwood, 2011）はそれを「認識論的トラウマ」と呼んで、このように記述します。

> 認識論的トラウマは、かつてそれが真実であるに違いないと信じられていた誰かの確信を損なうような出来事である。それは、その時まで与えられていたこととは矛盾する人生の状況や出来事である。そのようなトラウマのインパクトは、その人自身の心に対する信用を壊すことである。自分自身に対する信頼のそのような崩壊は、ひどい体験になる。極端な場合には、個人の破滅の体験へとつながる。個人は、自分はもはや何も知らないと感じるようになり、それをよりよくすることなどできないと感じるようなる。
>
> （Atwood, 2011, p.396）

トラウマは「私が信じていた世界」の裏切りの体験です。ストロロウ（Stolorow, 2007）はそれを「日常生活の絶対性」の崩壊と呼びました。ある朝起きると、隣で最愛の妻が亡くなっていたことを目にした彼は、「明日起きたらまたいつもの朝が始まる」という当たり前の体験が崩壊したと体験します。私たちはみな、明日の朝、起きたらまた愛する人と「おはよう」と声を交わすはずだと信じ、それを疑っていません。私たちの世界では、飛行機はビルに突っ込むはずはないし、留学してすぐにテロが起きるはずがないし、最愛の人は突然亡くなるはずないし、津波で何万人も死ぬことはないことになっているのです。私たちはそのような「日常生活の絶対性」の中に生きています。しかし私たちは、実際には、そのようなことが起こり得ることも知っています。それでも、私たちは、後ろの人が自分を突然刺し殺すとは思っていません。思っていないからここでこうして過ごしていられるのです。こうした体験について、心理学者のジャノフ‐バルマン（Janoff-Bulman, 1992）やカウフマン（Kauffman, 2002）は、「想定された世界（Assumptive World）」[2]の破壊と呼んでいます。トラウマは、私たちと世界との間で「当然こうに決まっているはずだ」と契られた約束が破られた体験なのです。

　そのように考えると、トラウマが人を孤立させるのも当たり前です。私たちが信じていた世界はもうそこにないのです。今知覚された世界は、そこに見ることができて、触ることができ、そして聞くことができるものであっても、もはやそれは私たちが想定していた世界とはつながっていません。失われた世界に時間もありません。時間は、私たちが世界の中で存在する中に生まれてくるものだからです。世界の中で存在していない私たちからは、時間が奪われるのです。

　では、世界の裏切りは防ぐことができるのでしょうか。間主観性システム理論が導き出した答えは、「それは防ぐことができるようなものではない」というものです。世界は常に裏切る可能性があります。むしろ、世界は私たちが想定したかたちではもともとそこにないのです。しかし私たちは、それを「想定されたもの」として世界と約束を交わしたつもりになります。愛は永遠ではなく、生涯を誓い合った相手は突然裏切るかもしれないのです。人間は人種を抹殺しようとするし、災害は愛する家族をすべて奪うことがあるのです。そのような理解のもとでは、トラウマは病気ではありません。それは治療の対象でさえありません。ＰＴＳＤ症状は治療の対象になるでしょう。しかし、トラウマはそれと共に生きるものであって、消したり、修復したりすることができるものではありません。人の世は常に、トラウマとともにあるのです。

　人の世が常に信じられないものだとすると、それほど苦しいことはありません。世界が常に裏切るのであれば、そのような中で生きられたものではありません。しかしそこには、一つだけ、人が信じられる可能性があるものがあります。それは、最も信用できず、最もわからないものでありながら、世界よりはまだ信じられる可能性があるもの——人です[3]。世界には主体がありません。主体がない世界は、まるで私たちを裏切らないように見えます。非常に具体的で動かぬもののように見えるからです。人間の愛情よりも札束の方が信じられると信じる人は、そのような想定された世界に生きている人でしょう。しかし、主体がない札束とは、情緒を共有したり、約束したりすることができません。そこに在る「想定された世界」は相互に約束されたものではなく、個人が一方向的に体験しているだけのものなのです。信じられるように見えた札束も、大恐慌があればその価値をすっかり失います。それを恨んでも仕方がありません。「札束は信じられる」というのは、相互に意思を持つ者どうしが取り交わした約束ではないからです。しかし、「人」は違います。主体性があるがゆえに最も裏切る可能性がありながら、主体性があるがゆえに情緒を許有したり、約束したりできるのです。主体性があるがゆえに、人は自分と同じように唯一トラウマを体験することができる存在です。ストロロウ（Stolorow, 2007）はそれを、「闇の中の同胞」と呼びました。それは、人間は互いに有限であり、互いにトラウマを体験する存在であるという一点においてのみ、互いに結びつくことができるという実存的構造にあることを説明する言葉です。この考えによれば、トラウマによって破壊された人の情緒的世界が唯一修復可能なのは、そのような人間どうしの間主観的フィールドの中だけです。

最も信用できないが、唯一信用可能な他者

トラウマを体験する者にとって、「人」とはなんでしょうか。自分とはなんでしょうか。トラウマは人を孤立させせます。自分と他の世界とはもうつながっていないからです。その体験は「私」という体験をなくしてしまうとともに、「誰とも共有されない私だけの体験」を作り出します。私が別のところで述べたように（Togashi, 2016）、トラウマ体験者は、その体験を誰かと共有したいと強く思いながら、自分の体験は決して誰とも共有されるものではないという「悲しいプライド」を持っているのです。私はどこかで、あのときの9・

11の体験は、話をしてもみなさんにはどうせわからないし、それを安易にわかったと言われたくないと思っています。その悲しいプライドは、一時的で刹那的な一面的結びつきを作り出すことがあります。特定の側面でのみ誰かと繋がったという体験を一時的に作り出すのです。いわば、間主観的つながり（intersubjective conjunction）の社会版です。たとえばそれは「経験した私たちだけが知っている世界」といった体験です。私は日本の皆さんと話をする場合と違って、あのとき、ニューヨークにいた留学生の友人とは、語り合ったら分かり合えるかもしれないとどこかで期待しています。このような体験は世界の分断につながります。「敵と味方」「経験した人としない人」「あの時いた人といない人」といった分断です。

実際、ニューヨークでもそうでした。「あの日マンハッタンにいた人といない人」「米国で攻撃を受けた人と受けなかった人」「イスラム教徒とそれ以外」といった分断が起こりました。先にお話したように、それは一時的に私の心を支える力もなりました。だからこそ、当時のニューヨークの人たちはみな、そのような分断の中に身を置いたのです。私たちはそのとき、その結びつきの中で排除された人たち、たとえば「イスラム教徒」「あの日いなかった人」が体験している差別には、本来的な意味で目を向けることができませんでした。

私は二〇一四年から米国人分析家とともに、9・11の世界貿易センターテロ攻撃、阪神・淡路大震災、そして、東日本大震災といった社会的トラウマのサバイバーのインタビュー調査を行っています（Togashi & Brothers, 2015, 2019; Brothers & Togashi, in press、第三章）。こうしたインタビューのときに必ず話題になるのが「その時そこにいたか」どうかです。根本的なところでそれを共有できるのかどうか問われるわけです。9・11の調査の時に、海外に住む私について、研究協力者の何人かは私を誤解し、「あの時コウイチはいなかったと思うが……」と述べました。そのときの私の体験は、非常に複雑でした。一つは私がその「悲しいプライドで結びついたマジョリティ」のグループから排除されたという差別感です。もう一つは、「たとえその日、マンハッタンにいたと主張したとしても、私は米国人ではないし、直接被害を受けていないと言われる立場だ」

といった、差別を当然だと考える感覚です。こうした感覚によって、人々は分断されます。

二〇一六年に私は、福島県にある従業員四〇〇人程度の会社で取材を行いました。そこで聞いたエピソードは、これをわかりやすく描き出しています。その会社は、今はもう、ほぼ全社員が二〇一一年三月一〇日以前と同様のかたちで働いています。しかし、今でも社内でちょっとしたトラブルがあったり、問題が生じたりすると、陰では「ああ、あの人ならやりかねない。あの人はあの日（東日本大震災に続く原発事故発生の日）、逃げたからね」という言葉がささやかれます。「あの日逃げた人ととどまった人」という分断は、根深いかたちで社員の中に見えない「人種差別」を作り出しているのです。

東京電力福島第一原子力発電所の事故のために居住困難地区に指定されたことから、もともとの土地に住めなくなった人たちと、彼らが移住した先の住民との間の分断もあります（Togashi & Brothers, 2019）。どちらも自然災害の被害者、それに続く原発事故の被害者ですが、ある人たちは賠償金を得て、ある人たちは賠償金を得ていません。人為的に引かれたその状況性の差異は、彼らの体験の分断を生み出します。私が取材した方の中には、移住者であることを知られやすい名前であるために、移住した先で建てた家に表札をつけていませんでした。その方はこう述べます。

> 私は、自分は被災者と言えば被災者だと思っています。でも、私は避難民です。もう戻れない。私の家は〇〇にあって、土地はありますけど、もうどうしようもないじゃないですか。政府は少しずつ帰還困難区域を解除しているし、私のところも大丈夫[4]だといっているんですけど、セシウムだけじゃない。もっといろんなもので汚染されている。私の家は真っ赤のところにありますから、どっちにしても帰れないんですよ。もう一生帰れないと思います。……私はここに名前も載せていない。私は誰々ですよって、表札を載せられない。怖くて。地域の人は受け入れてくれないのではないかとか。そういうのがあって。私の名前は珍しい苗字だから、「あ、〇〇さんって

ここなんだ」とわかって、クレームなんか言われたらどうしようとか変に防御する。孤立感とか、怖さとか、そういうのがある……だって、職場の中でも○○から来た人を「○○民」と呼んで区別するんです。だから避難民がぴったりくるんです。……（東京電力の賠償金についていえば）人によっては、大きなお金をもらうと使いたい人たちが必ず出てくるじゃないですか。家を建てるとか、外車を買うとか。だから、「あの人たち被災者とかいうけど、すごくいい暮らしているんじゃないのか」とか、そう思う人もいるんじゃないかなと思うんですよ。そういうのを見ていると、彼らも私たちを「○○民」とか言いたくなっちゃうんじゃないかなと思えて。私はだから、住民票だって移していません。私はここが居場所という感じがしないわけですから。

私はここで、どちらか一方を加害者で、どちらか一方を被害者だと述べているわけではありません。トラウマは人の心と人間の集団に境界線を作り、人間を分断することを伝えようとしているのです。こうした分断は歴史と文化、社会を構成し、その歴史や文化、社会は分断を生み出します。トラウマが生み出した人の分断が、社会的不公正を生みだし、新たなトラウマを作り出すことはいくらでも例を挙げることができるでしょう。古代から中世のユダヤ人の離散とヨーロッパの民族移動は、現代の歴史と文化、社会を組織し、こうした歴史や文化、社会が、現代の新たな分断を生み出し、それによってさらにトラウマが生み出されています。

確かに、一番信用できないのは人かもしれません。「あの日逃げた人」と呼ぶ側も呼ばれる側も、移住者も移住者を評価する側も、互いを最もわからないものだと体験しています。しかし、そのような中でも、彼らは自分の想いを人に語るのです。人は人に出会うと、トラウマを語り始めます。彼らは人間以外の世界に向かってそれを心から語ることはありません。それは人間が唯一、その情緒体験を共有できる可能性を持っている存在だからです。

癒し(healing)について

トラウマは人を孤立させます。そして、そこには時間がありません。そのようなものだとすると、私たちはどのようにしてその体験を癒すことができるのでしょうか。トラウマへの心理的アプローチについては、さまざまな方法論が数多く提案されています。たとえばそれは、ＥＭＤＲであったり、トラウマ体験を語らせて気持ちを整えたり、語ることでトラウマの記憶を再構成したり、あるいは、トラウマ体験に暴露したりするなどです。しかし、こうした議論はいずれも、トラウマを個人の心の中の区切られた問題としてとらえたものです。ここに述べたように、トラウマを歴史的、社会的、文化的文脈の中にとらえようとする間主観性システム理論からすれば、トラウマの処理や、記憶の再構成などは、方法としては有用ですが、トラウマの中で人生を生きることに対して直接アプローチしたものではありません。そうした体験は常にそこにあり、またその体験は、修復したり治療したりするものではありません。

間主観性システム理論におけるトラウマへのアプローチで重要なのは、語り合いです。私たち臨床家が目指すべきことは、患者の隠された記憶を暴いたり、つなぎ合わせたり、修復したりすることではありません。臨床家が目指すべきなのは、いかにともに自分の体験を語り合うスペースを見つけ出すのかということです。ドナ・Ｍ・オレンジがいくつかの場所で語っているように、トラウマの体験を聞いた人は、自らのトラウマの体験を想起します（第十章・第十一章参照）。ストロジャー（Strozier）もまた、治療者の自己開示によって、関係の結びつきが強くなることに言及しています（第一章）。今日も、冒頭の私の話や、先ほどの東日本大震災の話を聞いた皆さんは、皆さん自身のトラウマを想起したでしょう。歴史的、社会的、文化的文脈にあるトラウマの語りは、個人の中で完結することがありません。トラウマの語りを聞いたものは、それを実際に口に出すか出さないかは別として、それぞれのトラウマの語りを持つのです。土地を追われた苦しみを持つ人の話を聞いた皆さんは、皆さんの中にある何からのトラウマを今、頭に浮かべているはずです。

そこで、トラウマにアプローチする治療者に求められるのは、「話を聞くこと」や「質問すること」ではありません。治療者に求められるのは、語り合いの場にコミット（責任をもって参加）することです。いつもというわけでありませんが、場合によっては、そこで治療者自身の体験を語ることが求められるかもしれません。トラウマの体験を暴こうとされると心を閉ざす者も、誰かの体験を耳にしたときには自らの体験を語り始めるからです。オレンジ（Orange, 2018）は、昨年の精神分析学会の基調講演で、その問題を治療者の自己開示と関連付けて美しく語りました（第十二章）。

昨年末私は、台湾自己心理学グループのメンバーとともに、台北で「東アジアにおけるトラウマの歴史と、被害‐加害関係について」と題したシンポジウムを行いました。台湾、米国、日本、中国の精神分析家が集い、患者の語りの中に発見する日中戦争や第二次世界大戦、その後のテロや内戦、政治的不公正に関係した歴史的トラウマの欠片についてだけでなく、私たち自身や家族の中にある世代を超えたトラウマの欠片について語り合ったのです（富樫、二〇一九）。すると興味深いことに、フロアの参加者も、誰に勧められるわけでもないのに、自らの体験を語り始めました。それは、トラウマが社会的、歴史的、文化的文脈にあるからです。なによりもそれは、人間どうしは、互いにトラウマを体験する存在であるという一点においてのみ、結びつくことができるからです。私たちは世界を信用できなくても、世界よりももっとわからず信用できない相手でも、情緒的世界が修復されるかもしれない可能性を唯一持っている人間どうしの間主観的フィールドの中に希望を求めるのです。

東洋的視座から見た間主観性理論におけるトラウマ

では、脱・ポスト植民地主義から間主観性システム理論におけるトラウマを見てみましょう。ここでもまた、私の中にある歴史的トラウマのお話から始めましょう。

私の個人分析における最大のテーマの一つは、一つの単純な写真に対する恐怖でした。それは、無表情でカメラのレンズを見つめる広島の一人の少女の写真です。焼け野原を背景にして白黒写真に写っている少女は、原子爆弾から生き残った貴重な一つの命でした。その子の顔には、表情がなく、感情がなく、恐れもありません。その無表情な顔は、私の脳裏に焼き付いてしまい、そのイメージは夢の中にしばしば出てきて、夜中に私を起こしました。

子どものころ私は、学校や家で第二次世界大戦に関するたくさんの映像や写真を見ました。その多くは、グロテスクな死体や、無残に焼けただれた人間の顔、そして壊滅的に破壊された街の様子でした。ある日私は、その少女の写真に出会います。それは他と比べてひどいものではありませんでした。少女は生きていたし、見たところけがをしている様子もありません。むしろ、その写真に希望を感じてもよいくらいのものでした。しかし私が感じたのは、あまりにも深い恐怖と罪悪感でした。その写真は私の罪のシンボルであり、私の脆弱性のシンボルであり、私の狂気や被害者性のシンボルでもありました。なぜ私はその写真を見ることがそれほど怖いのか。彼女は誰なのか。私はその恐怖のために、幼少期にしばしば不眠になりました。目を閉じると、彼女の目や顔が浮かんでくるので怖くて仕方がなかったからです。

私の亡くなった父は、一九四四年に生まれました。彼は六〇年代の学生運動の活動家で、大学時代を通して国家や権力と戦っていました。彼は祖国を嫌っていました。特に、第二次世界大戦の日本の帝国主義に対しては非常に批判的でした。私が子どものころから彼は、大戦中に日本がしたことを私に語り、広島や長崎の原子爆弾や、東京大空襲によるグロテスクな写真や映像を見ることを強要しました。私は、彼がそういったときに必ず、「これは私たちの犯罪だ。私たちの原罪だ」と叫ぶように言っていたことを覚えています。しかし、彼が私に見せたのは殺されたり、傷ついたりした日本人の写真ばかりでした。興味深いことに、私は彼が、大戦前や大戦中に日本軍に侵略されたり、空襲されたりした他のアジア諸国や、米国やオーストラリアをはじめとする欧米諸国、そこに住む人たちのことについて話しているのを聞いたことがありません。大戦後のことも同様です。日本は冷戦中に米国を間接的に支援することによって、アジアの国に被害を与えましたが、そのことに彼が触れることはありませんでした。彼のよじれた言葉は、私を混乱させるばかりでした。私は加害者なのか。それとも被害者なのか。そうした数々の写真の中に浮かぶ私は誰なのか。私は子どものころから何度もこの問いを繰り返しました――しかし、答えは出ませんでした。

私の父方の祖父は一九四〇年代に軍人として中国の満州にいました。詳しいことはわからないものの、彼が騎馬隊にいたことはわかっています。戦後彼は復員して、本土で警察官になりました。祖父は私が中学生の時に亡くなりましたが、その葬儀から数日後、父親のこだわりと祖父の軍人生活との間に何らかの関係があるのかもしれないという思いが急に私の中に浮かび上がってきました。私はできるだけ多くの親戚のもとを訪れ、祖父が大戦について何か言っていたことはないか、父親が祖父のことについて何か話していたことはないかと尋ねて回りました。しかし私の努力は実を結びませんでした。誰も彼らがそういった類について話していたことを聞いたことがないのです。祖母も叔母たちも、そのほかの親戚たちも、祖父が戦闘をしたのかどうかさえ知らないのです。祖父は自分が何をしたのか一切語りませんでしたし、彼が中国で見たことを尋ねる者もいませんでした。それはタブーだったのです。それは、フロイト的な近親姦のタブーではなく、間主観的タブー（Togashi, 2016）でした。祖父は加害者だったのでしょうか。それとも被害者だったのでしょうか。父親はどうでしょうか。私は戦争の写真の中に自らの何かを見出していました。その私は、何者なのでしょうか。

トラウマと偶然性――被害者と加害者

最初にお話ししたように、西欧の間主観性システム理論は、トラウマが歴史的、文化的、社会的文脈にあることを明らかにしました。彼らは、個別化された人の心という考え方を否定し、人の心は常に関係や社会、歴史の文脈にあると考えます。そのような考えに基づく彼らは、トラウマを人間が信じる情緒生活を破壊するものだと考えます（Atwood, Orange, & Stolorow, 2002; Stolorow, 2007）。このような考え方の有用性は疑うべくもありませんが、脱植民地主義の視座からこれをとらえなおすと、彼らが「破壊する何か」と「破壊される私」の二項対立の中に依然としていることがわかります。その発想の中には必ず、「何か私ではない悪いもの」が私を破壊するという構図があります。そしてトラウマは、破壊の結果として生じる現象です。

もしトラウマが歴史的、文化的、社会的文脈にあるものならば、トラウマとは人間世界そのものですではありません。またそれは、破壊された結果の何かではありません。

(Togashi & Kottler, 2018)。人間の情緒生活は、トラウマに対して、破壊される対象として位置づけられるものではありません。またそれは、破壊された結果の何かではありません。災害、戦争、社会的不公正、ジェノサイド、虐待、性暴力、犯罪など、人間社会にはあらゆることがあります。そうした出来事の中にある人間の情緒生活は、破壊されたものというだけではなく、人間の情緒生活自体がトラウマだともいえます。人間の情緒生活自体が災害、戦争、社会的不公正、ジェノサイド、虐待、性暴力、犯罪を生み出すことは、論じるまでもないでしょう。

私のトラウマ理解は、「空」の思想を中核的な考えに持つ中国の伝統的思想の道教の考え方に影響を受けています（Togashi, in press）。ここで述べている道教はいくつかの形式化された宗派ではなく、老子・荘子が基本的な構図を描いた世界観の中核に流れ、さまざまな宗派や文化の中におおよそ共通して組み込まれている思想です。道教の中核的思想にに流れる人間の苦悩とトラウマは、西洋の考え方とはまったく異なるものです。道教は定義不能な宇宙の原理である「道」の存在を前提としています。道教では、無為自然は動的に動き続ける流れで、永遠に変化し動き続けるものです。それは、宇宙のすべての存在を含んだものです。それは、概念や名前のない世界です。そこには、差異というものがなく、すべての矛盾がそこに同居しています。無は「存在しない」ことを意味しません。無は有でもあり、有は無でもあります。宗派によって異なりますが、道教の考えに従う人は、一般的に人為的ではない動きである「無為自然」「自発性」を重視し、それは、彼ら自身が空に身を投げ出すことを意味します。

宇宙の流れに逆らった人為は、人間世界を作り出します。道教では、「人の人生は悲劇であり、悲しい幻想」(Møllgaard, 2007, p.18)だとされます。つまり人間世界自体が外傷的な世界です。「名前」がある人間世界においては、「道」は分断され、二分法が生み出されます。大きくないものは小さいものであり、美しくないことは醜いことを意味します。苦しみのないことは平和を意味します。そこに大きなものと小さなもの、美しい者と醜い者、勝者と敗者が生まれます。そのような見方は、道教では、「人間的」状況で、「ありのままの世界を否定する結果をもたらす〔人工的〕世界」(Møllgaard, 2007, p.17)とされます。人間的状況に対する人間のこだわりである「人為」は、人間の苦悩や不公正、人間的悲劇を生み出します。文脈のない瞬間、つまり、名前のない宇宙である空に身を委ねることができないとき、人は自分が人間的世界、つまりトラウマの世界にいることを知ります。このパラダイムにおいて、トラウマとは、人間的体験でも実際の出来事でもなく、人間世界の在り方そのものです。言いかえれば、人間世界自体がトラウマであり、トラウマが人間世界を生み出したのです。トラウマは人間的状況において名づけられて可視化された人間世界のあり様です。

この考えにおいては、災害や戦争、事故が人にとっての傷になるのは、それらを含めて流れる宇宙の道に人が人為的に抗おうとするからです。人は、そうした出来事を理解しようとしたり、それが起こらないようにしたり、生じるメカニズムを知り予防しようとしたり、そうした出来事による影響を最小限にしようとしたり、その不条理さを恨んでみたり、あるいは、そうした出来事から逃げようとしたりします。そうした人為によって、災害や戦争、事故は、人間的意味を持って名前を持ち、自らを苦しめるものになったり、自らを破壊するものになったりします。そうしてその出来事は個人の情緒的体験として名前をもって可視化されるのです。私の患者の一人は、最愛の妻を突然事故で失いましたが、それがトラウマとして可視化されるようになったのは、「そんなことはあるはずがない。私がそれを防ぐことができたはずだ」と、それを防ぐ方法を永遠に考え続ける人為を通してでした。

このような考えにおいて、**トラウマ**と**トラウマ化**を区別することは重要です。私の考えでは、前者は人為を通して可視化された人間世界そのものです。それは、人間の苦悩を生み出すかもしれませんが、必ずしも病理や心理的問題につながるとは限りません。トラウマは同時に、人間に、自分がある世界の中に存在していることを気づかせ、強い情緒的インパクトとともに自分が人間世界の中でどこにいるのかを知らしめます。トラウマなしでは、人々は世界の中で役割を演じることはできないかもしれません。

一方トラウマ化は、人間の心やコミュニティを分断するもので、個人の水準でもコミュニティの水準でも心理的問題を生み出すものです。トラウマ化された人やコミュニティは分断の中にとどまり、自分たちを敵か味方かのどちらかに位置づけます（Brothers, 2008; Togashi & Kottler, 2018）。それは「経験した人としない人」「そのときそこにいた人といなかった人」、そして「話しても良いことと良くないこと」「加害者と被害者」といったように世界を分断します。一度トラウマ化された人は、必死になって、自分をどちら側かに位置づけます。

トラウマ化されていない人は、人為の世界と無為自然との間を行ったり来たりすることができます。私たちは、人間である以上、完全に無為自然の中で生きることはできません。私たちは常に、人為にこだわり、自分や他者、環境に名前を与えながら世界を分断して生きる誘惑から逃れることはできません。しかし私たちは、その誘惑の中に常にいるわけでもありません。その分断を離れ、無為自然の中にサレンダーする瞬間もあります。そのような揺れの中で人は生きています。トラウマ化された人は、分断の中に閉じ込められた人たちです。

亡くなった父親の第二次世界大戦に関する混乱した表現は、彼が自分の位置として加害者と被害者、公正と不公正の間に分断されていたことを示しています。彼は傷つき醜く焼けただれた日本人について語りながら、日本人の罪を論じました。そして彼は、生涯、彼が納得できないその社会を何とかできるはずだとこだわり続けたのだと思います。彼は自らを加害者に位置づけました。しかしその名前に閉じ込められた言葉の裏側には、被害者としての彼が見えないまま存在しました。彼は被害を受けた加害者だったのです――だから、彼の言説は常にねじれていました。

亡くなった祖父を含む血族の心は、話してよいことと、話すべきでないことの間に分断されていました。私たちの社会も、文化も、国も同じでしょう。日本人はしばしば、大戦前と後がまるで別の世界であるかのように語ります。彼らは、それが連続した歴史であることを知っているにもかかわらず――です。私たちの前の世代はそこに生き、戦後も生きていました。しかし「戦前」と「戦後」という言葉を生み出した私たちは、宇宙の流れを分断し、人為的な世界をそこに作り出しました。そこで私たちは、二つの分断された世界を結びつけることができなくなりました。そうした意味で、私の祖父も、父親も、そして私も、トラウマ化されていると述べてよいでしょう。血族や社会、時代、すべてのアジア人やアジアの国もまたトラウマ化されています。それは、私の祖父の、父親の、私の罪でもあり、私たちの国の罪でもあります。

しかし、私たちは自分を、加害者か被害者か、公正か非公正かにわけることができるのでしょうか。連合軍の空襲で家や子どもたちを失ったナチスの工場で働くドイツ人の工場長は被害者でしょうか、加害者でしょうか。アジアの国で現地の人たちを殺し、本国に戻ったところ家族が原子爆弾で亡くなっていたことを発見した日本人は、加害者でしょうか、被害者でしょうか。東日本大震災のときに福島県の原子力発電所で働いていた人は、被害者でしょうか、加害者でしょうか。

そうした問いは、成り立ちません。こうした分類自体がすでに人為的なものだからです。彼が原子力発電所で働いていたことは偶然です。もし彼が異なる場所に生まれていたら、あるいは、採用試験で単純に落ちていたら、彼は異なる人生を送っていたでしょう。兵士はその時代のその場所に生まれましたが、もし彼が異なる時代の異なる場所に生まれていたら、彼は第二次世界大戦の中で祖国に身を捧げることはなかったでしょう。ある人がナチスの家にではなく、ユダヤ人の家に生まれたことも偶然です。「名まえのない宇宙」である「道」においては、加害者なのか被害者なのか、あるいは、告発者なのか告発される者なのか、傷つける者なのか傷つけられる者なのかの区別はありません。そのような区別は、物質世界に所属するものですが、人は一度トラウマ化されてしまうと、その分断のどちらに自分を位置づけるべきなのかに捉われてしまいます。

トラウマを人間世界そのものだとすることで、私はトラウマを、私たちの在り方がそこから生まれ、そこにすべて還元されるようなゼロのポイントだと主張しています。（Togashi, 2017a, 2017b, 2017c, in press）。ゼロは空ではありません。それは、人間と名前が必要な人為の世界との接点で、そのポイントではすべてのものが名前も持たなければ、所属するカテゴリーも持ちません。人々はトラウマ化されてしまうと分断されてしまいますが、彼らの人生に何かが生じたまさにその瞬間においては、何らかの分断やカテゴリーがあったわけでありません。すべての分断は、その外傷的な出来事が生じた**後に**人間によって名前が与えられる過程で生まれたものです（富樫、二〇一八）。自分の身に何かが起こったとき、人はまだどんなものにでもなることができます。彼らは加害者になるかもしれないし、被害者になるかもしれないし、あるいは、傍観者になるかもしれません。彼らは生き残りになるかもしれないし、死者になるかもしれません。原子爆弾が広島上空で炸裂したとき、自分が生き残りになるのかどうかは誰にもわかりません。爆弾を投下したパイロットでさえ、自分の行動が自分の意思によるものなのか明確に述べることはできません。彼は終戦までヨーロッパ戦線に配置されていた人かもしれません。彼は陸軍航空隊ではなく、海軍航空隊に入隊していたかもしれません。すべては偶然に支配されています（Togashi, 2014）。

注意していただきたいのは、私は性暴力や児童虐待の議論でよくある誤解のように、被害者も加害者だと言っているわけではないことです。戦争で殺されたり、レイプされたり、虐待された人の被害性は明らかで、そういったことをした人の加害性も明らかです。私がここで述べているのは、被害者も異なる宇宙では、加害者だったかもしれないという可能性について述べているのです。加害者も異なる宇宙では、被害者だったかもしれません。今人を殺した加害者も、別の文脈では殺された被害者だったかもしれません。大きな宇宙や文脈の流れの中では、誰が被害者で誰が加害者になったのかは誰にもわからないということを私は述べているのです。

そして私は、私たちが自分の行動に対して無責任であってよいと述べているわけでもありません。むしろ私は、パラドックスではありますが、私たちは、すべてが偶然だからこそ、すべてのポイントにおいては、すべての否認してはいけないと主張しているのです。言いかえれば、トラウマのゼロのポイントにおいては、すべての行動に対する自分の責任を人は当事者（player-witness）なのです。トラウマ自体は分断されたものではありません。それは人間の可能性の源泉です。ブラックホールのように、ゼロは人間世界の原点です。それはもちろん、トラウマ化されたものを作り出しますが、人間世界も生み出します。トラウマ化された人は、世界を特定のかたちに分断し人を被害者か加害者かに限定することによって、宇宙が持つ無限の可能性を否定します。

私たちは、トラウマ化をどのように癒すことができるのでしょうか。分断された宇宙や限定的に認知された世界を、無限の可能性に開かれるようにするにはどうすればよいのでしょうか。私の答えは、私たち自身がトラウマ世界における当事者になることに開かれ、自分自身の存在に対する責任に身を委ねることです。

私たちが分断された世界にとどまるとき、私たちは私たち自身や私たちの側に所属しない人たちを抽象化し、対象化します。「彼らは戦争犯罪の加害者だが、私は違う」「彼らは地震で亡くなった人たちだが、私はそうではない」「彼らは不義だが、私は正義である」といった具合です。その中であなたは、「私はヒトラーとは違う」と主張して、自分は決して彼になることはないと主張するでしょう。そして、ヒトラーであったかもしれない可能性の部分は語らなくなります。あなたの中にある、ヒトラーであった可能性の部分は沈黙します。家族に戦争で人を殺したかもしれない人を発見したとき、あなたもそうであったかもしれない可能性を表すその人は、解離され、沈黙します。

しかし、私たちが宇宙の偶然性に向き合うとき、私たちは、人はカテゴリー化されるものではなく、すべての人は加害者にも、被害者にも、傍観者にもなる可能性を持っていることを認識します。可能性の領域（Togashi, 2014）では、分析家と患者は宇宙の中の存在として彼ら自身を体験することができ、分断された世界に人間どうしの結びつきの領域を見出すことができます。そのスペースが、私の主張するところの「ゼロ」です。ストロロウ（Stolorow, 2007）はハイデガー（Heidegger）の存在論を参照し、人間は互いに有限であり、互いにトラウマを体験する存在であるという一点においてのみ、互いに結びつくことができるという実存的構造にあると述べましたが、私がここで述べているのは、人間存在は大きな宇宙の流れの中にサレンダーすることによってのみ、人は他者にも、加害者にも、被害者にも、傍観者にもなることができ、人間的こだわりから解放されるという考え方です。

知枝美のケース

知枝美はエレガントで知的な六〇代の女性です。彼女は自分の人生を振り返り、母親との情緒的葛藤を理解したいと願って私のところに来ました。治療の初期に彼女が訴えたのは、母親が言っていたように自分は狂うのではないかという恐怖と、すべてにおいて評価的で、人を馬鹿にする母親への怒りでした。知枝美は、私と臨床作業を始める何年か前に亡くなった父親を随分理想化していたと、私に教えてくれました。

知枝美は長崎出身の父親と広島出身の母親との間の生まれた二人目の子どもでした。彼女と兄と弟は長崎で生まれ、広島で育ちました。彼女にとって、父親は知的な世界を代表する人で、母親は知性がないことの象徴のような人でした。

知枝美の父親は、有名な自然科学の教授でした。彼は口数が少ない人で、家ではほとんど話をしませんでした。父親を理想化していた千恵美ですが、彼女には父親と会話した記憶がほとんどありません。彼女にとって父親は、仕事だけで生きている沈黙の人でした。彼は多くの若い学生の面倒を見ていて、彼らの学問的な探求についてだけでなく、私生活についてまで積極的に支援していました。

一方、知枝美にとって、母親は知性のない専業主婦で、唯一誇ることができるのは彼女の外見的な美しさだけという人でした。彼女は高級なものを好み、優秀な学歴がなかったり、経済的に裕福でなかったり人に対しては、相手が誰でも批判的で差別的でした。知枝美は母親が知枝美の友だちをさまざまな場面で批判したり、馬鹿にしたりしていたことをよく覚えていました。

知枝美と私は一週間に一回、対面でおよそ十年間精神療法をしてきました。私たちはさまざまな問題について話し合いました。その中には、彼女の関係のパターンや、そうした関係性の問題が広範囲に彼女の社会活動に影響していることが含まれていました。私たちは、彼女の母親に対する愛憎や、私や夫に対する彼女の期待、友人に対する失望など、さまざまなことについて話し合いました。この分析的プロセスを通して、彼女は彼女自身や母親に対する自分の葛藤を理解するようになり、彼女の社会的、個人的な生活は改善しました。治療開始から四年くらいしたころ、彼女はある質問を繰り返すようになります。それは、「人間は何のためにこの世で生きているのか」という問いです。彼女は私に言います。「おそらく、これこそが私が先生のところに行くことを決断したもともとの理由だと思います。この問いは、私の心の中に小さいころからずっとありましたが、先生に会うまで、私はそれを言葉にすることができなかったのだと思います」と。

当初私は、この問いは彼女の抑うつ感と、無力感、救いのなさの表現だと思っていました。知枝美はしばしば彼女の親しい友人について、「私はいつも彼らのために何かしてきましたが、もう自分を犠牲にしたくはないのです。時間を大切にしたいんです。私はもう、誰かのためにその貴重な時間を無駄にしたくないのです」と訴えました。私は彼女に、この問いは彼女の関係性に対する広範囲の失望感や、彼女の深い孤独感を表しているのではないか、と伝えました。彼女はそれに同意しましたが「人は何のために生きるのでしょう」という問いをやめることはありませんでした。

治療の過程では、多くの外傷的な出来事が私たちの社会やコミュニティ、そして個人的な生活の中で起こりました。二〇一一年には東日本大震災が起きました。福島県にいた私の両親も被災しました。そのとき、福島県から遠く離れた場所にいた私は、地震のすぐ後に両親を助けに行くことができず、私は自分が傍観者でいることを責めました。

数年後、私はある調査研究を始め、その中でニューヨークの9・11世界貿易センタービルテロ攻撃や、阪神淡路大震災、東日本大震災のサバイバーたちのインタビューを行いました。私自身も、ニューヨークの9・11世界貿易センタービルのテロ攻撃の目撃者でしたが、この調査を始めるまで、その出来事にかかわることを避けてきました（第三章参照）。このプロジェクトを始めてすぐ、父が他界しました。彼の葬儀やそれに関する催しに出席するため、私が何度かセッションを休んだこともあって、彼女は私の父親が亡くなったことを知っていました。

数年後、知枝美の献身的な看病の後に彼女の母親は亡くなりました。さらに一年後、知美恵の住む街は二つの自然災害に見舞われました。知枝美は大きな被害を受けませんでしたが、彼女のたくさんの友人や同僚が家や車、個人的な資産を失いました。そのうちの何人かは亡くなりました。セッションの中で、知枝美は、サバイバーと被害者の間にはほとんど大きな違いがないことにショックを受けたと話しました。生と死はランダムに割り当てられていたからです。同じ地域にいたにもかかわらず、友人は夫を失い、家を失い、車を失いましたが、知枝美は実質的に何も失いませんでした。それを分けたのはただの偶然でした。そこにはなにも、合理的な理由や原因はなかったのです。

ある日、知枝美は子どものころに、人は何のために生きているのかと父親に尋ねたことを思い出して語りました。普段は自分の考えをほとんど表に出さない父親は、彼女にこういったと言います。「人は何かのために生きるのではない。生きるために生きるんだ。それ以上でも以下でもない」と。知枝美は、自分は彼がそのときに言ったことの意味を理解できなかったが、今は分かる気がすると述べました。彼女はそして、父親のことを語り始めました。

知枝美の父親は一九四五年に原子爆弾で街が破壊されたとき、十代でした。彼は長崎市の中心地にいましたが、奇跡的に大きな傷を負いませんでした。破壊された街から避難するとき彼は、死にかけた母親から胸に抱いた赤ん坊の面倒を見てくれないかと頼まれました。彼が赤ん坊を抱えて教会までたどり着くと、神父は子どもをおいていくように勧めたと言います。彼自身が自分のことをかばって避難しなければならなかったからです。彼はその勧めに従いました。知枝美の父親はその話を家族にも誰にも決して語りませんでしたが、第二次世界大戦から六〇年近く経ったあるとき、彼自身がもう息を引き取ろうかというときにそれを語ったのです。何か言いたいことはないかと息子に聞かれた死の床の彼は、その赤ん坊が生きているのか、生きていたのならば大学で好きな勉強ができたのか気になっていると述べました。知枝美は父親が亡くなる一日前にその話を聞きました。

治療的な作業を通して、ようやく知枝美は父親の人生の多くの部分がその体験によってオーガナイズされていることを理解しました。彼が何故仕事に打ち込んで、学生の面倒を見続けたのか、彼が何故多くを語らなかったのか、知枝美の「人は何のために生きるのか」という質問に対してなぜ彼がそのような答えをしたのか、などです。すべては、彼の幼少期のこのエピソードの沈黙から生じていました。

知枝美と私は、なぜ彼女が最終的に父親の話の重要さを理解したのかについて話し合いました。知枝美は、彼女も私も世代や時間を超えたトラウマの当事者であることを知ることで、彼女が父親の人生の単純な観察者ではなく、父親の人生によってオーガナイズされ、父親の人生をオーガナイズする人間であることを知りました。彼女が体験した二度の自然災害は、人生は偶然によってオーガナイズされていて、誰もが加害者にも、被害者にも、傍観者にもなりえることを彼女に感じさせました。しかし、偶然に被害者となった個人の人生は、偶然に生き残った人の人生とは完全に異なっています。自分がそのような世の中に存在していることを受け入れたとき、彼女は最終的に父親の人生の可能性の中に生きることができたのです。

数セッションあとになって、知枝美は、今度は母親の話を始めました。母親もまた、原子爆弾のサバイバーでした。戦争の終わりごろになると、広島の女子中学生たちの多くは、町の中心地に連れて行かれ、建物疎開のための建物の取り壊しの手伝いをさせられました。それは、空襲の際の類焼を防ぐためです。広島に原子爆弾が投下される一日前、知枝美の母親の友人は風邪をひいて学校を休みました。知枝美の母親が、教師に友人の欠席の理由を伝えると、教師はひどく怒りました。そして彼女は教師から、その友人に次の日は出席するようにと伝達することを指示されました。知枝美の母親は、それをそのまま友人に伝えました。しかし、知枝美の母親は、運命の日に月経になったため、父親の勧めで学校を休みました。結局彼女は、爆心地から数キロ離れた自宅から原子雲を目撃することになります。数日後彼女は、その友人が学校に行き、原子爆弾の炸裂の中で命を落としたことを知ります。

知枝美の母親は、この出来事を長い間語りませんでした。知枝美が二十代のころ、母親はようやくその話を彼女にします。一九七〇年代のある日、知枝美と母親が買い物のために街を歩いていると、突然母親が立ち止まり、別の道を行こうと言い出しました。彼女は母親の顔がひどく青ざめていたと語りました。母親ははっきりとした説明をせず、会いたくない人がいるから、とだけ述べました。しかしのちになって、母親は彼女に、その通りに原子爆弾で命を落としたあの友人の家があったことを話します。知枝美は、母親が何故若いころ、知枝美の友人たちを馬鹿にしたり、批判したりしたのかようやく合点がいきました。母親はおそらく、娘が同じ想いをしないようにと、あらかじめ友人たちを遠ざけていたのです――もちろん、本人は意識していなかったでしょう。そこには、もう一つの沈黙があったのです。

癒しについて

両親が体験した二つの原子爆弾のことを認識することで、知枝美はようやく家族と世界の歴史を自分とつなげることができました。彼女はもはや、彼女が以前感じていたほどには、母親に対する情緒的葛藤を感じることはなくなりました。彼女は欠けていたパズルを繋ぎ合わせることができたのです。家族の中におかしな影を感じることもなくなりました。この変化をもたらしたのは何でしょうか。私たちが成功裏に彼女の過去を分析したからでしょうか。私たちが成功裏に彼女の人生を再構成したからでしょうか。私は、そのような意見を否定しません。しかし私は、私たちが成功裏に彼女の人生や歴史を分析したり、再構成したりしたのかということには関心がありません。この変化を作り出したことの中で最も意味あることは、私たちが、彼女の歴史の原点にサレンダーしたことです。それはトラウマの原点**ゼロ**の中核に流れる空へのサレンダーです。

知枝美の家族はトラウマ化されていました。父親は「見捨てた人と見捨てられた人」によってオーガナイズされた世界に生きていました。母親は「生き残った人と死んだ人」との間に分断された世界に生きていました。彼らは、そのような分断についての沈黙を維持することに、生涯を通して多くのエネルギーを使ってきました。しかし、そのトラウマ化は、フリー（Frie, 2017）が述べたように、次の世代に持ち越されました。彼らの娘は、人が何のために生きるのかがわかりませんでしたが、彼女がトラウマと世界の偶然性の当事者になったとき、両親から世代を超えて受け継がれた心の中にある分断された世界が、互いに話を始めたのです。彼女はもはや、傍観者でも、彼女の両親の観察者でもありませんでした。彼女は自分がその時代に生きていたならば、自分が**その立場であったかもしれない**ということを認識したからです。

知枝美のものの見方の変化は、9・11世界貿易センタービルテロ攻撃や東日本大震災、そして父親の死を私が体験していなかったとしたら、生じなかったかもしれません。そのような経験がなかったとしたら、私は患者の語りを分析するだけの観察者になっていたかもしれません。しかしそれらを通して、私もまた、外傷的な世界の当事者でいることができました。すべての人間存在がその点において結びくという世界の当事者です。異なった時期に生まれていたら、原子爆弾のサバイバーになったのは私だったかもしれません。知枝美は東日本大震災のサバイバーであったかもしれないし、母親は原子爆弾で死んでいたかもしれません。父親は腕に赤ん坊を抱えたまま死んでいたかもしれません。私たちは誰も、異なった文脈において、自分が死んでいたのか生きていたのかを知ることはできません。しかしすべての人は、彼らの人生において別の可能性があったかもしれないことを知っています。トラウマのポイント、つまりゼロのポイントでは、私たちは自分には常に無限の可能性があることを知っています。そこには、すべての人々の間に区別がない唯一のポイントがあるわけです。それは名前のない宇宙の流れであり、私たちが人為を捨てたときにはじめて身を委ねられるポイントです。

（二〇一九年二月二十四日　日本精神分析的自己心理学協会）

文　献

Atwood, G. E. (2011). A discussion of philosophy and psychotherapy: Part 3—Epistemology: The darkness of unknowing. *Int. J. International Journal of Psychoanalytic Self Psychology*, 6: 395–404.

Atwood, G. E., Orange, D. E., & Stolorow, R. D. (2002). Shattered worlds/psychotic state: A post-cartesian view of the experience of personal annihilation. *Psychoanalytic Psychology*, 19(2), 281.

American Psychiatric Association. (2013). *Diagnostic and statistical manual of mental disorders* (*DSM-5®*). American Psychiatric Pub.

Bhabha, H. K. (1994). *The Location of Culture*. London: Routledge.

Bhatia, S. (2018). *Decolonizing Psychology: Globalization, Social Justice, and Indian Youth Identities*. Oxford University Press.

Brothers, D. (2008). *Toward a Psychology of Uncertainty: Trauma-Centered Psychoanalysis*. New York: Routledge.

Ferenczi, S. (1933). Confusion of tongues between adults and the children. In *Further contributions to psychoanalysis* (pp.156–167). New

York: Bruner/Mazel, Inc.

Freud, S. & Breuer, J. (1895). Studies on Hyseria. In: J. Strachey (ed. and trans.) *The Standard Edition of the Complete Psychological Works of Sigmund Freud (vol. 2).* London: Hogarth Press.

Freud, S. (1905). Three essays on the theory of sexuality. In: J. Strachey (ed. and trans.) *The Standard Edition of the Complete Psychological Works of Sigmund Freud* (vol. 7, pp.125–245). London: Hogarth Press.

Freud, S. (1916-17) Introductory Lectures on Psycho-Analysis (Part III). In: J. Strachey (ed. and trans.) *The Standard Edition of the Complete Psychological Works of Sigmund Freud* (vol.16). London: The Hogarth Press.　高田珠樹、新宮一成、須藤訓任、道籏泰三訳（二〇一二）．フロイト全集15――精神分析入門講義．岩波書店．

Frie, R. (2017). *Not in My Family: German Memory and Responsibility After the Holocaust.* New York: Oxford University Press

Herman, J. L. (1992). *Trauma and recovery.* New York: Basic Books.

Huppertz, B. (2018). *Approaches to Psychic Trauma: Theory and Practice.* Rowman & Littlefield Publishers.

Janoff-Bulman, R. (1992). *Shattered Assumptions: Towards a New Psychology of Trauma.* Simon and Schuster.

Kauffman, J. (Ed.). (2013). *Loss of the Assumptive World: A theory of Traumatic loss.* New York: Routledge.

Møllgaard, E. (2007). *An introduction to Daoist thought: Action, language, and ethics in Zhuangzi.* Routledge.

Orange, D. (2018). Trauma, Silence, and Dissociation.　日本精神分析学会第六十四回大会発表原稿、京都．

Spivak, G. C. (1990). *The Post-Colonial Critic: Interviews, Strategies, Dialogues.* New York: Routledge.

Stolorow, R. D. (2007). *Trauma and Human Existence: Autobiographical, Psychoanalytic, and Philosophical Reflections.* New York: Routledge.　和田秀樹訳（二〇〇九）．トラウマの精神分析――自伝的・哲学的省察．岩崎学術出版社．

Strozier, C. B. (2014). *Until the Fires Stopped Burning: 9.11 and New York City in the Words and Experiences of Survivors and Witnesses.* Chichester: Columbia University Press.

Togashi, K. (2014). Is it a problem for us to say, "It is a coincidence that the patient does well"? *International Journal of Psychoanalytic Self Psychology,* 9(2), 87–100.

Togashi, K. (2016). From traumatized individuality to being human with others: Intersubjective taboo and unspoken reality. Paper presented at the 39th Annual International Conference on the Psychology of the Self. Boston, MA.

Togashi, K. (2017a). Being thrown into the world without informed consent. *Psychoanalysis, Self and Context,* 12(1), 20–34.

Togashi, K. (2017b). Beyond the guilt of being: Surrender to the psychoanalytic zero. Paper presented at the 14th Conference on the

IARPP, Sydney, Australia.

Togashi, K. (2017c). Narrative as the Zero: The vacuum state from which the world emerges in a psychoanalytic relationship. Paper presented at the 14th Conference on the IARPP, Sydney, Australia.

Togashi, K. (in press). Surrender and silence: The problem of narrative and non-narrative in psychoanalysis. *Psychoanalysis, Self and Context.*

富樫公一（二〇一八）：精神分析が生まれるところ――間主観性理論が導く出会いの原点．岩崎学術出版社．

富樫公一（二〇一九）：東アジアで語り合うこと．学術通信一一七号，四―六頁．岩崎学術出版社．

Togashi, K. & Brothers, D. (2015). Trauma research and self psychology: How 9.11 survivors integrate the irrationality of wide-scale trauma. Paper Presented for the 38th Annual IAPSP Conference, Los Angeles, California, October 17, 2015

Togashi, K. & Brothers, D. (2019) Are we all refugees? Paper submitted for the 2019 Psychology and the Other Conference, Boston, MA, October.

Togashi, K., & Kottler, A. (2018). Contemporary self psychology and the treatment of traumatized patients. In. B. Huppertz (ed.) *Approaches to Psychic Trauma: Theory and Practice* (pp.323–332). Rowman & Littlefield.

注

1　〔原注〕本章のもとになった研究はＪＳＰＳ科研費JP15K04166の助成を受けている。また，後半は二〇一八年十二月一日と二日に台北で行われた「二〇一八年臺灣自體心理學研討會」で発表された内容を加筆修正したものである。

2　〔原注〕ブラザーズは同様の概念を「システム創発的確実性systemically emergent certainties（SECs）」と呼んでいる。本書第四章参照。

3　〔原注〕人間存在と共有可能な体験は，一部の動物たちとも得ることができるだろう。

4　〔原注〕放射能汚染のひどい地区の意味。

おわりに[1]

富樫公一

二〇一八年十二月に、一つの夢がかないました。私は、台湾自己心理学グループのメンバーとともに、台北で「東アジアにおけるトラウマの歴史と、被害‐加害関係について」と題したシンポジウムを行ったのです。台湾グループの代表許豪沖医師と私は、登壇者に台湾から張凱理医師、米国からドナ・M・オレンジ（Donna M. Orange）氏、中国から劉翼靈氏をお呼びしました。日本からは私が登壇しました。中国の方の参加については、事前に何人かの方と交渉を行いましたが、内容の繊細さのためかお断りを受けました。結局直接参加いただける方は見つけられませんでしたが、ドイツで精神分析の訓練を受けている劉翼靈氏がスカイプを通して参加してくれました。私たちはそこで、患者の語りの中に発見する日中戦争や第二次世界大戦、その後のテロや内戦、政治的不公正に関係した歴史的トラウマの欠片についてだけでなく、私たち自身や家族の中にある世代を超えたトラウマの欠片について語り合いました。これは、私が長年、どうしてもやりたいと思い続けていたものでした。

シンポジウムでは、オレンジ氏は米国の原爆の使用と奴隷制度の歴史について語りました。私は、祖父が戦時中に満州の関東軍にいたことと、長崎と広島で被爆した両親を持つ患者の体験を語りました。張凱理医師は、中国共産党と国民党との内戦が「中華人」全体に及ぼした影響と、台湾の二・二八事件について語りました。劉翼靈氏は、精神分析と政治、民主主義についてコメントをしました。フロアの参加者も、誰に勧められるわけでもなく自分たちの体験を語りました。フロアには七人の日本人の同僚もいました。

「祖父は戦時中日本軍に殺された」「数世代前の親戚に重大事件の加害者がいる」「母親は長崎で被爆している」「母は祖母が二・二八事件で殺された瞬間を見た」など、歴史的トラウマは、語られる場合でも、語られない場合でも、何らかのかたちで家族の中に代々影を落としています。それは個人にも影響を与えますが、社会を複雑系システムとして見れば、今私たちが生きる国際関係の緊張にも何らかの影響を与えていることがわかります。私たちは、その政治的・社会的文脈の中で苦悩します。しかし私は、それに対する解決策を見つけるために議論したかったわけではありませんでした。ただ私は、臨床家として、個人として、その体験を語り合いたかったのです。

私と台湾のメンバーとのかかわりは十年になります。私は二〇〇九年にグループの顧問になってから、毎年台北を訪れ、台湾自己心理学グループの年次総会で発表を行っています。年一回の十年間のやりとりで語られてきたことの多くは、もちろん、精神分析療法や精神分析的精神療法の実践や理論にまつわることです。しかし、彼らとの公的・私的なやり取りの中で、私が強く印象づけられたのは東アジアの国際情勢の中で彼らが体験している緊迫感でした。それは彼らの言葉の端々に見られました。私は、大陸と日本に挟まれた台湾の地理的状況が、彼らの中に日本では感じられないほどの緊張を作り出していることを実感させられたのです。彼らはまた、北京語を共有する者として、中国で発展しつつある精神分析の訓練に協力していますが、さまざまなことが生じるそのやり取りの中には、彼らに脅威を感じさせるものもあるようです。日本と中国という経済大国に挟まれて彼らが体験している経済格差も、日常生活に漫然とした不安感を作りだしているようです。それは戦後形成された政治的状況であるとともに、戦前から続く東アジアの緊迫感でもあります。日本にいると笑い話で済む程度の大陸の動きも、台湾では深刻な話になります。

そうした体験を積み重ねるうちに、私は次第に夢を抱くようになりました。東アジアの臨床家どうしで、政治や社会、歴史、経済の中のトラウマについてただ語り合いたいと思うようになったのです。それをできる場所は、日本でも中国でも、米国でもなく、台湾なのではないのだろうか――と。患者とのやりとりを語るのでも構わないし、臨床家自身のことを語るのでも構わないと思いました。政治家ではない私は、その社会構造に何らかの変革を与えられるとは思っていません。どうしようもない経済格差、政治、国際情勢の中で個人が翻弄されること、かつての戦争への複雑な感情、現在と過去、未来の文脈の中で個人が感じる苦しさに対して、臨床家としてできることはおそらく政治運動ではありません。しかし私は、人がそこでもがいていることを知ったのです。間主観的に見るならば、個人の苦悩は文脈の中にあります。その文脈とは治療関係だけではありません。家族やコミュニティ、社会、政治、経済、国際情勢、そしてその歴史全体でもあります。「私」が感じる空虚感や人への不信感は、隣の国との間で八十年以上前に起こった戦争と、その中で他者の生死に触れた祖父母の体験と関係がないと誰が言えるでしょうか。

東アジアには現在どうしようもない緊張感があります。その中で私たちは、他者や他国へ複雑な感情を抱き、それと照らして自分をさまざまに描き出し、自分に複雑な感情を持ちます。そこで「私」は正義の人になるかもしれないし、罪悪の人になるかもしれません。その想いは一つの集合体の中で、個人や国家間の緊張を生み出すでしょう。その中で私たちは何ができるのでしょうか？　この問いへの私の答えはこうでした――「臨床家は社会を変えないかもしれない。しかし臨床家は、人と人との間に軋轢が生じ緊張が走ったときに、何をしたらいいかを知っている。」

家族の問題、夫婦の問題、コミュニティに問題が生じたとき、臨床家は「さあ、話しましょう」「集まって話しましょう」とやります。話し合っても解決できないかもしれません。話し合っても、結局相手のことは理解できないかもしれません。話し合うだけで苦しいかもしれません。私たちはそのような中でも「話しましょう。そしたら何かが動くかもしれない」とやるのです。私はそれを、やりたかったのです。社会という非線形システムの中で、この試みは大きな動きになるかもしれないし、あるいは、霞のようにその影響は消え去るかもしれません。それでも、ただ集まって話すわけです。それが何かになるかもしれないから。理由はただそれだけです。

注

1 〔原注〕本稿は「学術通信」一一七号（岩崎学術出版社）に「東アジアで語らうこと」と題されて発表されたエッセイを基にした。

ら・わ行

な行

は行

ま行

や行

さ行

た行

索　引

あ行

か行

German Memory and Responsibility After the Holocaust (Oxford University Press; 2017年カナダユダヤ図書館賞，2018年西カナダユダヤ書籍賞受賞)。Psychoanalysis, Self and Context誌前編集長，現在Contemporary Psychoanalysis誌，Psychoanalytic Discourse and Psychoanalytic Psychology誌編集委員。

ドナ・M・オレンジ

哲学・臨床心理学・精神分析の教育を受ける。現在NYUポストドクトラル研究所，IPSS主観性研究所で教鞭を取る。哲学と精神分析に関する論文・著書多数。近著にThinking for Clinicians (Routledge), The Suffering Stranger: Hermeneutics for Everyday Clinical Practice (Routledge), Nourishing the Inner Life of Clinicians and Humanitarians (Routledge), Climate Crisis, Psychoanalysis, and Radical Ethics (Routledge), Learning to Hear: Psychoanalysis, History, and Radical Ethics (印刷中)。

訳者

富樫 公一

葛西 真記子（鳴門教育大学大学院）

貞安 元（慶應義塾大学）

編著・監訳者略歴

富樫公一（とがし　こういち）

NY州精神分析家ライセンス，臨床心理士，NAAP認定精神分析家，博士（文学）

2001-2006年　NPAP精神分析研究所，TRISP自己心理学研究所（NY）留学

2003-2006年　南カリフォルニア大学東アジア研究所客員研究員

2006-2012年　広島国際大学大学院准教授（2007年まで助教授）

専　攻　精神分析・臨床心理学

現　職　甲南大学文学部教授，TRISP自己心理学研究所ファカルティ・訓練分析家・スーパーヴァイザー，栄橋心理相談室精神分析家

著　書　Kohut's Twinship Across Cultures: The Psychology of Being Human（共著，Routledge），Psychoanalytic Zero: A Decolonizing Study of Therapeutic Dialogues（Routledge，印刷中），精神分析が生まれるところ——間主観性理論が導く出会いの原点（岩崎学術出版社），臨床場面での自己開示と倫理（共著，岩崎学術出版社），不確かさの精神分析——リアリティ，トラウマ，他者をめぐって（誠信書房），その他多数

著者略歴

チャールズ・B・ストロジャー

ニューヨーク市立大学ジョン・ジェイ校名誉教授，TRISP自己心理学研究所訓練分析家・スーパーヴァイザー，ニューヨーク市開業精神分析家。2001年及び2011年ピューリッツァ賞ノミネート，2017年リンカーン賞最終候補者，2005年ゲーテ賞（カナダ精神分析学会）受賞。歴史と精神分析家に関する論文・著書多数。代表作に，Heinz Kohut: The Making of a Psychoanalyst（Farrar, Straus & Giroux;　富樫公一他訳『ハインツ・コフート——その生涯と自己心理学』金剛出版），Your Friend Forever, A. Lincoln: The Enduring Friendship of Abraham Lincoln and Joshua Speed（Columbia University Press），Until The Fires Stopped Burning: 9/11 and New York City in the Words and Experiences of Survivors and Witnesses（Columbia University Press）。

ドリス・ブラザーズ

TRISP自己心理学研究所共同設立者，ファカルティ。ニューヨーク市開業精神分析家。2015年から2019年にロジャー・フリーとともにPsychoanalysis, Self and Context誌編集長を務める。現在国際自己心理学会eForum編集長・評議委員・諮問委員。自己心理学・間主観性理論に関する論文・著書多数。近著にToward a Psychology of Uncertainty: Trauma-Centered Psychoanalysis（Analytic Press）。

ロジャー・フリー

サイモン・フレーザー大学教育学部教授，ブリティッシュコロンビア大学客員教授（カナダ），ウィリアム・アランソン・ホワイト研究所ファカルティ・スーパーヴァイザー（米国ニューヨーク）。哲学と精神分析に関する論文・著書多数。代表作にNot in My Family:

トラウマと倫理
―精神分析と哲学の対話から―
ISBN978-4-7533-1156-9

編著・監訳者
富樫　公一

2019年10月７日　第１刷発行

印刷　(株)新協　／　製本　(株)若林製本工場

発行所　(株) 岩崎学術出版社　〒101-0062 東京都千代田区神田駿河台 3-6-1
発行者　杉田 啓三
電話 03 (5577) 6817　FAX 03 (5577) 6837